Jutta Ströter-Bender · Heilige

Schon in der Frühzeit des Christentums sind Heilige verehrt worden. Zu ihnen gehören der heilige Christopherus, Anna, die Mutter von Maria, die Jungfrauen Katharina und Barbara, die Zwillingsbrüder Kosmas und Damian. Vom Leben dieser Heiligen ist nur durch Legenden etwas bekannt, und dennoch haben sie sich im Laufe der Jahrhunderte in immer weiteren Kreisen durchgesetzt, sind ihre symbolreichen Bilder und die Erzählungen von ihnen in die entferntesten Winkel der christianisierten Welt gekommen und angenommen worden. In Visionen und Träumen wurde ihr Leben wie auch ihr himmlisches Wirken erschaut, unzählig sind die Aufzeichnungen ihrer Wunder.

Die Betrachtung ihrer Gestalten führt in die Urbilder der christlichen Mystik ein und verweist gleichzeitig auf die religiösen Traditionen und Gebräuche, die das Christentum vorgefunden hat und mit diesen Heiligen integrieren konnte. Deshalb werden hier nicht nur ausgewählte Heilige und ihre spirituelle Bedeutung, sondern auch eine Reihe von historischen und gesellschaftlichen Gegebenheiten hervorgehoben, die ihre kulturelle Verehrung umrahmen oder erst möglich gemacht haben.

Buchreihe *Symbole*

Jutta Ströter-Bender

Heilige

Begleiter in göttliche Welten

Kreuz Verlag

CIP-Titelaufnahme der Deutschen Bibliothek

Ströter-Bender, Jutta:
Heilige: Begleiter in göttliche Welten / Jutta Ströter-Bender. –
1. Aufl. – Stuttgart: Kreuz-Verl., 1990
(Buchreihe Symbole)
ISBN 3-7831-1050-5

1. Auflage
Kreuz Verlag Stuttgart 1990
Umschlaggestaltung: Hans Hug
Umschlagbild: Paolo di Giovanni Fei
Heilige Katharina von Alexandrien
Inv. Nr. 1002 65 × 38 cm, Holz
Städelsches Kunstinstitut Frankfurt/Main
Foto: Ursula Edelmann, Frankfurt/Main
Gesamtherstellung: Röck, Weinsberg
ISBN 3 7831 1050 5

Inhalt

Vorwort

Wenn im Kirchenraum die Altarbilder der Heiligen im Schein der Kerzen zu glänzen begannen und der goldende Hintergrund die Gestalten der Heiligen hervortreten ließ, hatte ich als Kind das Gefühl, in eine andere Welt einzutreten. Die Schönheit ihrer Gesichter und vor allem die wundersamen Gewänder, die von weiblichen Heiligen wie der heiligen Agnes und Barbara getragen werden, beeindruckten mich zutiefst. Diese Welt erschien mir nicht weniger real als meine eigene, die Empfindungen, die ich gegenüber den mir vertrauten Heiligengestalten hatte, waren so wie die Gefühle gegenüber meinen Verwandten. Sie erschienen mir ganz nah, immer bereit, mich hochzuheben und sich freundlich mit mir zu unterhalten.

Ich bin mit diesem Buch den Gefühlen meiner Kindheit, die durch die Altarbilder und Legenden der Heiligen ausgelöst wurden, nachgegangen. So, wie die Märchen inzwischen eine Rehabilitierung als Bildsprache der Seele erfahren haben, so möchte ich auch an der Bild- und Legenden-Sprache von einigen »klassischen« Volksheiligen und ihren Wirkungsbereichen aufzeigen, welche tiefen spirituellen Bezüge sich in ihrer Symbolik verbergen. Auch wenn von diesen Heiligen historische Fakten fast so gut wie unbekannt sind, haben ihre Legenden und Bilder im Laufe der Jahrhunderte eine solche Intensität erlangt, daß sie viele Generationen inspirierten und in existentiellen Situationen wie Geburt, Krankheit und Tod Kraft und Hilfe geben konnten. Die häufige Lesung von Legenden in Gottesdiensten, Andachten und im Familienkreis bot den Gläubigen religiöse Hilfestellung zur Bewältigung des Alltags, in Sorge und Not an. Sie lenkte den geistigen Blick auf die vielfältigen Möglichkeiten der christlichen Nachfolge.

Daher hatte ich, als infolge des Konzils in der katholischen Kirche ein visuelles wie inhaltliches »Aufräumen« mit bekannten, aber historisch nicht unbedingt nachweisbaren Heiligengestalten einsetzte, das Gefühl, wichtiger spiritueller Inhalte beraubt zu werden. Diese Trauer, die ich mit vielen anderen teilte, ist von manchen Theologen gerne als Sentimentalität bezeichnet worden. Sie taten alles, um die unwissenschaftliche, ahistorische und oft recht gefühlvolle Sehweise von Heiligen durch die sogenannten »einfachen« Gläubigen zu beseitigen. Diese Entwicklung schloß eine veränderte Einstellung zu den Heiligenlegenden ein. Nun als »fromme Märchen« betrachtet, wurde 1969 die Lesung von Heiligenlegenden im Gottesdienst abgeschafft. Die zeitgenössischen Gläubigen sollten allein mit den Heiligenleben konfrontiert werden, die den gewissenhaften Blicken der Historiker standhalten und als absolute Tatsachen bewiesen werden konnten[1]. Es ging darum, die Verehrung der Heiligen von einer glanzvollen himmlischen Überhebung ins Diesseits zu verlagern, sie nun als »Menschen aus Fleisch und Blut«[2] zu sehen, in der Hoffnung, damit einen zeitgemäßen Zugang zu den Heiligen möglich zu machen. Diese Anpassung an den Zeitgeist verdrängte, wie im folgenden noch aufgezeigt werden wird, bedeutsame Inhalte, die mit den mythologischen Wurzeln der Legenden zusammenhängen. In schlichten, nüchternen Neufassungen wurden die Legenden nun als »Erbauungsgeschichten« in den Bereich der religiösen Kinder- und Jugendbücher verwiesen. Als »Milch« für »Kinder und alte Weiber«[3] konnten sie in der Welle der Modernisierung der katholischen Kirche mit der sogenannten anspruchsvollen religiösen Literatur nicht mehr konkurrieren.

Trotz der Entmystifizierung ist aber in den vergangenen Jahrzehnten eine Fülle von Literatur erschienen. Hierbei handelt es sich meist um kurzgefaßte Heiligenleben im Kontext des Kirchenjahres, um volkskundliche Darstellungen sowie um ausführliche Dokumentationen des Lebens und Wirkens bedeutender Mystiker/innen, deren Texte heute wieder neue Aufmerksamkeit finden. Dabei ist auffallend, daß in diesem Bereich bisher nur vereinzelt Frauen gearbeitet haben, unter denen das Werk der Schriftstellerin Ida Görres herausragt. Zahlreiche wichtige Fragestellungen, die die weiblichen Aspekte der Heiligenverehrung wie auch die Darstellung bedeutender weiblicher Heiliger mit einschließen, wurden bisher nicht bearbeitet oder auch übersehen, was an der Gestalt der Katharina von Alexandrien oder der heiligen Anna noch deutlich werden wird.

Die »klassischen Volksheiligen«, wie der heilige Christopherus, Josef, Kosmas und Damian, Barbara, Katharina, Anna und manche andere, begegnen uns auch heute noch als Skulpturen, auf Altarbildern oder Glasfenstern in vielen alten

Kirchen. Sie werden aber – auch als Folge der modernistischen Einstellung zu den Legenden – nur noch wenig beachtet. Ihre Verehrung im religiösen Leben bildet heute nur noch eine Randerscheinung. Gerade über diese Heiligengestalten, die im Volksglauben eine heute unvorstellbare Wirkung hatten, hat sich ein Schleier der Vergessenheit gebreitet. Selten noch ist die Bedeutung des Turmes in den Händen der heiligen Barbara bekannt, und die Symbolik des Rades unter den Füßen der heiligen Katharina erstaunte in so manchen Gesprächen. Immer wieder tauchte dabei auch die Frage auf, was für eine Bedeutung diese Heiligengestalten überhaupt noch für uns im alltäglichen Leben haben könnten und was ihre Symbole und Ausdrucksformen beinhalten.

Mit dem Blick »zurück« auf die Spiritualität unserer Vorfahren im Zusammenhang mit den Volksheiligen bin ich in einen Bereich *außerhalb der Zeit* geraten. In der christlichen Mystik erscheinen die Gestalten der Heiligen als Gefäße göttlicher Wirkungskräfte, die gestaltend auf die bewußten wie auch die unbewußten Fähigkeiten des Menschen einwirken und ein Eintauchen gewähren in die Stille, die Ewigkeit des Göttlichen. Ihre Wirkungen sind individuell wie kollektiv, aber auch subjektiv und objektiv. »Mit dieser Feststellung aber berühren wir die Frage, was ›Wirklichkeit‹ eigentlich sei ... hier im Bereich des Psychischen ist allein das wirklich, was als Gestaltung oder Kraft wirkt. Von diesem Standpunkt aus muß ein Schaubild, ein Symbol oder Ritual, das von Tausenden von Gemütern Besitz ergreift und fähig ist, Menschen zu wandeln, als ›wirkende Wirklichkeit‹ betrachtet werden. Die durch ein Ritual angerufenen höheren Kräfte aber, die in Form von göttlichen Gestaltungen als Schaubilder in das Bewußtsein treten, sind Archetypen, die durch Jahrtausende der Verehrung im kollektiven, überindividuellen Bewußtsein fest verwurzelt sind und hier nun bereitliegen, um durch Invokation freigesetzt zu werden, damit die ihnen innewohnende, wandelnde Energie wirksam werden kann.«[4]

Heilige wie Christopherus, Katharina, Anna, Josef, Kosmas und Damian sind in diesem Sinne auch archetypische Gestalten, sogenannte »Hüter der Schwelle«, deren spirituellen Wirkungskräften viele Strebende auf dem »Geistigen Pfad« begegnen werden. Daher sind diese Heiligen nicht nur historisch von Bedeutung, sondern auch im »Hier und Jetzt« des geistigen Erlebens, und die Wunder und Zeichen, die sie bewirken, sind auch im heutigen Leben möglich.

»Der Mensch hat in seiner Quelle im Sein alle Personen der Bibel (und auch alle Heiligen) in sich«, sagt Friedrich Weinreb (gestorben 1988)[5]. Und die Mystikerin und Visionärin Katharina Emmerich (1774–1824) berichtet: »Und da fühle ich mehr als der Tag, daß wir alle in der Gemeinschaft der Heiligen leben und im beständigen Verkehr mit ihnen sind.«[6] Zu welchem Heiligen fühlen wir uns aber hingezogen, welche hingegen stoßen uns ab? Mit diesen Fragen kommen wir nicht nur einzelnen Heiligengestalten näher, sondern auch uns selber und damit der göttlichen Fülle, die so vielfältig in uns wohnt. Mit den folgenden Ausführungen über die Symbolsprache von bedeutenden christlichen Heiligen und den Aspekten ihres Wirkens wie ihrer Verehrung sollen alte Bilder aus der Kultur des Christentums wieder »vor-gestellt« und in ihrer spirituellen Dimension neu beleuchtet werden. Jenseits von konfessionellen Begrenzungen und historischen Zwiespältigkeiten warten diese Bilder aus dem Erbe der »einen Christenheit« auf ihre Wiederentdeckung.

Erster Teil

Heiligenverehrung – ein weltweites Phänomen

Das Heilige bezieht sich auf alle Bereiche, in denen der Mensch in Berührung mit Göttlichem kommt. Dabei sind die Formen und Aspekte des Heiligen von unübersehbarer Vielfalt[1] und ebenso die Gestalten, die als sogenannte Heilige, als »heil-gewordene« Mittlergestalten Himmel und Erde verbinden. Die Verehrung solcher Persönlichkeiten zu ihren Lebzeiten wie nach ihrem Tod ist nicht nur im Christentum bekannt. Sie ist ein weltweites Phänomen.

So ist zum Beispiel im Islam, vor allem im Volksglauben, die Verehrung von heiligen Personen ein wichtiges Element. Zwar lehnten Mohammed und mit ihm die Strömungen des frühen Islam die Verehrung von Heiligen und ihren Wallfahrtsstätten prinzipiell ab und erkannten in den Heiligen allein das Wirken Gottes. Diese Einstellung änderte sich aber bald zugunsten einer stillschweigenden Duldung der Heiligenverehrung, weil ihre Praxis im Volksglauben nicht unterdrückt werden konnte. Neben dem Propheten Mohammed und seiner Familie werden im Islam vor allem solche Menschen als heilig verehrt, die eine besondere Segenskraft von Gott verliehen bekommen haben, den sogenannten *barakat.* Diese Segenskraft hat besondere heilende Wirkungen, sie ist konkret erfahrbar und wirkt über den Tod der heiligen Person hinaus auf alle die, die sich ihrem Schutz und ihrer Hilfe anvertrauen. *Barakat* kann grundsätzlich jedem Muslim/jeder Muslimin zuteil werden, ohne Rücksicht auf den sozialen Status, auf Herkunft oder Geschlecht[2]. Es ist ein Geschenk Gottes, ein Ausdruck seiner Gnade. Da aber der Heiligenkult offiziell keinen Eingang fand in die islamische Theologie, gibt es auch keine Heiligsprechung einzelner Gestalten wie in der katholischen Kirche. In der Liturgie ist kaum Platz für sie, und die Verehrung der Heiligen findet hauptsächlich an ihren Grabstätten oder in kleinen Privatkapellen statt, was die Entstehung unzähliger lokaler Kulte und Wallfahrtsstätten gefördert hat.

Die arabische Bezeichnung für einen Heiligen heißt *wali,* was Anhänger, Freund oder Verwandter (Gottes) bedeutet. Der *wali* ist eine fromme Persönlichkeit, die mit Wunderkraft begnadet ist. Damit umgibt *Allah* alle seine Heiligen. Die Beschreibung ihrer Wunderwerke ist mit denjenigen der christlichen Heiligen ganz und gar vergleichbar. Sie beschützen die Menschen, die sich ihnen anvertrauen, in Gefahr und Not, heilen Krankheiten aller Art, wecken Tote auf, sind Herrscher über die Elemente der Natur, sprechen mit Tieren und erscheinen gleichzeitig an verschiedenen Orten. Sie blicken in zukünftige Geschehnisse. Ihre Gebete, die sie für ihre Schutzbefohlenen vor Gottes Thron bringen, finden allesamt eine wundersame Erhörung[3].

»Dauerhafte, segensbringende Wunder können nur von großen Heiligen vollbracht werden, die sich in vollkommener Harmonie mit dem Schöpfer befinden«[4], sagt der hinduistische Meister Sri Yukteswar zu seinem Schüler Paramahansa Yogananda (1893–1952). Wunder sollen allein dazu dienen, der leidenden Menschheit zu helfen und ihren Blick auf das Göttliche zu lenken. Die vielfältigen, kaum überschaubaren Strömungen des Hinduismus sind im Laufe der Jahrhunderte durch das Wirken unzähliger heiliger Gestalten bereichert worden, die verschiedene Wege zu Gott aufgezeigt haben. Im Hinduismus herrscht das Prinzip der Toleranz auch gegenüber den vielfältigen Phänomenen des Heiligen: »Lerne alles kennen und dann wähle.«[5]

Es sind nicht nur phänomenale Wunderkräfte, die einen Heiligen zu einer verehrungswürdigen Person machen. Für viele Gläubige sind auch das Vorbild seines Lebens, die innere Gewißheit seines fürbittenden Gebetes und seine spürbare Anwesenheit (auch nach seinem Tod) für »seine geistigen Kinder« wichtig. Der Sufi-Lehrer Reshad Feild schildert seine erste spirituelle Begegnung mit dem islamischen Heiligen Haci Bayram Veli, als er sich in dessen Grabmal dem Gebet zuwandte: Als ich betete, »spürte ich eine Spannung in der Kehle und zugleich ein heftiges Brennen in der Mitte meiner Brust. Ich begann zu weinen, und während mir die Tränen über das Gesicht liefen, wußte ich in einer Sprache ohne Worte, was es bedeutet, von jemandem angenommen zu werden, der in eine Welt jenseits von Zeit und Raum eingegangen ist. Es war nicht mehr wichtig, ob er lebte oder schon tot war. Wenn man so betet, wird man ganz und gar in eine andere Dimension versetzt.«[6]

Als geistige Führer wirken die Heiligen für denjenigen, der sich ihnen anvertraut, begleitend auf dem Weg in die himmlische Heimat: »Denkt daran, daß ihr diese Welt und alles, was sie zu bieten hat, eines Tages verlassen müßt; darum bemüht euch jetzt, Gott zu erkennen«, sagt Lahiri Mahasaya (1828–1895) zu seinen Anhängern. »Bereitet euch ständig auf den Tod ... vor, indem ihr euren Geist täglich in das Reich göttlicher Wahrnehmungen erhebt... Meditiert deshalb unentwegt, bis ihr erkennt, daß ihr das Unendliche seid, das jenseits aller Leiden liegt.«[7]

Im Buddhismus sind es die sogenannten *Bodhisattvas* (Sanskrit; wörtlich Erleuchtungswesen), die in vielerlei Aspekten den Heiligen anderer Religionen entsprechen. Im Mahâyâna-Buddhismus wird damit ein Wesen bezeichnet, das auf dem »einen Weg« (Eka-Mârga) die Buddhaschaft durch die Ausübung aller Vollkommenheiten zu erlangen sucht. In seiner Bereitschaft, allen unvollkommenen, leidenden Menschen zu dienen, stellt der *Bodhisattva* sein Eingehen in das Nirvâna zurück. Die Tugenden, die ihn auszeichnen, »das, was das andere Ufer erreicht«[8], sind: Gebefreudigkeit, Tugend, Geduld, Energie, Schauung, Weisheit. Die verschiedenen Energieformen und Schwingungen, die durch das So-Sein der *Bodhisattvas,* durch ihre Meditationen und Anrufungen ausgestrahlt werden, wirken »zum Besten aller Lebewesen«, schützen diese und wirken begleitend auf dem Weg der spirituellen Entwicklung[9]. In einer Meditationsanleitung von Lama Thubten Yeshe heißt es: »Wenn du auf deinem spirituellen Weg Zuflucht zur Weisheit suchst, dann stelle dir ... einen geistigen Führer vor, den wir verehren, weil er alle Torheit überwunden hat. Das Objekt unserer Zufluchtnahme sollten wir uns in freundlicher und wohlwollender Gestalt vorstellen, dreifarbiges Licht ausstrahlend. Diese Strahlen fließen in uns und alle uns umgebenden Wesen und reinigen uns von jeglicher negativen Kraft, besonders von Verzweiflung und Selbst-Herabsetzung.«[10]

Wie aber werden im Christentum Heilige als solche entdeckt und breiteren Kreisen bekannt? Prinzipiell ist jeder Getaufte heilig, weil er durch den Tod und die Auferstehung von Jesus Christus erlöst ist. Deshalb bilden alle Getauften, so der Apostel Paulus, die Gemeinschaft »der Heiligen«[11]. Dennoch sind einzelne Menschen durch ihre besonderen Gnadengaben im Laufe der Jahrhunderte hervorgetreten. Bereits im 2. Jahrhundert setzte eine erste Heiligenverehrung ein. Sie bezog sich auf die Apostel und Maria, vor allem aber auch auf dieje-

Der Bodhisattva Avalokitesvara führt drei Mönche in die Sphären der Götter
Zeichnung nach einem tibetischen Rollbild

nigen Christen, die in den Verfolgungen durch ihr Martyrium Zeugnis für ihren Glauben gegeben hatten. Die Verehrung der Heiligen ging vom Volk aus, das sich, durch Wunder und Zeichen bestätigt, an seine Heiligen mit der Bitte um fürsprechendes Gebet wandte. Die Heiligsprechung und kirchliche Anerkennung geschahen bis ins 10. Jahrhundert hinein durch die bischöfliche Bestätigung eines Kultes. Diese war durch eine feierliche Erhebung oder Überführung der sterblichen Überreste des Heiligen in eine Kirche gegeben. Allerdings versuchte sich die kirchliche Autorität seit dem 8. Jahrhundert immer stärker in den Akt von Heiligsprechungen einzuschalten, da es infolge mancher frommen Strömungen zu Übertreibungen und Fehleinschätzungen gekommen war. Die genauen Nachforschungen nach dem Lebenslauf verehrter Gestalten brachten manchmal wenig Heiliges zutage, so daß nun die Vorlage einer Lebensbeschreibung zur offiziellen Bestätigung eines Kultes notwendig wurde. Ab dem 10. Jahrhundert setzte sich die Autorität des Papstes in bezug auf die Anerkennung von Heiligen durch. Diese Verfahrensweise hat sich in der katholischen Kirche bis heute erhalten, während im evangelischen Christentum diese Form einer kirchenrechtlich institutionalisierten Heiligsprechung seit der Reformation abgeschafft ist.

Die Heiligsprechungsprozesse, die heute in der katholischen Kirche eingeleitet werden können, setzen einen bereits abgeschlossenen Seligsprechungsprozeß voraus, das heißt die bischöfliche Anerkennung und Erlaubnis der regionalen Verehrung dieser Person. Eine Kommission überprüft in einem dreifachen Instanzenweg den Lebensweg, die Tugenden und die behaupteten Wunder, wobei die strengsten Kriterien angelegt werden. In der letzten Generalversammlung vor der möglichen Heiligsprechung führt der Papst Vorsitz und holt das Urteil der Kardinäle ein. Diese sehr gewissenhafte und gründliche Form der Heiligsprechung hat dazu geführt, daß wirklich bedeutende Persönlichkeiten Anerkennung gefunden haben. Da jedoch die Heiligsprechungsprozesse in der Regel sehr langwierig und für die Antragsteller sehr kostspielig sind, konnten viele nicht heiliggesprochen werden, weil ihr Verehrerkreis zu arm war. Ich möchte hier beispielsweise auf die selige Anna Maria Taigi (1769–1837) hinweisen, die als Frau eines römischen Dienstboten und Mutter von sieben Kindern in großer Armut lebte, aber durch ihre visionäre Begabung und ihren heiligen Lebenswandel die Beraterin von Königen wie auch des Papstes war. Zahlreiche Wunder werden ihrer Fürbitte auch nach ihrem Tod zugeschrieben. Dennoch hat hinter ihr, der Frau und Mutter, keine kirchliche Lobby wie beispielsweise ein finanzkräftiger Orden gestanden, der an ihrer Heiligsprechung Interesse gehabt hätte. Aufgrund des problematischen Umstandes, daß die offizielle Heiligkeit von kirchenpolitischen Interessenverbänden abhängig ist, hat in den vergangenen Jahren eine Reformierung der Heiligsprechungsprozesse begonnen.

In diesem Buch geht es jedoch weniger um kirchlich sanktionierte Heilige in der katholischen Kirche als um die Untersuchung der Symbolik von einigen besonders bemerkenswerten Volksheiligen, deren Verehrung zum Teil schon mit der Frühzeit des Christentums verbunden ist.

Die vergessene Zeit

Heilige Tage

Der Blick in das himmlische Lichtreich der Heiligen ist dem menschlichen Auge gewöhnlich verborgen. Aber zu gewissen Zeiten, vor allem an den Wendepunkten des Jahreskreislaufes, öffnet es sich. Eine solche Zeit wird in der germanischen Mythologie *Wunschstunde* genannt[1], denn dann erkennen die Menschen ihre verborgenen Herzenswünsche und dürfen gewiß sein, daß sie – im Lichte des Himmels gesehen – in Erfüllung gehen werden. *Wunschstunde* ist auch am 1. November, dem alten keltischen Samain-Fest, wenn sich vor den Augen der Eingeweihten das himmlische »Engel-Land« öffnet, die Seelen der Seligen auf die Erde herabsteigen und mit den Menschen verkehren[2]. Dann werden die beiden Welten eins, der Schein, der sie trennt, ist aufgehoben.

Dieser besondere Tag, an dem alljährlich die Grenzen zwischen Himmel und Erde verschwimmen, wird durch die Christianisierung zum *Allerheiligenfest.* An diesem Festtag wird im Jahre 1819 eine der wichtigsten christlichen Mystikerinnen der Neuzeit – die Ordensfrau Anna Katharina Emmerich (1774–1824) – von ihrem geistigen Führer zu einer visionären Himmelsreise abgeholt. Clemens von Brentano, ihr Biograph, hat diesen Bericht aufgezeichnet: Ich kam »von der Erde empor. Ich sah die unzähligen Scharen der Heiligen in unendlicher Mannigfaltigkeit. Und doch war in innerer Seele und Empfindung alles eins. Alle lebten und bewegten sich in einem Leben der Freude, und alle durchdrangen und spiegelten sich ineinander. Der Raum war wie eine unendliche Kuppel voll von Thronen, Gärten, Palästen, Bogen, Blumenkränzen, Bäumen, und alles war mit Bahnen und Wegen, die wie Gold und Edelsteine schimmerten, verbunden. Oben war unendlicher Glanz, der Sitz der Gottheit.«[3]

Bereits im Jahre 608 war der 1. November von Papst Bonifatius IV. zum Allerheiligenfest erklärt worden. An diesem Tag hatte er den römischen Pantheon-Tempel, in dem vorher alle bedeutenden Göttergestalten der Antike verehrt worden waren, zu Ehren der Gottesmutter Maria und aller Märtyrer als christliche Kirche eingeweiht. Der Tempel war nach der

Christianisierung im 4. Jahrhundert nicht zerstört, sondern nur geschlossen worden und galt bis dahin als Denkmal der antiken Kultur[4]. Das Fest Allerheiligen breitete sich in den nächsten Jahrhunderten mehr und mehr in allen christianisierten Gegenden aus und verband sich mit dem Allerseelenfest am darauffolgenden Tag, das vorher bei den Germanen und Kelten den Beginn einer »Seelenwoche« eingeleitet hatte. In dieser stillen Zeit des beginnenden Winters wurde die Anwesenheit der Verstorbenen besonders nahe empfunden, und die Familien feierten in diesen Tagen eine Art Verwandtentreffen, zu dem nicht nur die verstorbenen Seligen, sondern auch die »armen Seelen« eingeladen waren, die aufgrund ihres irdischen Lebenswandels noch nicht in die himmlischen Sphären hatten eingehen können. Man setzte den Toten Speise und Trank vor. In der Nacht wurden die Stuben kräftig gewärmt, um mit diesem Zeichen der Liebe und Zuneigung diejenigen zu grüßen, die als Geister der Verstorbenen im Schatten lebten. So gedachten die Menschen ihrer nicht nur mit besonderen Gebeten, sondern grüßten sie mit ihren alltäglichen Gesten[5]. Durch die Feier dieses Festes wie zahlreicher anderer Heiligenfeste auch wurden sehr alte Rituale im christlichen Gewand bewahrt[6].

Der bäuerliche Jahreslauf erhielt seit dem frühen Mittelalter durch die Übernahme der Heiligenfeste ergänzend zu den Gedächtnistagen von Jesus und Maria mehr und mehr einen festen Rahmen. An Johanni (24. Juni) wie am Martinstag (11. November) endeten in vielen Regionen der Alpenländer die befristeten Dienstverhältnisse der Mägde und Knechte[7]. Am St.-Georgs-Tag (23. April) wurde das Vieh auf die Weiden getrieben, an Michaelis (29. September) wurden Bürgermeisterwahlen (wie heute noch in London) gehalten, aber auch Zinszahlungen abgegeben[8]. Termine wurden selten mit Datum benannt, sondern nach dem Festtag des jeweiligen Heiligen. Daher gab es in der Ausgestaltung der Kalender keine Zahlen, sondern Bilder von Heiligen und ihren Attributen.

Wie aber wurde ein Tag zum Heiligenfest und was ist seine spirituelle Bedeutung? Hier muß zuerst ein Blick auf die kirchengeschichtliche Entwicklung geworfen werden.

Bereits im Jahre 250, während einer Christenverfolgung unter Kaiser Decius, bat Bischof Cyprian von Karthago die Gläubigen seiner Stadt, auch jene Tage aufzuschreiben, an denen Christen wegen ihres Glaubens hingerichtet wurden, damit die Gemeinde ihr Gedächtnis feierlich begehen könne[9]. Diese wie andere Notizen trugen dazu bei, in den Ortskirchen einen liturgischen Kalender zusammenzustellen, der die Todestage der Märtyrer wie anderer verstorbener Christen verzeichnete. An ihrem Jahrestag gedachte die Gemeinde ihrer mit einem Gottesdienst. Da die Ortskirchen untereinander in Kontakt standen, verbreitete sich die Verehrung einzelner Gestalten neben den Aposteln, Johannes dem Täufer, Maria und Stephanus. Die verstorbenen Heiligen wurden bereits im 3. Jahrhundert während der Meßfeier um ihre Fürsprache im Himmel gebeten. Dazu setzte die Reliquienverehrung ein, die bald die Gesamtkirche erfaßte. Hauptsächlich wurden die Gedächtnistage der Heiligen an ihrem Todestag gefeiert, da dieser als Tag der neuen Geburt im Himmel angesehen wurde. War dieses Datum nicht bekannt, wurde statt dessen der Tag der Überführung der Reliquien, die Weihe der Kirche des Heiligen oder ein ähnlich bedeutsamer Tag zur Gedenkfeier gewählt[10]. Karl der Große löste durch die Etablierung des stadtrömischen Kalenders für das Frankenreich das Prinzip der Ortsgebundenheit in der Heiligenverehrung auf. Wurden vorher Heilige aufgrund der Bestrebungen einer lokalen Gemeinde verehrt, begann nun allmählich eine allgemeine Heiligenverehrung, die (seit 993) in die institutionalisierten Heiligsprechungsprozesse mündete, wobei die lokale Heiligenverehrung nicht unterdrückt werden konnte, sondern bis heute im regionalen Volksglauben ein Eigenleben führt. Beispielsweise werden in der Bretagne noch heute über 7000 regionale Heilige verehrt.

Nach der Kritik der Reformation an den Auswüchsen der katholischen Heiligenverehrung gab das Konzil von Trient das altkirchliche Prinzip der Ortsgebundenheit endgültig auf. 1570 wurde erstmals der römische Generalkalender publiziert, der nun verbindlich wurde. Schon frühzeitig hatten sich bei der Etablierung der Heiligenfeste an einem bestimmten Tag im Jahr Probleme gezeigt, weil sie oft mit dem sogenannten »Herrenjahr« (den liturgischen Gedenkfeiern des Lebens von Jesus Christus) kollidierten. In der Volksfrömmigkeit drohte überhaupt die Verehrung einzelner Heiligengestalten die Verehrung von Jesus Christus immer wieder in den Hintergrund zu schieben und den Heiligen den Rang (heidnischer) Gottheiten zu verleihen. Deshalb betrachteten die kirchlichen Autoritäten das Ausmaß der Heiligenverehrung stellenweise mit größtem Mißtrauen. Denn hier konnten die als heidnische Bräuche verurteilten Kultformen in verändertem Gewand fast ungebrochen weiterleben oder sich Inhalte, die von kirchlicher Seite gerade in bezug auf die weibliche Religiosität unterdrückt wurden, dennoch behaupten. Das exzessive Ausmaß der Heiligenverehrung in den unterdrückten Massen implizierte somit immer auch eine Kritik an der herrschenden Kirchenpolitik und war Ausdruck der Sehnsucht nach spiritueller Nähe und Hilfe, die von seiten der kirchlichen Autoritäten oftmals versagt blieben.

Das Bemühen der kirchlichen Vertreter, diese eher unkontrollierbaren Elemente in der volkstümlichen Heiligenverehrung in geordnete Bahnen zu lenken, ihre Angst vor einem unchristlichen Polytheismus, der sich im Heiligenkalender widerspiegeln könnte, ist noch heute zu spüren. In der unreflektiert männlichen Argumentation zeitgenössischer theologischer Schriften zeigt sich dieses Unbehagen nur zu deutlich. Da geht es um die »Überwucherung des Herrenjahres«, die »Störung des Gleichgewichtes«, die »Notwendigkeit der Steuerung«[11], und es scheint fast, als erlebe die patriarchalisch geprägte Theologie die Mythologie der Heiligenfeste als einen gefährlich sinnlichen Bereich, den es nach wissenschaftlichen Kriterien immer wieder strengstens zu bewachen und gegenüber den »unkritischen Frommen«[12] einzugrenzen gälte. »Noch heute«, bemerkt eines der führenden Standardwerke zu den Heiligen, »findet man in Wallfahrtskirchen, Feldkapellen u. ä. eine Fülle an Heiligenbildern und anderen Andachtsgegenständen, die – gewiß in frommer Absicht dort angebracht – den unkritischen Menschen leicht vergessen läßt, daß Ausgang, Weg und Ziel allen sittlichen Strebens allein Jesus Christus ist.« Kritisiert wird »eine Art magisch-wirken-sollender Verzweckung der Heiligenverehrung«[13].

Höhepunkt dieser theologischen Bestrebungen war die Neuordnung des liturgischen Kalenders der katholischen Kirche im Jahre 1969, die als Folge des Konzils stattfand. Im

Geiste der Entmystifizierung, der die sechziger Jahre auch im Katholizismus dominierte, wurde diese Neuordnung nach rationalen Kriterien und kirchenpolitischen Überlegungen (wie Ausgewogenheit) vorgenommen. So mußten nach dem Prinzip der Universalität aus allen Regionen der Welt Heilige vertreten sein, jeder christliche Lebenstand in einem »Idealtypus« einen Platz haben und verschiedene Aspekte der Heiligkeit (wie Barmherzigkeit, Armut, Märtyrertum) vorkommen. Zusätzlich mußten Heilige aus allen Jahrhunderten aufgenommen sein sowie die Aktualität einzelner Gestalten wie beispielsweise der Therese von Lisieux berücksichtigt werden. Daneben ergänzt ein neuer Regionalkalender den römischen Kalender, damit wichtige Heilige der Ortskirchen weiter im Gedächtnis der Gläubigen bleiben[14].

Die Neuregelung des Heiligenkalenders löste innerhalb der katholischen Kirche heftige Diskussionen aus, zumal er die mystische Dimension von seit vielen Generationen gefeierten Heiligenfesten nicht berücksichtigte und die Daten alter Feste einfach auslöschte. Bis zur Reform des Heiligenkalenders wurde beispielsweise am 21. Dezember, in der längsten Nacht des Jahres, das Fest des Apostels Thomas gefeiert. Dieser Apostel, auch der »Ungläubige« genannt, konnte erst zum Glauben an den auferstandenen Jesus Christus finden, nachdem ihm dieser erschienen war und er seine Hand in seine Seitenwunde legen durfte. In die lange Nacht des 21. Dezembers, die den Unglauben repräsentierte, wurde so im Jahreskreislauf durch das nahende Weihnachtsfest Licht gebracht[15]. Das Fest der heiligen Katharina von Alexandrien am 25. November, dessen spirituelle Bedeutung noch ausführlich beschrieben werden wird, konnte nur durch den Einspruch der Ostkirche, wo diese Heilige besonders verehrt wird, vor der Abschaffung bewahrt bleiben.

In der Ambivalenz theologischer Argumentationen bei der Bewertung und Neuordnung der Heiligenfeste wird die Kluft sichtbar, die zwischen den sogenannten »einfachen Gläubigen« und den Vertretern der katholischen Amtskirche besteht. Die Mahnungen, mit denen die Gläubigen im Zeitalter der Entmystifizierung, wo sie sowieso meist der Heiligenverehrung nicht mehr nahestehen, unermüdlich mit erhobenem Zeigefinger über die theologischen Grenzen der Heiligenverehrung belehrt werden, lassen fragen, was an ihr selbst heute noch so beunruhigend ist.

Ist es vielleicht das ganz Persönliche und Unkontrollierbare, das in der spirituellen Dimension der Heiligenverehrung sichtbar wird und die einseitig gesteckten Grenzen vom theologisch definierten Gottesbild ganz einfach übersteigt, damit den kirchlichen Führungsanspruch ignorierend? Durch ein »Sich-Einlassen« auf die Heiligenverehrung kann erfahrbar werden, daß die Heiligen erlebbare Mittlergestalten sind, die ohne dogmatische Belehrungen zu »Gott in uns«, zu Christus führen. Damit kommen wir zur spirituellen Bedeutung der Heiligenfeste.

Zeit und Zustand

Auf den sogenannten Monats-Ikonen der orthodoxen Kirche werden die aufeinanderfolgenden Tage durch ihre jeweiligen Heiligen repräsentiert, bilden ihre Gestalten die ewige Gegenwart der himmlischen Kräfte im Alltag ab. Mit Attributen versehen, erscheinen die Silhouetten dieser Heiligendarstellungen wie hohe Türen. Durch ihre Farbausstrahlung und erleuchteten Gesichter verweisen sie auf dahinterliegende Ebenen, ihre himmlischen Wohnungen, die durch ihre Gestalt erlebbar werden, wenn im meditativen Zustand die Begrenzungen von Raum und Zeit verschwimmen und in den Zustand der Ewigkeit führen. Dabei beinhaltet die tägliche Betrachtung verschiedener spiritueller Aspekte, die von den Heiligen im Wechsel des Jahreskreislaufes verkörpert werden, eine Sensibilisierung im eigenen religiösen Erleben, ein Gewahrwerden der Vielfalt von Lebensformen im Sinne der christlichen Nachfolge. Anna Katharina Emmerich sieht die Kirchenfeste in einer Vision am 3. Dezember 1821 als »verbindende Kanäle«[16] zwischen Himmel und Erde, an denen vielfache himmlische Gnaden den Menschen zugute kommen und die sich alljährlich im Wechsel der Feste erneuern. Es kann sich aber auch, manchmal über Jahre hinweg, eine besondere geistige Beziehung zu einem bestimmten Heiligen entwickeln, auf dessen Festtag mit Freude gewartet wird.

Therese Neumann von Konnersreuth (1898–1962), die als stigmatisierte Mystikerin (Trägerin der Wundmale Christi)

Orthodoxe Monatsikone vom Januar
Die Heiligen repräsentieren die Gegenwart des Göttlichen im Alltag

weltweit bekannt wurde, erlitt als junge Frau einen schweren Arbeitsunfall, in dessen Folge sie blind und gelähmt war. Während ihres langjährigen Leidens faßte sie eine besondere Zuneigung zu Therese vom Kinde Jesu (1873–1897), deren Selig-

und Heiligsprechungsprozeß gerade im Gange war und von der sie ein kleines Bildchen besaß. Der Biograph von Therese Neumann, Johannes Steiner, schreibt: »Oftmals, später täglich, hatte Therese Neumann das auf dem Bildchen aufgedruckte Gebet um Seligsprechung der Schwester Theresia vom Kinde Jesu gebetet. Als nun diese am 29. April 1923 seliggesprochen wurde, erschien es Theres noch im Schlaf, als ob jemand an ihr Kissen rührte; sie wachte auf und konnte sehen.«[17] Die Lähmungen blieben allerdings noch. Am Tage der Heiligsprechung von Therese vom Kinde Jesu, am 17. Mai 1925, erhob sich Therese Neumann geheilt von ihrem Krankenlager. »Sie habe«, so erzählt sie später, »ein wunderschönes Licht gesehen, aus dem eine Stimme fragte, ob sie gesund werden wolle; sie habe geantwortet, es sei ihr alles recht, was vom lieben Gott komme, er verstehe es am besten.«[18] Danach erhielt sie durch die Stimme aus dem Lichtschein weitere Offenbarungen über ihren zukünftigen geistigen Lebensweg, deren Formulierungen mit den Schriften der Therese vom Kinde Jesu ganz und gar übereinstimmten. In dieser Verbindung der himmlischen Ebene mit einem zeitlichen Festtag fand Therese Neumann, wie zahlreiche andere Menschen in Heiligenbegegnungen auch, ihre Gesundheit wieder, wurde sie sich ihrer wahren geistigen Aufgabe bewußt. Beide Ebenen, die himmlische wie die weltliche, verbanden sich nun in ihrem weiteren Lebenslauf miteinander. Aus dieser Ganzheit heraus begann das mystische Wirken von Therese Neumann. Ihre besondere geistige Ausstrahlung und Gebetskraft auch über den Tod hinaus dokumentieren die zahllosen Dankestäfelchen an ihrem Grab in Konnersreuth (Oberpfalz).

Was ist also die spirituelle Ebene der heiligen Tage? Sie helfen, innezuhalten, still zu werden, zu schauen und zu betrachten, sich einzuüben in die Praxis der Kontemplation im Kreislauf des Jahres, um durch die Vielfalt der Erscheinungen zur Erkenntnis der Einheit und Vollkommenheit Gottes zu gelangen[19]. In dieser Erkenntnis aber »gibt es keine Zeit«, schreibt Reshad Feild über seine Begegnung mit dem Göttlichen. »Die Erde drehte sich, die Jahreszeiten kamen und gingen, Männer und Frauen wurden geboren und starben, Welten entstanden, und alles ging durch den Raum hindurch, in dem ich saß. Sämtliche Meister, Heilige und Propheten aller Zeiten manifestierten sich in diesem Raum, und indem sie ihre Geschichten erzählten, wurden sie in die Ewigkeit des Seins hinweggetragen. Dieser vollkommene Friede gab mir die Erkenntnis, daß all die großen Lehrer aus der Gegenwart des Seins kommen und ihre Wege dahingehen, ebenso wie die Sonne und die Sterne, der Blitz und der Regen und die Kinder, die geboren wurden.«[20]

Daher war es im Bewußtsein der vorhergegangenen Generationen auch kein »Zu-fall«, an welchem Festtag eines Heiligen ein Kind geboren wurde, ein Sterbedatum zu verzeichnen und der »Namenstag«, der Festtag des jeweiligen Namenspatrons, zu feiern war.

Namenstage

Mit der zunehmenden Durchsetzung der Kindertaufe seit dem Mainzer Konzil von 813 gab sich von kirchlicher Seite auch mehr und mehr die Forderung, die Täuflinge mit christlichen Namen zu benennen. Dennoch setzte sich die Sitte der christlichen Namensgebung auf breiter Ebene im deutschsprachigen Raum erst im 14. Jahrhundert durch, einerseits, weil die Verehrung der Heiligen sich steigerte, andererseits, weil die gebräuchlichen Namen durch einen früheren Träger geheiligt worden waren[21]. Die Namensgebung im Ritual des Taufgeschehens bewahrte dabei lange Zeit vorchristliche Elemente, war doch die Wassertaufe an die Stelle der in germanischen Regionen praktizierten Wasserbesprengung getreten, mit der ein Kind erst als menschliches Wesen anerkannt wurde[22]. Erst durch die Taufe und Namensgebung bekam das Neugeborene im Volksglauben einen Status als Mensch. In der Zeit zwischen Geburt und Taufe hatte das Kind vor der Christianisierung keinen Rechtsstatus. Es konnte vom Vater getötet werden, wenn er es nicht wollte. Das Ritual der Namensgebung verband sich mit dem Glauben an die Anwesenheit der jenseitigen Patinnen des Kindes, der schicksalsbestimmenden Nornen, die den künftigen Lebensweg, die Eigenschaften und das Glück des Kindes erst festlegten, dem Kind das Schicksal »anwünschten«[23]. Mit der zunehmenden Wahl von christlichen Namenspatronen verlagerte sich der Glaube an die Macht der oft als düster empfundenen, schicksalsbestimmenden Nornen auf die freundlicheren Heiligen, deren Fürsorge nun das Neugeborene durch die Namensgebung anempfohlen wurde. Die besondere Wahl des christlichen Taufnamens ist dabei immer auch von familiären Traditionen, regionalen Vorlieben und Zeitströmungen abhängig gewesen. Im alpenländischen Bereich gab es den Brauch, Kinder nach dem Heiligen ihres Geburtstages zu nennen, da in dem Zusammentreffen von Geburt und Heiligenfesttag eine himmlische Fügung erkannt wurde. Die »Übergabe« des Kindes an einen bestimmten Heiligen durch die Namenswahl ist Ausdruck der Hoffnung, daß der Heilige seinen Schützling sicher durch die Schwierigkeiten des Lebens begleiten und später in seine geistige Gemeinschaft im Himmel einführen werde. Der Namenstag, Festtag eines Namensträgers in Verbindung mit dem Gedenktag seines Heiligen, hat daher im katholischen Brauchtum einen hohen Stellenwert und wird in einigen Regionen immer noch höher bewertet als das persönliche Geburtstagsfest.

Oftmals wählen Eltern, wenn auch nicht bewußt, den »richtigen« Heiligennamen für ihr Kind, und gerade dieser besondere Name wird der speziellen Bedeutung seines zukünftigen Lebens gerecht. Die selige Koletta (gestorben 1447), die den Orden der heiligen Klara erneuerte, wurde von ihrem Vater nach seinem Lieblingsheiligen Nikolaus von Myra genannt (der als Ordensmann und Bischof große Wunder vollbrachte), was bereits die Bedeutung ihres zukünftigen Lebensweges andeutete[24]. Über die Namensgebung des heiligen Dominikus (1170–1221), des Stifters der Predigerbrüder, berichtet die fromme Überlieferung: »Seine Mutter Johanna hatte vor seiner Geburt einen merkwürdigen Traum. Sie sah ihre Leibesfrucht in der Gestalt eines Hundes, der eine Fackel im Munde trug, ihrem Schoße entsteigen, um die ganze Welt anzuzünden. Beunruhigt durch diesen Traum besuchte sie das Grab des heiligen Abtes Dominikus, der in der Klosterkirche von Silos ruhte, suchte dort Trost im Gebete und gab ihrem neugeborenen Kinde, diesem Heiligen zu Ehren, den Namen Dominikus. Als das Kind zur Taufe getragen werden sollte, sah sein Taufpaute in einem Gesichte auf der Stirn des Kindes einen strahlenden Stern, und von dieser Zeit an sah man diese Stirne von einem geheimen Schimmer leuchten, der alle bewegte und anzog, welche ihn betrachteten.«[25]

Namen »als Schlüssel für das Innere«[26] führen durch ihren Klang, durch ihre besondere Lautschwingung und ihre ursprüngliche Bedeutung in die jenseitige Dimension der Sprache, bilden eine Brücke zwischen Zeit und Zustand, zwischen Lebensweg und Lebensziel. Friedrich Weinreb schreibt in bezug auf die »Innenwelt« des Namens: »So verbindet der Mensch seinen äußeren Lebenslauf im Zeitlichen mit seiner ewig im Sein verborgenen Innerlichkeit.«[27] »Ich denke deshalb an das Pfingstwunder in der Apostelgeschichte des Lukas, wo in Jerusalem doch alle Sprachen verstanden werden. Und Lukas bedeutet doch im Griechischen Leuchte, Licht.«[28] »Der Name Maria, hebräisch Mirjam, spricht von Bitterkeit und von einem Meer. Vom Namen her ist ein Schicksal zu erwarten, das sich mit dem Bitteren auseinanderzusetzen hat.«[29]

Namenstage sind in diesem Zusammenhang Besinnungstage auf die oftmals verborgene Dimension des geistigen Lebensweges, auf seine Zielsetzungen und Inhalte, die im Alltäglichen immer wieder verdeckt werden können. Mit Blick auf den Namen, die Vorbilder, die ihn geprägt haben, können wir fragen, was es bedeutet, wenn Gott sagt: »Fürchte dich nicht, denn ich erlöse dich und rufe dich beim Namen« (Jesaja 43,1).

Schwellen zur »Anderen Welt«

Christianisierung heiliger Orte

Ein heiliger Ort wird nicht nach rationalen Überlegungen »ausgewählt« oder festgelegt. Er wird vielmehr »entdeckt«, indem er sich auf die eine oder andere Weise offenbart[1], oftmals durch himmlische Erscheinungen, Visionen, Träume.

Am Vorabend des Festes von Peter und Paul im Jahre 1446 erschien auf einem Feld bei Frankenthal (in der Nähe von Bamberg) dem Hirten Hermann Leicht zur Zeit des Sonnenuntergangs ein geheimnisvolles Kind. Das Kind war »umgeben von vierzehn anderen Kindern, über die es erhaben war, in einem Feuerglanz wie die untergehende Sonne«. Das glänzende Kind sprach: »›Wir sind die vierzehn Nothelfer und begehren eine Kapelle zur Ruhe daselbst; sei du unser Diener, wir wollen auch deine Diener sein!‹ Hierauf verschwand dasselbe mit den vierzehn anderen Kindern, den Schäfer aber ergriff eine himmlische Entzückung.«[2] Schon ein Jahr nach dieser Vision wurde nach anfänglichem Widerstand der Kirchenvertreter an diesem Ort mit dem Bau einer Kirche begonnen. »Vierzehn Heiligen« wurde zu einem der populärsten Wallfahrtszentren des ausgehenden Mittelalters.

In der Nacht vom 3. März 1625, bei Auray in der Bretagne, wurde der fromme Bauer Yves Nicolazic von einer Lichterscheinung geweckt. Eine leuchtende Frauengestalt mit einer Fackel in der Hand offenbarte sich als »Anna«, die Mutter Mariens, und forderte den Bauern auf, an einer bestimmten Stelle zu graben, um dort die Überreste einer sehr alten Anna-Kapelle zu finden. An dieser Stelle, sagte die Erscheinung, solle nach dem Willen Gottes eine neue Kirche aufgebaut werden. »Ich warte darauf«, spricht sie, »diese wieder in Besitz zu nehmen . . ., denn Gott will, daß ich geehrt werde.«[3] Der Bauer folgte den Anweisungen der Lichterscheinung und fand in der Erde eine alte Holzstatue der heiligen Anna, was zur Gründung des weltweit größten Wallfahrtsortes Sainte Anne d'Auray führte.

Der Ort, an dem die alte Skulptur der heiligen Anna gefunden wurde, war, wie man heute annimmt, schon zur Zeit der Kelten und Römer heilig und Schauplatz der Verehrung von

Muttergottheiten. Wie Sainte Anne d'Auray, das selbst in seiner heutigen architektonischen Gestaltung (gebaut Mitte des 19. Jahrhunderts) einem großen heiligen Hain mit einer tempelähnlichen Basilika ähnelt, sind zahlreiche christliche Kirchen und Kapellen auf germanischen, keltischen oder römischen Heiligtümern erbaut worden. Papst Gregor der Große hatte bereits um 600 die christlichen Missionare, die in fanatischem Eifer die Heiligtümer der Germanen und Kelten oft überfallartig zerstörten, zur Mäßigung ermahnt: Die alten Kultstätten sollten nicht zerstört, sondern in Kirchen umgewandelt werden. ». . . es sollen nur die Götzenbilder, die darin sind, vernichtet werden, dann sollen die Tempel mit Weihrauch besprengt, Altäre gebaut und Reliquien darin niedergelegt werden.«[4] Daher blieb auch nach der Bekehrung das Zentrum der vorherigen Kulte im Mittelpunkt des Gemeindelebens. An Stelle des Haupttempels stand bald die Hauptkirche, und wo sich ein Hof von geringerer Bedeutung befand, wurden Kapellen errichtet. Diese Entwicklung ist so wenig unterbrochen worden, daß vor allem im nördlichen Europa die Orte, wo im Mittelalter durch die dort erbaute Kirche ein Zentrum des christlichen Lebens war, meist schon durch den Namen anzeigten, daß hier vorher eine heidnische Gottheit verehrt worden war[5].

In den Alpen war der heutige St. Bernhardsberg vormals dem Gott Jupiter geweiht. Auf der Bergspitze stand eine Säule der Gottheit, die von einem Priester betreut wurde und an der vor allem Reisende opferten, die den Paß überquerten. Die Legende berichtet aus dem Jahre 973 von einer dramatischen Auseinandersetzung zwischen dem heiligen Bernhard und dem Priester Jupiters, der sein Heiligtum verteidigen wollte. Bernhard gelang es, was als Segen Gottes interpretiert wurde, mit einigen Pilgern das Standbild zu zerstören. Er baute an dieser Stelle ein kleines Hospiz auf, wo er mit seinen Ordensbrüdern bis zu seinem Tod Reisende beherbergte und pflegte, ihnen bei der schwierigen Paßüberquerung beistand und so ein Vorbild der christlichen Nächstenliebe gab[6].

Die vorchristlichen Riten an alten Kultorten sind oftmals auch ungebrochen fortgesetzt worden, indem christliche Heilige an die Stelle alter Gottheiten traten, wie wir weiter unten am Beispiel der heiligen drei Jungfrauen sehen werden. Dabei entsprach der jeweilige spirituelle Aspekt der Heiligen (wie beispielsweise Gewährung der Mutterschaft) meist sogar der früheren Bestimmung des Kultortes. Stätten, wo der germanische Gott Wodan verehrt wurde, verwandelten sich unter dem Einfluß des Christentums häufig in Michaelskapellen, wie auch der Festtag dieses germanischen Gottes nun als Michaelstag am 29. September in den Kirchenkalender einging[7]. Im Laufe der Christianisierung kamen aber zu den alten heiligen Stätten neue hinzu. Bald wurden auch Orte, an denen Heilige gelebt und gebetet hatten oder begraben waren und über ihren irdischen Tod hinaus Wunderzeichen wirkten, geweiht und als besondere Stätten himmlischer Wirkungskräfte verehrt.

Gräber und Kirchen

Warum werden in der christlichen Kultur Heilige an ihren Gräbern verehrt, wo doch der Glaube an die Auferstehung zur elementaren Verkündigung gehört? Heißt es doch in bezug auf das Grab Jesu: »Was suchet ihr den Lebenden bei den Toten? Er ist nicht hier, er ist auferstanden« (Lukas 24,5–6). Und dennoch setzte bereits in der Spätantike, mit der zunehmenden Verbreitung des Märtyrerkultes, die Verehrung ihrer Grabstätten ein, wurde zum Gedächtnis der Märtyrer an ihrem Todestag von der Gemeinde das Liebesmahl auf dem Grab gefeiert.

Ursache dafür ist vor allem eine besondere, auch physisch spürbare Ausstrahlung, die als Wärmestrom der göttlich-kosmischen Energie von den Gläubigen an den Gräbern der Heiligen wahrgenommen wird. Zahlreiche Träume und Visionen, in denen Heilige gläubigen Personen nach dem Besuch am Grab erschienen sind und eine Stätte ihrer Verehrung anregten, haben seit dem 5. Jahrhundert den Bau von Grabeskirchen zur Folge gehabt. Die Gräber der Heiligen sind im christlichen Volksglauben nicht einfach Gedenkorte, sondern werden als Schwellen zur »Anderen Welt«, als das Tor der Heimkehr in die himmlische Heimat angesehen. Von dort aus erkennt und spürt man die geistige Anwesenheit der Heiligen, ihre spirituelle Vollmacht.

Im Islam wird die Verehrung verstorbener Heiliger sogar hauptsächlich als Grabkult gepflegt. Reshad Feild beschreibt seine spirituelle Erfahrung am Grabmal des islamischen Heiligen Mevlana Celaleddin Rumi (1207–1273) in Konya (Türkei): »Ich zog meine Schuhe aus und trat ein. Im dämmrigen Licht der Öllampen am anderen Ende des Raumes konnte ich gerade die Umrisse einiger Menschen erkennen, die im Gebet versunken waren. Doch all diese Einzelheiten waren bedeutungslos, denn sobald ich über die Schwelle trat, gab es keine Möglichkeit mehr, mich der unglaublichen Kraft zu entziehen, die den Raum erfüllte. Es war, wie wenn man eine andere Dimension betritt, in der die Kraft der Liebe so stark ist, daß sie alle festgefügten Vorstellungen zerbricht, die Vergangenheit auswischt und in uns einbricht, um die Tür in unserem Herzen aufzusprengen. Ich erinnere mich, daß ich versuchte zu beten; doch es war nicht notwendig, etwas zu sagen oder zu tun. Ich mußte mich nur öffnen und diese Gegenwart der Liebe in mich eindringen lassen.«[8]

Aus diesen tiefen spirituellen Erfahrungen an Gräbern von Heiligen als Vermittlungsstellen der Begegnung mit Gott entstand schon in der Frühzeit des Christentums das Bedürfnis, nahe dieser als Schutzpatrone wahrgenommenen geistigen Kräfte zu leben. Deshalb wurden die Gebeine von Heiligen in die Mitte von Ortschaften, in Kirchen, überführt. In dieser Tradition steht seit dem 5. Jahrhundert die Weihe von Kirchen an einen bestimmten Heiligen, indem im Altar, wenn es möglich ist, einzelne Reliquien (körperliche Überreste oder Gebrauchsgegenstände des Heiligen) aufbewahrt wurden[9]. Aus dem Bedürfnis, in der Nähe eines Heiligen oder seiner Reliquien beerdigt zu sein und in ihm einen Fürsprecher vor Gottes Thron zu finden, entstanden Friedhöfe um Grabeskirchen und Wallfahrtsstätten. Bis in das 13. Jahrhundert hinein aber blieb dem religiösen Empfinden die Unabhängigkeit eines Heiligenkultes von seinem Grab oder einer besonderen Gedenkstätte fremd, wurde die Kultpersönlichkeit immer in direkter Beziehung zu dem Kultort gesehen[10]. So beteten die Menschen noch nicht im allgemeinen zur Muttergottes, was ihnen zu fern und abstrakt erschien, sondern beispielsweise zur Gottesmutter Maria von Rocamadour, weil sie an diesem Ort ihre konkrete Hilfe erfahren hatten.

Zum Kennzeichen eines heiligen Ortes gehört in fast allen Religionen seine Einfriedung, meist durch Zäune, Mauern oder Bäume, die den geweihten Bezirk von dem weltlichen

Bereich trennen. Dies hat den Sinn, »den profanen Menschen vor den Gefahren zu bewahren, denen er sich aussetzte, wenn er unvorsichtig eindringen würde. Das Heilige ist immer gefährlich, wenn die Berührung mit ihm ohne Vorbereitung, ohne ›Annäherung‹ ... geschieht, wie sie jeder religiöse Akt er-

Maria in der Kirche
Aus dem Stundenbuch der Maria von Burgund (um 1477)
Durch das Lesen der Heiligen Schrift und Beten öffnet sich der Innenraum des Herzens, der Zugang zum höheren Selbst.

fordert.«[11] Das Eintreten in die Kirche, den innersten Bezirk eines heiligen Ortes, gleicht in seiner äußeren Entsprechung dem Prozeß des meditativen In-sich-Gehens, des Eintretens in die Innenräume des Herzens, die den Zugang zum höheren Selbst öffnen.

In der himmlischen Welt, schreibt Friedrich Weinreb, »ist Raum eine Qualität. Einer der (hebräischen) Namen Gottes ist *Makom,* und das bedeutet einfach Ort. Räumlich in unserem Raum-Sinn? Vielleicht aber könnte es bedeuten, daß Gott als *Makom* Quelle von Raum überhaupt ist, daß die Welt der Raum Gottes ist und, wie es auch heißt, Gott der Raum der Welt ist. Raum, *rewach,* geschrieben wie *ruach,* ist Geist, verbindet tatsächlich. Hier aber, im Fließen, trennt er auch. Er ist stets im Zwischen.«[12] In diesem Sinne erscheinen Kapellen und Kirchen der Heiligen als Räume »zwischen Himmel und Erde«, in denen sie den Gläubigen den Zugang zum göttlichen Raum vermitteln. Ihre äußere wie innere Ausschmückung ist Ausdruck der seelischen Prozesse wie der Geisteshaltung, die sich mit dem Heiligtum verbinden.

Was aber bedeutet in spiritueller Dimension die Assoziierung einzelner Heiligengestalten mit bestimmten Orten und ihren Naturgegebenheiten? In den Heiligenbiographien und Legenden entspricht der himmlische Zustand, aus dem sie wirken, bestimmten Landschaften, die »ihren« Platz, »ihre« Wohnung umgeben.

Berge und Höhlen

In der spirituellen »Mitte der Welt« liegt im Sinne der Bibel der heilige Berg Sinai, wo sich Himmel und Erde berühren und Gott durch Mose seine Gesetze übermittelt hat[13]. Dorthin, zu dem höchsten Gipfel dieses heiligen Ortes – so offenbarte Gott im 8. Jahrhundert einigen Mönchen im Kloster am Fuße des Sinai –, trugen Engel den Leichnam der heiligen Katharina von Alexandrien und bestatteten ihn, wo aus den Gebeinen der Heiligen bis heute heilendes Öl fließt[14].

Es scheint, als entspreche der Sinai in seiner mystischen Entsprechung dem geheimnisvollen heiligen Berg der alten Mythen[15] wie auch dem »Prophetenberg« der Anna Katharina Emmerich, den sie in ihren Visionen als einen Ort erlebt, der sich im Geistigen über alle Gebirge der Erde erhebt. »Sie sah dort die Bücher prophetischer Offenbarung aller Zeiten und Völker in einem Gezelte bewahrt und von einer Persönlichkeit geprüft und verwaltet, welche sie teils an Johannes den Evangelisten, teils an Elias ... erinnerte ... Alles dieses sah sie auf einer grünen, von einem klaren See umgebenen Insel, worauf mehrere, verschiedenförmige, von Gärten umgebene Türme standen. Sie hatte die Empfindung, daß diese Türme Schatzkammern und Brunnenhäuser der Weisheit verschiedener Völker seien und daß unter der Insel, welche von mehreren Quellen durchrieselt war, der Ursprung heiliggehaltener Flüsse, unter anderem des Ganges ruhe, welche am Fuße des Gebirges zutage kämen ...«[16]

Einen unendlich hohen Berg muß die Mystikerin Anna Schäffer (1882–1925) in einem Traum besteigen, der bis in den Himmel hinein führt. »Als sie mit dem Bergsteigen begann, dachte sie: Das ist der Berg, der zur Ewigkeit führt! Sie kam ziemlich rasch, aber doch recht mühsam und beschwerlich voran. Als sie schon weit oben war, fielen ihr die Worte ein: ›Das Himmelreich leidet Gewalt!‹ ›Und ich konnte‹, schreibt sie, ›es so richtig fassen, was diese Worte bedeuten. Ich betete immer zum heiligsten Herzen. Je höher ich hinaufkam, desto leichter wurde es, und mit einem Mal war ich ganz droben. Die Schönheit dort oben könnte ich nicht beschreiben.‹«[17]

In der Sprache der Psalmen ist der heilige Berg ein Symbol für die Anwesenheit Gottes. »Warum blickt ihr voll Neid, ihr hohen Gipfel, auf den Berg, den Gott sich zum Wohnsitz erwählt hat? Dort wird der Herr wohnen in Ewigkeit« (Psalm 68,17).

Entsprechend wählte der Ordensstifter Antonius (gestorben 356) im Alter von dreiunddreißig Jahren ein verlassenes Schloß (Sinnbild seines »leerstehenden« Herzens) auf einer Bergesspitze, um sich von der Welt zurückzuziehen und der Betrachtung der göttlichen Geheimnisse zu widmen[18]; ließ sich Simon, der später in Kleinasien als Säulenheiliger berühmt wurde, am Fuße eines Berges zum Fasten und Beten nieder[19], um von dort aus »aufzublicken«.

Immer wieder finden sich Aufzeichnungen über das Leben heiliger Mönche und Einsiedler, die sich in die Abgeschiedenheit von Erdspalten und Felshöhlen zurückgezogen haben.

Im Christentum ist das Bild der Höhle mit der Geburt Jesu (nach den Überlieferungen der Apokryphen) wie seiner Auferstehung aus der Grabeshöhle verbunden. Damit steht sie für das Wachstum und die Auferstehung des göttlichen Lichtes in den dunklen Herzenshöhlen der Menschen. Die Höhle als Grenzbezirk zwischen Licht und Dunkelheit versinnbildlicht auch das mystische Ringen der materiellen Schöpfung um die geistige Wiedergeburt, das der Heilige stellvertretend für die Menschen »in der Welt« führt. »Denn wir wissen«, schreibt der Apostel Paulus, »daß die gesamte Schöpfung bis zum heutigen Tag seufzt und in Geburtswehen liegt. Aber auch wir, obwohl wir als Erstlingsgabe den Geist haben, seufzen in unserem Herzen und warten darauf, daß wir mit der Erlösung unseres Leibes als Söhne offenbar werden« (Römer 8,22–24).

Die Symbolik der Höhle ist dabei doppeldeutig. Sie verweist auf die Geborgenheit des Menschen als »Kind der Erde« im warmen, schützenden Mutterschoß hin wie auch auf die Konfrontation mit dem Eingang zur »Unterwelt«, dem Reich des Todes. Während jedoch in den Religionen der Antike wie auch bei den Germanen religiöse Handlungen und Rituale in Höhlen stattfanden, wie beispielsweise in den Mysterien der Kybele, die den Initianden vom »Tod« zum »Licht« führten, wurden mit der Durchsetzung des Christentums solche Rituale als »heidnisch« ausgegrenzt und in den Bereich der lokalen Volksbräuche abgedrängt, wo sie später Gegenstand der heftigsten Verfolgung während der Inquisition wurden[20]. Was vorher im organisierten religiösen Kult beheimatet war, war aber in seiner Symbolkraft zu elementar, als daß es hätte aufgehoben werden können. Das Ringen um das göttliche Licht im »Bauch der Erde« lebte, wenn auch vereinzelt, vor allem im Mönchtum weiter, wie wir in Legenden und Lebensbeschreibungen von Heiligen immer wieder entdecken können. So kämpfte (nach einer russischen Heiligenlegende aus dem 11. oder 12. Jahrhundert) der hochwürdige Vater Feodossij mit zwei weiteren Mönchen in einer Höhle »wie drei Gestirne« gegen die »teuflische Finsternis« und vertrieb sie durch »Gebet und ihr Schmachten«[21].

In der bildreichen Sprache der Legende vom ersten christlichen Einsiedler Paulus (gestorben 342), dem sogenannten »Patriarchen der Wüste«, erhält die Beschreibung seiner Höhle in der Wüste fast schon einen Abglanz des Paradiesgartens, in den er bereits während seines irdischen Leben einkehren darf. In der Beschreibung der wundersamen Höhle kehrt sich der innere Zustand des Heiligen nach außen. Hier wird der heilige Mann – wie im Mutterschoß – von den Kräften der ihn umgebenden Natur ernährt. Die Legende erzählt: Als der heilige Paulus auf seiner Wanderschaft zu einer verschlossenen Felsenhöhle gelangte, öffnete er ihren Eingang: »Er fand einen geräumigen Saal, welcher oben – zum Himmel – offen und von den schattigen Zweigen und Blättern eines großen Palmbaumes überwölbt war, der vor der heißen Mittagssonne schirmte. Eine Quelle lautern, frischen Wassers sprudelte aus der Grotte hervor und ward zum Bache, der nach kurzem Laufe in die Tiefe sich senkte. Hier in dieser geräumigen Höhle schlug nun Paulus seine Wohnung auf. Die Quelle lieferte ihm Wasser zum Tranke, der Palmbaum mit seinen breiten Blättern und saftigen Früchten Kleidung und Nahrung.«[22] Hier, unter dem Symbol des Lebensbaumes, betete der Einsiedler unablässig für die Kinder der Welt.

Die Geschichte des heiligen Paulus beschreibt in ganz besonderer Weise die Versöhnung des Menschen mit seiner äußeren wie auch inneren Natur, die er durch sein auf Gott ausgerichtetes Leben erlangte. Diese Versöhnung ging selbst über seinen Tod hinaus. Zwei Löwen gruben das Grab für den Heiligen in den felsigen Wüstenboden, damit er darin von seinen Anhängern bestattet werden konnte.

Die Ambivalenz von Geborgenheit und Todesnähe in einer Höhle und die Aufhebung der Zeit in diesem Grenzbereich, der zur geistigen Wiedergeburt führt, verdeutlicht in besonderem Maße die aus dem 5. Jahrhundert stammende syrische Legende von den sogenannten »sieben heiligen Schläfern«, die zu einer der wundersamsten Heiligenerzählungen überhaupt gehört. In ihr geht es um Zuflucht, Tod und Auferstehung in einer Felsenhöhle: Im Jahre 425 wurde in Ephesus (zur Zeit der Regierung des Kaisers Theodosius) ein unbekannter junger Mann festgenommen, der mit einer sehr alten Silbermünze sieben Laibe Brot kaufen wollte. Man verdächtigte ihn, heimlich einen alten Schatz gefunden zu haben. Vor dem Statthalter aber erklärte der verängstigte Jüngling, er sei mit sechs weiteren Gefährten vor dem Kaiser Dezius geflohen, der sie als

Der Einsiedler Paulus im Palmblätterkleid
Zeichnung nach einem Kupferstich aus dem 19. Jh.

Christen verfolge. Sie seien in einer Höhle nahe der Stadt versteckt und warteten dort auf ihre Festnahme. Diese Erzählung erschien besonders merkwürdig, da der Kaiser Dezius bereits 175 Jahre tot war. Um den Wahrheitsgehalt zu überprüfen, wanderte ganz Ephesus zu der besagten Höhle. Dort fand man eine kleine Gedenktafel, die besagte, daß sieben christliche Jünglinge, die in der Höhle Zuflucht gesucht hätten, auf Befehl des Kaisers Dezius eingemauert seien. Dennoch kamen vor der erstaunten Menge die Jünglinge aus der Höhle heraus und berichteten, wie sie sich als verfolgte Christen in der Höhle verborgen hatten:

»Während wir aber in stummer Trauer dasaßen, fingen wir allgemach zu schlafen an, denn unsere Augen waren vor Betrübnis schwer. Aber der gütige Gott, der für seine Diener sorgt, machte, daß wir auf besondere Art unseren Tod fänden, um dadurch zu seiner Zeit große Wunder zu thun. Als wir nämlich Alle in tiefen Schlaf versunken waren, gaben wir auf der Erde liegend, unseren Geist in die Hände des Schöpfers zurück, um mit dem Himmel Gottes Lob zu singen, das Geld aber, welches wir mitgenommen, blieb bei uns auf dem Lager zurück. – Wie lange wir den Schlaf des Todes geschlafen, wissen wir nicht. Vor einigen Tagen aber wurden wir auf Befehl des Herrn Jesus Christus wieder zum Leben erweckt, und jene Stimme, die den Lazarus aus dem Grabe rief, gab auch uns den Lebensgeist zurück. Wir erhoben uns und sahen die Höhle wie sonst offen. . . . setzten wir uns zusammen, Gott preisend, und grüßten uns wie sonst, denn wir wußten nicht, daß wir gestorben wären. Unsere Kleider waren noch dieselben, unsere Wangen frisch und blühend, unsere Körper schön und voll munterer Kraft; es war uns, als seien wir gestern schlafen gegangen und wären heute morgen wieder aufgewacht.«

Die heiligen sieben Schläfer von Ephesus
Russische Ikone, 19. Jh.

Nach dieser Erzählung warfen sich die sieben Jünglinge »auf ihr Angesicht nieder, beteten zu Gott, entschliefen und übergaben auf göttlichen Wink ihre Seele zum zweiten Male in die Hände ihres Schöpfers. Der fromme Kaiser Theodosius befahl sogleich, sieben goldene Särge zu machen, um ihre Leiber ehrenvoll zu begraben. Nachts aber erschienen dem Kaiser die sieben Jünglinge im Schlafe und sagten ihm, er möge sie in der Höhle ruhen lassen, in der sie schon so lange gelegen.«[23]

Neben der Höhle wurde eine Kirche erbaut mit einer Herberge für arme Pilger. Alljährlich wurde zum Andenken der Märtyrer ein Fest gefeiert, wie die Legende schreibt in »aller Dankbarkeit«.

Wälder und Bäume

Heilige Haine sind ein wesentliches Element im religiösen Leben zahlreicher Völker[24]. Als Abbild des »kosmischen Urhaines« repräsentieren sie die göttlichen Wachstumskräfte und erinnern an den Beginn der kosmischen Schöpfung[25]. Im nördlichen Europa war bereits in vorkeltischer Zeit die heilige Stätte ein Hain, eine Lichtung im Wald unter freiem Himmel. Hier fand der Verkehr mit den Göttern statt und wurden die rituellen Zusammenkünfte und Jahreszeitenfeste gefeiert, die tief in die jeweilige Mythologie eingebettet waren[26].

In der Heiligkeit des Waldes wurde der spätere Abt und Ordensstifter Romuald (gestorben 1027) während einer Jagd von der göttlichen »Stimme der Stille« berührt und zu einem besseren Lebenswandel inspiriert. »Unter den dunklen Schatten der himmelhohen Bäume« fiel er zur Erde nieder und rief: ›Glücklich ihr alten Einsiedler, die ihr euch solche Wohnungen erwählt habt. Mit welcher Ruhe mußtet ihr dem Herrn dienen.‹«[27]

In den heiligen Hainen befand sich oftmals ein besonderer, ein heiliger Baum, der als Sitz einer himmlischen Wesenheit verehrt wurde. Orakelbäume standen bei den Römern wie bei den Griechen in hohem Ansehen[28], während die Germanen im Schutze der heiligen Haine, oftmals Eichenwäldern, Heilung suchten und fanden[29].

Weltweit wurde einzelnen heiligen Bäumen auch als »Baum des Lebens« kultische Verehrung zuteil. Sie galten als Mittelpunkt der Welt, als Weltenachse, wie beispielsweise der Weltenbaum Yggdrasil der Germanen. Diese Weltenachse, nahe dem mythologischen Nabel der Welt, verband in visionärer Schau die verschiedenen Schichten des Kosmos (und damit auch die unterschiedlichen Bewußtseinsebenen im Menschen) miteinander. Die Wurzeln des Weltenbaumes griffen bis tief in die Unterwelt hinein, während seine Wipfel in den Himmel ragten und sich mit dem Göttlichen verbanden. Während der religiösen Zeremonien kletterten die Seelen der Priester in Ekstase den mystischen Baum empor und gelangten in die himmlischen Ebenen[30]. Als Weltenbaum erscheint auch der Baum, unter dem Buddha geboren wurde, indem er ohne Schmerzen für seine Mutter aus ihr hervortrat und durch seine Handlhaltung bereits andeutete, ein Weltenlehrer zu werden[31]. In der Astralmythologie ist der Baum Sinnbild der Milchstraße, die ihre Zweige wie ein Dach über den Himmel ausbreitet[32].

In zahlreichen heiligen Hainen wurden, wenn sie nicht vorher der Zerstörung anheimgefallen waren, nach der Christianisierung Kapellen oder Kirchen errichtet. Bäume als Sitz und Wohnstätten einer Gottheit zu betrachten galt zwar seitdem als heidnisch, aber auch hier bewahrte sich der Volksglaube das Wissen um die Elementargeister und Feen, die in den heiligen Bäumen und Wäldern gesehen wurden. An zahlreichen christlichen Wallfahrtsorten wurden weiterhin besondere »heilige« Bäume gepflegt und als Ausdruck der segnenden Kräfte des Heiligen betrachtet. So wuchs im 18. Jahrhundert in den Trümmern der halbzerstörten Wallfahrtskapelle Marienthal in nur kurzer Zeit eine riesige Linde empor, deren lange Zweige alsbald ein natürliches Dach bildeten. Dies wurde als Zeichen für die schützende Anwesenheit der Muttergottes an »ihrem« Platz gesehen. An manchen Wallfahrtsorten wurden heilige Linden dreistufig geschnitten als Repräsentation der göttlichen Dreifaltigkeit. Die Opfer an die göttlichen Kräfte, denen vormals die heiligen Bäume und Wälder geweiht waren, wandelten sich in Weihe- und Dankesgaben an Maria und bestimmte Regionalheilige.

So blieben die alten Vorstellungen von den heiligen Bäumen in christlicher Transformierung lebendig, beispielsweise in der Legende vom heiligen Rosenstrauch in Hildesheim, in der es

Maria im brennenden Dornbusch
Nicolas Froment (um 1476)
Der heilige Hain lebte auch nach der Christianisierung als Ort visionärer Begegnungen mit dem Göttlichen weiter, wie dieses französische Altarbild aus dem ausgehenden Mittelalter zeigt.

um die Zähmung der Wildnis (Sinnbild der ungezähmten menschlichen Leidenschaften) am Beispiel der blühenden Rosen geht. Diese werden Zeichen der Liebe Jesu und in mystischer Schau Sinnbild seiner »blühenden« Wunden, die die Welt erlöst haben. Die Legende erzählt, wie Kaiser Ludwig (814) nach Sachsen kam. Nachdem er gejagt hatte, machte er in einem schönen Tal nahe bei einem kleinen Fluß halt. Dort nahm er sein persönliches Reliquiar, hängte es an einen wilden Rosenstrauch und begann zu beten. Bald darauf gründete er an jenem Ort eine Kirche und eine Stadt: Hildesheim. Seine Reliquie schenkte er der neuen Kirche. Der Rosenstrauch aber blüht nahe beim Dom auch heute noch. Seine jährliche Blüte deutete die Bevölkerung als Zeichen des göttlichen Segens für die Stadt, wenn diese üppig und schön war. Blühte der Rosenstrauch aber nur wenig, wurde dies als schlechtes Omen interpretiert, was die Tradition der alten Orakelbäume fortsetzte[33].

Das Bild des Baumes ist auch in einer Vision des Bruders Klaus von der Flüe (1417–1487) ein Sinnbild des göttlichen Segens. Der heilige Mann sieht mit seinem Bruder Peter während der Messe »aus dem Boden der Kapelle ein Reislein hervorsprossen, das zusehends empor wuchs, bis es zum großen Baume geworden, der mit seinen Ästen den heiligen Ort ausfüllte. Auch wuchsen gar schöne Blumen an den Zweigen des Baumes, die sanft auf die Häupte der Anwesenden herabfielen. Einige von den Blumen verdorrten sogleich, andere blieben frisch und grün. Auch Bruder Klaus sah das Gesicht und legte es einem Bruder, der ihn darum befragte, also aus: Der Baum ist ein Sinnbild des Segens, der von dem unblutigen Opfer des Heilandes auf die Menschen sich reichlich ergießt. Da fallen nun Gnaden wie Blumen herunter und verdorren in dürren, das heißt lauen, kalten, unreinen Herzen, bleiben aber frisch und grün in gottinnigen Seelen.«[34]

Im Volksglauben haben sich einzelne Bäume auch mit den Gestalten von Heiligen und ihrem segensreichen Wirken verbunden und wurden Gegenstand der Verehrung[35]. Die Kraft des Gebetes der drei heiligen Schwestern Wilbetta, Guerbetta, Ainbetta, in denen die drei Schicksalsnornen als positive Gestalten weiterlebten, ließ auf dem steilen Weg von Michelsbach nach Meran einen Kirschbaum wachsen, der viele Jahrhunderte hindurch Früchte trug. Im oberbayrischen Dorf Puch lebte die selige Edgina (gestorben 1026) in einer hohlen Linde als Einsiedlerin und wirkte durch ihre Güte und barmherzige Hilfe wahre Wunder unter den Dorfbewohnern, deren Nachkommen heute noch bei Krankheit und Verlust »Selige Edgina, hilf« rufen.[36]

Der heilige David von Thessaloniki lebte und wirkte in einem Baum
Zeichnung nach einem traditionellen Ikonenmotiv

Das Bild des Baumes ist in zahlreichen Heiligenbiographien auch ein Symbol des zu Gott gewendeten Menschen. Dessen Lebenskräfte haben sich vermittelnd nach oben gerichtet, und sein Haupt ragt wie eine große Baumkrone nach oben, in den Himmel, in die geistigen Welten. Mit einem großen Baum wird daher auch der italienische Kapuzinermönch Pater Pio (1887–1968) verglichen, der vielen als zeitgenössischer Heiliger gilt. Eine Bewohnerin seines Dorfes, Lucietta Fiorentino, hatte eine Offenbarung von Christus, die ihr das zukünftige Wirken von Pater Pio ankündigte: »Von ferne wird ein Priester kommen, symbolisch verglichen mit einem großen Baum. Hier in diesem Kloster werde ich ihn einpflanzen, seine Äste und Blätter werden sich über die Welt erstrecken. Wer glaubt, wird sich unter diesen Baum flüchten, er ist so schön, so reich mit wunderbaren Früchten, und jene werden das sichere Seelenheil erreichen.«[37]

An diese Bedeutung erinnern die Bäume an Kult- und Grabesstätten eines Heiligen. Sie sind Ausdruck seiner besonderen spirituellen Macht, die in der Erde (sinnbindlich dem Herzen der Menschen) Wurzeln geschlagen hat und nun über Jahrhunderte hinweg Kraft (durch das besondere Energiefeld des Baumes), Schatten (Bild für Schutz) wie Früchte schenken wird. Sie sind ein göttliches Zeichen für das segensreiche Wirken eines guten Menschen, der wie ein Baum »an Wasserbächen gepflanzt ist, der zur rechten Zeit seine Frucht bringt und dessen Blätter nicht welken. Alles, was er tut, wird ihm gut gelingen« (Psalm 1,3). Daher werden im Bereich des islamischen Volksglaubens die Früchte eines Baumes, der zur Andachtsstätte eines Heiligen gehört, von den Pilgern in der Hoffnung verzehrt, daß man mit dem Essen einer solchen Frucht seinen Segen erlangen möge, um einmal gleich ihm heilig zu werden[38].

Quellen, Brunnen und Flüsse

»Wohl den Menschen, die Kraft finden in dir, wenn sie sich zur Wallfahrt rüsten. Ziehen sie durch das trostlose Tal, wird es für sie zum Quellgrund, und Frühregen hüllt es in Segen. Sie schreiten dahin mit wachsender Kraft; dann schauen sie Gott auf dem Zion« (Psalm 84,6–8).

Zahlreiche Wasserläufe, Quellen oder Brunnen liegen in der Nähe von Kapellen und Heiligtümern. Bei der Christianisierung sind alte Heilquellen und Kultstätten übernommen worden[39]. Den Völkern der Antike galten Quellen als heilig. Das römische Recht schützte die Quellen vor Verunreinigung. Da Quell- und Regenwasser für die Germanen aus der Umgebung der Götter stammten, wurden sie als heilkräftig verehrt und gebraucht. Oft mußte die Kirche ihr Verbot, nicht an Quellen zur Gottesverehrung zusammenzukommen, wiederholen, ehe die traditionelle germanische Quellenverehrung beseitigt wurde[40]. Besondere Kräfte wurden auch danach den Wassern zugeschrieben, die an Festen wie Weihnachten, Ostern und Johanni geschöpft wurden. Bei der Christianisierung der Kultformen römischer und germanischer Muttergottheiten war es hauptsächlich die Muttergottes, deren Schutz viele traditionelle heilige Quellen und Brunnen anvertraut wurden und die bis heute Mariabrunn, Marienborn usw. heißen[41]. Dazu kamen die unzähligen, oft nur in lokalen Kulten verehrten Volksheiligen wie auch regional besonders beliebte Heiligengestalten, denen heilende Quellen und Brunnen geweiht wurden. Ihr Ursprung wurde auf eine Segensgeste des Heiligen zurückgeführt, die die Quelle hervorbrachte. Nach dem Vorbild von Mose ließ der irische Heilige St. Ailbe, eine Vorläufergestalt des heiligen Patrick, durch vier Schläge an einen Felsen (Sinnbild der Herzenshärte) vier Wasserquellen hervorsprudeln, um die Neugetauften im christlichen Glauben zu bestärken[42]. Gleichfalls entsprangen durch die Fürbitte des heiligen Benedikt (gestorben 543) wie auch des heiligen Bischofs von Arles Honoratus (gestorben 429) Quellen aus einem Felsen, um neue Klostergemeinschaften mit genügend Wasser zu versorgen[43]. Damit wurde auf die Wasser des Heiligen Geistes verwiesen, die die neuen Gemeinschaften weiterhin mit den göttlichen Segnungen versorgen sollten. An zahlreichen Wallfahrtsstätten, wie beispielsweise in Lourdes oder Fatima, sind nach Erscheinungen der Muttergottes heilende Quellen aus dem Boden gesprungen, die zum Ziel zahlreicher Pilgerreisen geworden sind. Andere sind der Legende nach erst nach dem Tod eines Heiligen an seiner Todesstätte oder an seinem Grab entsprungen. In der Legende von der Enthauptung des Apostels Paulus in Rom wird erzählt, daß sein Haupt dreimal aufsprang und drei Bunnen an jenen Orten hervorgingen[44].

Auch im islamischen Volksglauben werden heilende Quellen in Verbindung mit Heiligen verehrt. Der Heilige wohnt an der Quelle, die als sein Eigentum gilt. »Man hört bei ihnen fromme Musik, besonders am Donnerstagabend (Vorabend des heiligen Freitags). Der im Wasser wohnende Heilige ist oft ein berühmter Scheich, der mit weißem, rotem oder grünem Kopftuch erscheint, oder eine fromme Scheicha . . . Leute, die zufällig in einen solchen Brunnen fallen, werden vom Heiligen beschützt. Er hört auch gerne die Gebete der Gläubigen oder die Anrufung des Namens Gottes. Das Wasser kann bei vielen Leiden benützt werden.«[45]

Das Bild der Quelle, des Brunnens, an dem man sich niederläßt, um zu trinken, enthält elementare archetypische Bezüge. Es erinnert an die frühe Kindheit, in der das Kind an der Brust seiner Mutter wie an einer Quelle trinkt. Das Bild des

Brunnens verweist in die tief in uns verborgenen Erlebnisschichten des Geburtsvorgangs, des Aufsteigens aus der Tiefe des Mutterbauches (der Erde), weshalb die Weihe von Quellen und Brunnen an mütterliche Gottheiten oder Heilige verständlich wird. Das Pilgern zu einer Quelle, das Verweilen an einem heiligen Brunnenrand, das Sich-Spiegeln und Sich-Betrachten im Wasser, das Schöpfen und Trinken sind in der kontemplativen Praxis fast aller Kulturen elementare Gesten, die die Hinwendung zu den Wurzeln des Selbst und damit zum Ursprung aus dem Göttlichen beschreiben[46].

Das heilige Quellwasser wird zum Sinnbild des »Wassers des Lebens«. Die ihm innewohnenden Kräfte werden von dem Schutzheiligen der Quelle verwaltet und kommen nach spiritueller Sehweise nicht von unten, aus der Erde, sondern von oben, aus dem Himmel. Von dort strömen sie aus den unzähligen Verästelungen der vier gewaltigen Paradiesströme, die die gesamte Schöpfung mit ihren Energien durchfluten und am Leben erhalten, wie es ähnlich auch eine Vision von Klaus von der Flüe beschreibt:

»Er sah einen prachtvollen Palast und in demselben einen Brunnen, aus dem eine Flüssigkeit von Wein, Oel und Honig herausströmte, glänzend wie der Blitz, und zugleich hörte er eine Stimme, die da rief: ›Wer dürstet, der komme und trinke.‹ Er wollte nun die Quelle des Brunnens finden. Er suchte und kam in einen hohen Saal, und da sah er einen Altar, und der Altar that sich vor ihm auf, und er sah den Ursprung der Quelle, und darin war Alles so klar und grundlos, und wie viel auch daraus hervorströmte, so nahm doch das Oel, der Wein und Honig nicht ab. Da wunderte sich der Bruder Klaus, daß Niemand im Palaste wäre, der nach diesem köstlichen Wasser begehre; und als er sich umschaute, sah er in der Ferne viele Leute, und die Einen waren stark beladen mit Mühe und Sorgen gleich den Ameisen und hatten darum auch nicht die Zeit, ihren Durst zu stillen. Nur wenige kamen, um Hunger und Durst zu stillen, viele aber starben dahin.«[47]

Die Quellen der Heiligen verbinden geistige und irdische Kräfte. Sie schenken dem, der sich dort wäscht und das Wasser in gläubiger Gesinnung trinkt, die Rückbesinnung auf seinen geistigen Ursprung, Reinigung von Leid und Betrübungen der Seele und dadurch oftmals Heilung an Geist, Seele und Körper, Herzensfrieden und Freude: »Und sie werden beim Reigentanz singen: All meine Quellen entspringen in dir« (Psalm 87,7).

Die Verehrung von heiligen Flüssen, wie sie aus der Antike oder auch heute noch am Beispiel des heiligen Flusses Ganges in Indien bekannt ist, ist durch die Christianisierung verlorengegangen. Allerdings verbindet sich das Leben einzelner Heiliger mit ihrem Wirken an Flüssen, sei es als Träger wie der heilige Christopherus oder als Brückenheiliger wie Johannes von Nepomuk. Dieser Priester wurde 1383 auf Befehl des böhmischen Kaisers Wenzeslaus von einer Brücke in die Moldau geworfen, weil er das Beichtgeheimnis der Kaiserin nicht preisgab. Seine Gestalt steht in Stein gehauen auch heute noch auf zahlreichen alten Brücken, wo er ein Priestergewand und ein Kreuz in der Hand trägt. Um seinen Kopf liegt meist ein Heiligenschein mit Sternen, weil sein Leichnam, als er »in die Wogen vesenkt, . . . sich langsam erhob und, von helleuchtenden Sternen umgeben, ruhig dahinschwamm«[48]. Als Brükkenheiliger führt Johannes von Nepomuk den Menschen sinnbildlich über den »Fluß des Lebens« und erhebt »zwischen den Ufern« aus der Enge des Alltags, um über den strömenden Wellen stille zu werden, »ge-lassen« nach »unten« zu schauen. Seine Gestalt vermittelt somit eine Hilfe zu Andacht und Gebet, die heute in Vergessenheit geraten ist.

Der heilige Nepomuk auf der Brücke

Lichter Schein und himmlische Zeichen

Himmlischer Glanz

»Ich sah die beiden Heiligen nebeneinander in der Höhe einer Lichtwelt stehen. Ignatius (von Loyola) hatte eine ganz weiße Glorie, Xaverius hatte einen rötlichen Schein, er hatte etwas vom Märtyrerlichte.« (Anna Katharina Emmerich in einer Vision am 18. Juni 1820[1].)

Zu den besonders wichtigen Merkmalen der Heiligen, die in Lebensbeschreibungen und Legenden immer wieder erwähnt werden, gehören vor allem der Glanz, der sie umgibt, wie die besonderen Attribute, mit denen sie den Gläubigen vor die geistigen Augen treten. Weltweit wird in Visionen, Legenden und Überlieferungen immer wieder von diesem Licht gesprochen, das heilige Menschen schon zu ihren Lebzeiten und in späteren himmlischen Erscheinungen umgibt. Von einer Erscheinung der Jungfrau Maria am 18. September 1846 in La Salette berichtet das Hirtenmädchen Melanie: »Plötzlich sah ich ein strahlendes Licht, strahlender als die Sonne ... Ich starrte auf dieses unbewegliche Licht, und als es sich öffnete, sah ich darin ein noch stärkeres Licht, das sich bewegte, und mitten in diesem Licht erblickte ich eine sehr schöne Frau ...«[2] Im himmlischen Lichtglanz werden die Heiligen im Traum oder auch im visionären Wachbewußtsein erblickt. Dann sind sie, so die Mystikerin Anna Schäffer, wie in Wirklichkeit »und trotzdem wieder wie durchsichtig. Sie sind mit Lichtstrahlen in ein überirdisches Licht gehüllt.«[3]

In den Tagebüchern von Baron von Veltheim-Ostrau ist eine Begegnung mit dem indischen Heiligen Ramana Maharshi von Tiruvannamalai aufgezeichnet: »Meine Augen in die goldenen Gründe des ... Maharshi getaucht, trat nun etwas ein, was ich nur mit größter Scheu in aller Bescheidenheit, der Wahrheit gemäß, ganz kurz und einfach zu sagen vermag. Die tiefe Schwärze seines Körpers verwandelte sich allmählich in Weiß. Dieser weiße Körper wurde hell und heller, als ob er von innen erleuchtet wäre, und begann zu scheinen!«[4]

Selbst auf den Körpern verstorbener Heiliger wird ein Schein wahrgenommen, denn »wenn der Geist leuchtend geworden ist, muß auch der Körper an dieser leuchtenden Natur teilhaben«[5]. So geht von den Leichnamen des Märtyrerehepaares Julian und Basilissa (gestorben 313 in Antiochia), die in einem Haufen hingerichteter Menschen liegen, ein herrlicher Glanz aus. Sie können deshalb von suchenden Christen entdeckt und ehrenvoll begraben werden[6]. Von »himmlischem Glanz umflossen« und in »heiliger Freude«[7] stirbt am 6. Januar 1373 der florentinische Bischof Andreas Korsini, dem in einer Vision am Weihnachtsfest davor von der Muttergottes sein Todestag vorausgesagt worden war. Als am 30. September 1897 die junge Ordensfrau Therese vom Kinde Jesu (1873–1897), heute als Therese von Lisieux bekannt und eine der wichtigsten Heiligengestalten des 20. Jahrhunderts, nach einem schweren Todeskampf stirbt, erstrahlt, so die Aufzeichnungen ihrer Schwester Celine, »ihr Gesicht im Glanz der ewigen Seligkeit. Sie hatte ein himmlisches Lächeln, und es fiel mir besonders auf, daß von ihren geschlossenen Lidern solch tiefes Leben und Glück ausstrahlte, daß es keinen Tod mehr gab.«[8]

Das Licht und der Glanz, in dem die Heiligen und Erleuchteten in allen Religionen beschrieben und gesehen werden, sind in der christlichen Kunst bereits seit der Spätantike im Symbol des kreisförmigen Heiligenscheines zusammengefaßt. In der Kultur der Antike zierte der Nimbus (lateinisch Wolke) Darstellungen von Sonnengottheiten (Apollo, Helios), Gestirngöttern (Venus, der Abendstern) und Abbildungen des Kaisers, dessen göttliche und damit verehrungswürdige Natur so hervorgehoben wurde[9]. In der antiken Religion Griechenlands werden Menschen, die nach ihrem Tod zu den Gestirnen aufgestiegen und zu Sternen am Firmament geworden waren, ebenfalls nimbiert. In dieser Tradition kennzeichnet nach der Christianisierung der geschlossene Kreis die ewige göttliche Mitte, die geistige Sonne und beschreibt die himmlische Ebene, aus der Christus, Maria, die Engel und Heiligen gestalthaft hervortreten[10]. Der Heiligenschein weist auf die vollkommene Erleuchtung hin, die das Haupt und somit die Gedanken und daraus folgenden Taten der Heiligen regieren.

Warum aber ist es zumeist nur das Haupt und nicht die ganze Gestalt, die in der christlichen Kunst mit dem Heiligenschein umgeben wird, obwohl doch die verschiedensten Visionen von ganz und gar in Licht gehüllten Erscheinungen sprechen? Hier kommen wir zur symbolischen Bedeutung des Hauptes als wichtigstem Erleuchtungszentrum des Menschen. Hildegard von Bingen schreibt: »So befindet sich am *Haupte* des Menschen, wie am Rund eines kreisenden Rades, der Scheitelpunkt des Gehirns. Zu diesem Gipfel ist gleichsam eine Leiter angelegt, die verschiedene Stufen des Aufsteigens hat: so mit den *Augen* im Sehen, mit den *Ohren* im Hören, mit der *Nase* im Riechen, mit dem *Mund* im Sprechen. Mit diesen seinen Sinnen schaut der Mensch alle Schöpfung.«[11]

In der Darstellungsweise, die die Ausstrahlung der Heiligen auf den Heiligenschein um ihr Haupt beschränkt, verbirgt sich aber auch die Anschauung vom »Wandel im Fleische«, womit immer wieder auch der menschliche Aspekt der Heiligen betont wird. Mit beiden Füßen auf der Erde und in irdische Gewänder gehüllt, werden sie zu Mittlergestalten sowie zu Vorbildern eines christlichen Lebenswandels, der die Gläubigen gleichfalls zu einem Leben in der göttlichen Lichtfülle hinführen wird. In dieser Konkretisierung bilden sie für die Gläubigen einen nachvollziehbaren Zugang zu den christlichen Inhalten und werden so schon frühzeitig in der Geschichte des Christentums zu bedeutenden Wegbegleitern im spirituellen Leben.

Die farbigen Strahlen aus den fünf Wunden Jesu

Die christliche Mystik bringt die Anschauung des Heiligenscheines immer wieder mit dem leidenden Jesus Christus in Verbindung und mit den farbigen Strahlen, die aus seinen Wunden strömen.

So sieht Anna Katharina Emmerich in einer ihrer Visionen den gekreuzigten Heiland »unaussprechlich leuchtend, und aus den Wunden, welche große Glorien waren, strömten regenbogenfarbige Strahlenbahnen heraus. Diese umfaßten alle Heiligen mit einem großen Ringe, und die verschiedenen Glorien der Heiligen hatten nach ihren verschiedenen Farben Anteil an diesen Lichtergüssen und spielten ganz unaussprechlich darin in einer Ordnung und Freiheit. Ich sah aber aus diesen Strahlenströmen der Wunden wie einen Regen von verschiedenfarbigen Tropfen nach der Erde niederfallen, und sie waren wie lauter Edelsteine. All diese hatten viele Bedeutungen und Wahrheiten, denn ich hatte Erkenntnisse von dem Werte, der Kraft, den Geheimnissen und Farben der Edelsteine dabei und von allen Farben überhaupt ... Die Vorstellung war übrigens weit reicher und größer als ein Sternenhimmel und doch ganz klar und deutlich; aber ich kann es nicht beschreiben.«[12]

In einer ähnlichen Vision begegnet der römischen Witwe Franziska (gestorben 1440) Jesus in ungeheurem Glanz. Auch sie sieht aus jeder seiner Wunden herrliche Strahlen hervorgehen, welche sich über die heiligen Seelen im Himmel ausbreiten, sie mit strahlendem Schein umfließen und mit Licht durchdringen. Franziska erkennt dabei auch Seelen von noch lebenden Menschen. Diese haben an der göttlichen Lichtfülle Anteil, weil sie trotz mannigfacher Mühsal und Bedrängnis treu in der Gottesliebe stehen[13]. Die geheimnisvolle Bedeutung dieser farbigen Strahlen, die aus den fünf Wunden des Heilandes strömen und heilige Seelen in einen Schein hüllen, werden Franziska von einem Himmelsbewohner erklärt: »Der Erste ist roth, um uns an die brennende Liebe Jesu zu erinnern, mit der er sein Blut vergossen hat, um zu retten, was verloren war. – Die zweite (Farbe) ist weiß und bedeutet Reinheit und Unschuld, die den Menschen durch das Verdienst des Leidens des Herrn wiedergegeben ist. – Die dritte ist grün, weil wir durch das Verdienst des Blutes von dem menschgewordenen Worte die Hoffnung des ewigen Lebens haben. – Die vierte, welche blau ist, ist das Sinnbild des vollkommenen Gehorsams des Sohnes Gottes, welcher sich dem Tode hingegeben, um den Willen seines Vaters zu thun. – Diese Tugend ist der wahre Schild der Getreuen Jesu Christi; durch diese bemächtigen sie sich aller Früchte seines Leidens. – Der letzte Strom hat die Farbe des Diamanten, um uns zu erinnern, daß der starke, reine Glaube die Seele erhebt, sie in Gott allein ruhen läßt und ihr niemals erlaubt, sich von dem höchsten Gut zu trennen.«[14]

In der christlichen Kunst der Romanik hat der besondere Farbaspekt, der durch die geistige Ausstrahlung und Wirkungskraft eines bestimmten Heiligen empfunden wird, noch zur farbigen Gestaltung von Heiligenscheinen auf Fresken und in Buchillustrationen geführt. Rote, mit Grün umrandete

Aureolen umgeben die Märtyrer Tiberius und Valerianus, die der heiligen Cäcilia in einer Illustration der Bibel des Klosters Santa Cecilia in Rom (um 1115) zur Seite stehen. Grün als die Farbe der Vegetation steht hier als Symbol für die Hoffnung auf das Paradies, aus dem nun diese Heiligen den frommen Betrachter segnend grüßen[15]. Das kräftige Rot ist Sinnbild für das Martyrium der Heiligen, das sie in der Nachfolge des Leidens Christi auf sich genommen haben. Es ist auch Hinweis auf das Feuer der Liebe, das mit der göttlichen Liebe verbundene Menschen ausstrahlen.

So ist von Franz von Assisi überliefert: »Wie innig, wie flammend der Heilige aber Gott liebte, das ist nicht zu beschreiben; er war in Wahrheit ein Seraph in Menschengestalt. Von dem Liebesfeuer, das in ihm glühte, erglänzte sein Gesicht, glühte sein ganzer Leib.«[16] Denn der Sohn Gottes, so Hildegard von Bingen in einer Vision, ist »Leben in feuriger Liebe... Er löst die Sünden in lichte Herrlichkeit auf, Er, der selbst das erstehende Leben der Heiligkeit im Menschen ist.«[17]

Goldener Schein und Kronen

In der Gotik wird die Darstellung farbiger Heiligenscheine immer seltener und ist vorwiegend noch auf Glasfenstern in den großen Kathedralen zu sehen. Sie weicht der vereinfachten Darstellung von goldenen Nimben, neben den Atrributen das eindeutige ikonographische Erkennungsmerkmal der Heiligen, Hinweis auf das »Lichtland«, aus dem sie sich den Menschen offenbaren. Das Gold als Ausdruck des ungeschaffenen Lichts erscheint als Reflex des überirdischen Glanzes. Die Schwere des Goldgrundes gibt dem »Geistigen Wohnung auf der Erde«[18], vergegenwärtigt das Himmlische.

Die besonderen spirituellen Aspekte der Heiligen, die sich in den verschiedenen Farbkräften visualisieren, werden nun hauptsächlich durch ihr Gewand ausgedrückt. Die intensive Farbenpracht der Heiligengewänder in der Malerei des späten Mittelalters wird zum »Tor in eine geistige Welt«[19], wie Rudolf Steiner zur spirituellen Wirkungskraft der Farben schreibt: »Es ist die Farbe dasjenige, was sich hinuntersenkt bis zur Oberfläche der Körper, es ist die Farbe auch dasjenige, was

Heiligenschein der heiligen Agnes
Zeichnung nach einem Gemälde von Pietro Lorenzetti (um 1329)

Heiligenschein der Maria mit Sternen
Zeichnung nach einem Gemälde von Bettino di Corsino da Prato (um 1330)

den Menschen von dem Materiellen erhebt und in das Geistige führt.«[20]

Ergänzend schmückt die Malerei der Gotik die goldene Aura der Heiligen mit ornamentalen Gravuren oder reliefförmigen Erhebungen von reicher Pflanzen- und Blumensymbolik. Ranken von Efeu und wildem Wein deuten auf die Erlösung durch Jesus Christus und das ewige Leben hin[21].

Als Ausdruck der Erleuchtung und Zeichen ihrer geistigen Machtfülle als himmlische Königskinder werden Heilige in Visionen auch mit Kronen gesehen[22] und in der Kunst dargestellt. In der Ikonenmalerei werden die Kronen oftmals in den Heiligenschein integriert. Diese Gestaltungsweise bezieht sich auch auf den Psalm: »Du kamst ihm entgegen mit Segen und Glück, du kröntest ihn mit einer goldenen Krone. Leben erbat er von dir, du gabst es ihm, viele Tage, für immer und ewig« (Psalm 21,4–5).

Die Farben der Aura

Die zunehmende Entmystifizierung innerhalb des abendländischen Christentums seit der Neuzeit drückt sich auch in der bildlichen Darstellung des Heiligenscheins aus. Während er bis zum ausgehenden Mittelalter bildparallel als Zeichen der ewigen Lichtfülle Gottes dargestellt wird, gestalten die Maler den Nimbus nun verkürzt und perspektivisch, je nach der Drehung des Kopfes. Sie gehen damit von einer kosmischen Schau zur individuellen Darstellungsweise über, was in kunsthistorischen Werken als Fortschritt, als »Überwindung einer konventionellen Attrappe« gesehen wird[23], aber sichtbarer Ausruck einer zunehmenden Entfremdung von einer spirituellen Sehweise ist. Wenn der Nimbus überhaupt noch gemalt wird, gleicht er zunehmend einer traditionellen Formel, einem stereotypen Attribut. Diese Entwicklung wird, bevor sie im 19. Jahrhundert einen Höhepunkt erreicht, in den farbigen Himmelsszenen der barocken Kirchenkunst noch einmal unterbrochen. Erst die Impulse der expressionistischen Malerei, auch von Nolde, Jawlensky und Chagall, sowie die anthroposophische Malerei seit den zwanziger Jahren dieses Jahrhunderts haben in christlichen Bildern wieder zu neuen »farbigen« Sehweisen der Ausstrahlung des Heiligen geführt. Weniger bekannt ist in diesem Zusammenhang das malerische Werk des Dichters Albert Steffen (1884–1963), der für mich einer der wichtigsten spirituellen Maler dieses Jahrhunderts ist. Er sieht die Malerei als »Übung zur Geisterkenntnis«[24]. Seine »Lebensbilder an der Todespforte« geben in wunderbaren Farbklängen seine geistige Wahrnehmung des »ganzen« Lebens im Diesseits und Jenseits wieder. Für ihn sind die Farben, in denen er die Verstorbenen und die Bewohner des Himmels wahrnimmt und die sie wie leuchtende Flügel umhüllen, der Anfang, mit ihnen zu sprechen. Auch in der sogenannten »New Age«-Kunst der Gegenwart nimmt die Darstellung der geistigen Ausstrahlung heiliger Gestalten und spiritueller Wesenheiten (wie Engel) in farbenprächtiger Aura und leuchtendem Schein wieder einen bedeutenden Platz ein und inspiriert viele Menschen zu Meditation und Andacht[25].

Allerdings handelt es sich bei den genannten Kunstströmungen weniger um zeitgenössische kirchliche Kunst, die wir in sakralen Räumen sehen können. Denn hier herrschen, was solche spirituellen Bilder betrifft, von offizieller Seite eher Vorbehalte. So wird in einem Standardwerk zur Heiligenverehrung betont: »Mag eine frühere Zeit die Heiligen so hoch in den Himmel hinaufgehoben haben, daß man sie selbst nicht mehr erreichen konnte, mag man sie mit dem unwirklichen Glanz des Wunderbaren und Makellosen umgeben, ihr ›Haupt‹ mit einem Heiligenschein geschmückt haben, so sehen wir heute diesselben Heiligen vor allem als Menschen aus Fleisch und Blut ... Wir schmücken sie nicht mehr mit einem Heiligenschein, dafür aber sind sie uns menschlich näher gerückt.«[26] Daß es sich hier um eine Fehleinschätzung handelt, sehen wir auch mit einem Blick auf die von der katholischen Kirche geförderte zeitgenössische Kunst. Hier sehen wir kaum noch Heiligendarstellungen. Liegt es daran, daß man ihre Betrachtung mehr den Kindern und Frauen zuweist, die im kirchlichen Rahmen so wenig zu sagen haben?

Attribute

Mit der Verbreitung des Heiligenkultes hatte sich schon frühzeitig die Notwendigkeit von besonderen Erkennungszeichen ergeben, die die einzelnen Heiligengestalten den nicht schriftkundigen Gläubigen auf Abbildungen erkennbar machten. Bereits im 4. Jahrhundert waren bestimmte Attribute als ikonographische Erkennungsmerkmale von hochverehrten Heiligen verbreitet. So trugen die Apostel Buchrollen in der Hand, die auf die Verkündigung des göttlichen Wortes hinwiesen. Eine Ikone aus dem 6. Jahrhundert zeigt den Apostel Petrus mit seinen unverwechselbaren Attributen: Schlüssel und Kreuzesstab, Symbol seines Märtyrertodes. Märtyrer, die anfangs alle am Siegeskranz oder am Kreuzstab zu erkennen waren, erhielten später genauere Bildzeichen.

Diese Symbolzuweisungen waren jedoch nicht einfache, aus rationalen Überlegungen gestaltete Bilder. Sie entstanden oftmals aufgrund der kontemplativen Versenkung in die spirituellen Inhalte eines einzelnen Heiligenlebens oder auch aufgrund von Erscheinungen und Visionen der jeweiligen Heiligen, in denen sie sich mit einem besonderen Attribut zeigten. Die Märtyrerin Agnes (gestorben 304 in Rom), die im Alter von dreizehn Jahren hingerichtet wurde, wird auf Abbildungen mit einem Lamm dargestellt, »weil sie acht Tage nach ihrem Tode ihren Eltern, die an ihrem Grabe weinten und beteten, begleitet von einer Schar Jungfrauen erschien, mit einem Lamme auf dem Arme und ihnen ihre himmlische Glorie offenbarte«[27].

Wie weit sich Visionen und vorgegebene Anschauungsweisen aber auch gegenseitig durchdringen können, zeigen die bereits schon mehrfach zitierten Geschichten von Anna Katharina Emmerich. Sie erlebte die Heiligen in ihren Visionen meist so, wie sie ihr aus der religiösen Literatur bekannt waren. Am Allerheiligenfest von 1820 sah sie alle Heiligen im Himmel versammelt. Sie »aber standen mit ihren Attributen. Viele Bischöfe hatten Kirchen auf den Händen, weil sie Kirchen gegründet; andere trugen nur Stäbe, weil sie allein gehütet.«[28] Dennoch gehen die Anschauungen von Anna Katharina Emmerich weit über eine Reproduktion vorgegebener Bildwelten hinaus und zeigen die geistige Dimension der traditionellen Heiligenattribute.

Das Repertoire an Heiligenattributen, das sich im Laufe der Jahrhunderte immer vielfältiger erweitert hat, gleicht in seiner reichen Symbolik einer eigenen Bildersprache[29]. Da dieses Universum von Zeichen unterschiedliche Bedeutungsebenen

Die heilige Agnes mit Lamm und Lilienblüte
Das Lamm ist Symbol für den geopferten Christus,
die Lilienblüte Symbol ihrer Jungfräulichkeit
Ausschnitt aus einem Gemälde des Meisters des Ortenberger Altares (um 1420)

enthält, erschließen sie sich dem Betrachter oft erst nach längerer Auseinandersetzung. In einer Zeit, wo das stille und lange Betrachten religiöser Andachtsbilder nicht mehr von Kindheit an eingeübt wird, haben sich diese Symbole dem zeitgenössischen flüchtigen Blick mehr und mehr verschlossen. Das Symbol eines Heiligen kann sich auf folgende Bereiche beziehen oder sie sogar vielschichtig miteinander verbinden:

- auf die weltliche Stellung wie die besonderen Verdienste eines Heiligen in seinem Leben;
- auf Segnungen oder Wunder, die er/sie nach dem Tod bewirkt hat;
- auf bestimmte Tugenden, die der Heilige im Laufe seines Lebens erworben hat, oder auf seinen Charakter (so wird der Kirchenlehrer Augustinus mit einem Herz in der Hand dargestellt, weil er in seinen »Bekenntnissen« von sich schreibt: »Mein Herz war voll Verlangen nach Dir«);
- auf die besonderen Leiden und die jeweilige Todesart;
- einen Aspekt der christlichen Nachfolge;
- als geistiges Schaubild, anleitend zu Gebet, Andacht und Kontemplation;
- auf die himmlischen Wohnungen und Reiche der Heiligen.

Grenzenlose Mystik

Traumzeit

Vor allem im Traum werden die Heiligen als Lichterscheinungen erlebt. Sehr viel seltener werden sie im Wachbewußtsein, im Alltag gesehen. Zwar erzählen auch Mirakelberichte des Mittelalters von der persönlichen und wahrnehmbaren Anwesenheit der Heiligen in »ihren« Kirchen, wo sie beispielsweise wie der heilige Martin von Tours an besonderen Festtagen (am 4. Juni) am Altar beten oder eine Messe feiern[1]. Als Wandler zwischen Himmel und Erde, zwischen Geist und Körper wirken die Heiligen aber eher durch Träume, denn »die Trennung von Diesseits und Jenseits ist auf der seelischen Ebene aufgehoben«[2].

Der Mystikerin Anna Schäffer, die seit ihrem 18. Lebensjahr durch einen folgenschweren Unfall ans Bett gefesselt war, erschien in einem Traum am 13. August 1917 Therese von Lisieux: »... und da ›träumte‹ es mir ... Vor meinem Bett stand eine Klosterfrau mit einem braunen Kleide und einem weißen Mantel angetan. Sie tröstete mich in meinem Leiden; besonders, sagte sie, sei auch auf dem Krankenbett die Tugend des Starkmutes vonnöten. Sie war so freundlich und liebevoll, und von ihrem Angesicht ging ein solcher Glanz aus, daß das ganze Zimmer hell war.« Nach einem kurzen Gespräch »gab sie mir die Hand und ging, und ich sah auch von meinem Fenster aus, daß sie in den Pfarrhof hineinging«[3].

Traumerscheinungen von Heiligen weisen oftmals auf heilige Orte hin, wohin sich der Gläubige mit seinen Gebeten wenden soll, oder gehen sogar von diesen aus. Das erinnert an Traditionen der Antike. Der sogenannte Tempelschlaf (Inkubation) bezeichnete den Brauch, Kranke und Hilfebedürftige im Tempel eines Heilgottes übernachten zu lassen. Dort wurde die Herbeiführung eines Traumes erwartet, in dem die entsprechende Gottheit erschien. Ihr trug man alle Sorgen und Nöte vor und erhielt dann einen Hinweis auf notwendige Maßnahmen zur Heilung. Wenn das frühe Christentum auch zuerst heftig gegen die Sitte der Inkubation ankämpfte, suchten doch bereits im 4. und 5. Jahrhundert zahlreiche Christen Märtyrergräber und Wallfahrtsorte auf, um dort im Heiltraum Hilfe durch die persönliche Anweisung oder Berührung des Heiligen zu finden[4]. Die in den vorherigen Kulten gebräuchlichen Tieropfer wurden dabei jedoch unterlassen. Beispiele für Heilträume sind uns in besonderem Umfang aus den Kirchen des Erzengels Michael und der Märtyrer Kosmas und Damian in Konstantinopel überliefert. Angezogen durch den Ruf dieser Wallfahrtsorte, suchten auch Nichtchristen dort Hilfe und Heilung. Ein Anhänger der alten Religion hielt Kosmas und Damian, die ihm in der Kirche im Traum erschienen, für Heilgötter. Zur Strafe wurde er von den Heiligen nicht beachtet. Später erklärten sie ihm: »Freund, was rufst du uns . . ., da du zu anderen gesandt bist, denn wir sind nicht Kastor und Polydeukes, sondern Diener Christi, des unsterblichen Königs.«[5] Aus Berichten dieser Art erfahren wir auch von der engen Verbindung, die zwischen dem alltäglichen Leben, sakralen Handlungen und kultischen Räumen ganz selbstverständlich bestanden.

Auch im islamischen Volksglauben hat sich bis heute – wohl in der Kontinuität antiker Traditionen – der Brauch bewahrt, beim Grabe eines Heiligen zu übernachten und dort auf eine Traumerscheinung zu warten[6]. Im abendländischen Kulturkreis aber wird diese Form der Heiligenbegegnung seit dem ausklingenden Mittelalter nicht mehr praktiziert. Von den Autoritäten der Kirche als magisches Ritual verurteilt, war es an machen Orten sogar verboten, nachts in die Kirche einzutreten. So heißt es von einer Michaelskirche, wer dort dem Heiligen nachts begegne, müsse auf der Stelle sterben[7]. Noch wenige hundert Jahre vorher hätten sich die Hilfesuchenden von einer solchen Erscheinung Heilung und Frieden versprochen. Nun – sicher auch durch die beginnende Inquisition bedingt – können Visionen und mystische Erlebnisse, wie in den Prozeßakten der Jungfrau von Orleans nachzulesen ist, nur allzuschnell dämonisiert und mit dem Tod bestraft werden[8]. Die Verdrängung der Heiligen als geistige Realität hatte damit begonnen.

Traumerscheinungen von Heiligen weisen, wie schon erwähnt, auch auf heilige Orte hin, die noch nicht oder nicht mehr bekannt sind. In spiritueller Entsprechung verweisen sie auf heilige Bereiche des Herzens und öffnen den Zugang zu verborgenen Ebenen der Seele, deren Wirkungen krank machen können oder die geistige Entwicklung behindern. Werden Hinweise von Heiligen oder anderen Himmelsbewohnern nicht ernst genommen, beiseite geschoben und verdrängt, so drohen, wie zahlreiche Berichte aus verschiedenen Jahrhunderten und aus der Gegenwart sagen, Krankheit, manchmal sogar der Tod[9]. Die südafrikanische Sängerin Miriam Makeba schreibt in ihrer Biographie über die spirituellen Traditionen ihres Volkes: »Die Geisterwelt greift aktiv in die Welt der Lebenden ein. Wir beten zu unseren Vorfahren und bitten sie um Rat ... Sie antworten uns in Träumen ... Sie können sehr böse werden, wenn man ihre Anordnungen nicht befolgt.«[10]

In den Schriften von Gregor von Tours (538–594) wird die Auffindung eines Grabes heiliger Jungfrauen geschildert. Sie führt aber nicht nur zur äußeren Markierung einer heiligen Stätte, sondern verhilft verschiedenen Personen zur Entdekkung ihrer religiösen Lauheit, die sie dank der Hilfe dieser heiligen Jungfrauen überwinden:

In der Bannmeile von Tours war ein kleiner Hügel mit Dornsträuchern, Brombeerstauden und wildem Wein dermaßen bewachsen, daß kaum jemand dort eindringen konnte. In der Bevölkerung bestand das Gerücht, daß an dieser Stelle zwei gottgeweihte Jungfrauen ruhen sollten. Obwohl sich diese durch Lichterscheinungen den nahen Dorfbewohnern gezeigt und gebeten hatten, daß ihnen eine Kapelle über ihrem Grab errichtet werden möge, wurden die Bitten vergessen. Da erschienen die zwei Jungfrauen einem Gläubigen in der Nacht »und drohten mit dräuender Miene, wenn er nicht ein Dach (über den Gräbern) errichte, werde er noch in demselben Jahre aus dieser Welt scheiden müssen. Durch diese Erscheinung erschreckt, nahm er ein Beil, hieb das Strauchwerk ab und legte die Gräber frei. Dabei fand er dicke Wachstropfen, die einen wunderbaren Duft, wie Weihrauch, ausströmten. Dann beschaffte er sich Ochsen und einen Wagen, sammelte Steine und baute, als es Sommer wurde, eine Kapelle über den Gräbern.« Als er jedoch den seligen Eufronius, den Kirchenvorsteher, um die Weihe der Kapelle bat, lehnte dieser aus gesundheitlichen Gründen den weiten Weg dorthin ab. »Als nun der Bischof sich zur Ruhe ausstreckte, sah er zwei Jungfrauen vor sich stehen, deren ältere mit trauriger Miene sprach: ›Weshalb sind wir dir zur Last, heiligster Bischof? Was haben wir dem dir von Gott anvertrauten Lande für Beschwerde gebracht? Weshalb verachtest du uns? Weshalb weigerst du dich, den Ort, den uns ein treuer Mann hergerichtet hat, zu weihen? Komm jetzt, wir beschwören dich beim Namen des allmächtigen Gottes, dessen Mägde wir sind!‹«[11] Als sie das gesagt hatten, flossen Tränen über ihre Wangen. »Der Greis erwachte und sprach: ›Ich habe gesündigt...‹ Er machte sich eilends auf den Weg und zog seine Straße. Während er unterwegs war, fiel kein Regen, und die wilde Gewalt der Ostwinde ruhte. Er vollendete glücklich den Weg, weihte den Ort und zog in Frieden heim.«[12]

Die Entdeckung der verborgenen Herzensebenen durch die Erscheinung der Heiligen trägt zum Prozeß der geistigen Ganzwerdung bei. Der Lichtglanz der Heiligen, ihre himmlische Schönheit und der wunderbare Geruch, den sie ausströmen, der Sphärengesang, der ihre Erscheinung umhüllt[13], all diese Eindrücke wirken belebend auf die Seelen der Gläubigen, verleihen ihnen neues inneres Licht und schenken Gesundheit im Inneren wie im Äußeren. Wenn himmlische Gestalten wie die heilige Fides mit perlenbesticktem Haarband und weitem, golddurchwirktem Gewand an das nächtliche Lager eines Kranken treten und mit göttlicher Liebe heilen, wird der Traum zur Genesungszeit[14].

Beherrscher der Elemente

»Alles, was dem Herrn gefällt, vollbringt er, im Himmel, auf der Erde, in den Meeren, in allen Tiefen. Er führt Wolken herauf vom Ende der Erde, er läßt es blitzen und regnen, aus seinen Kammern holt er Sturmwind hervor» (Psalm 135, 6–7).

Heilige, so die Vorstellung, werden eins mit Gott, auch wenn selbst Mystiker nur ahnen, »was es bedeuten könnte, doch die vollständige Verschmelzung, die vollkommene Vereinigung wird nur sehr wenigen gewährt«[15].

Reshad Feild schreibt über den islamischen Heiligen Mevlana: Als dieser »die Vereinigung erreichte, wurde er nicht nur ganz und gar in die Göttliche Liebe aufgenommen, sondern er nahm auch all jene in sich auf, die ihm vorangegangen waren. Verstehst du, was ich dir sage? Wenn du jetzt, in diesem Augenblick zur Vereinigung kämst, dann würde dir alles, was jemals war, offenbart werden, denn Er weiß alles, was seit Anbeginn der Zeit geschehen ist. Er ist die Liebe, der Liebende und der Geliebte. Er ist der Lehrer, der Schüler und die Leere. Es gibt nur Ihn, und zu Ihm kehrt alles zurück.«[16]

In dieser Vereinigung mit Gott sind alle Begrenzungen, die das irdische Leben mit sich bringt, aufgehoben. Aus dieser Grenzenlosigkeit von Zeit und Raum wirken die göttlichen Kräfte, die die Heiligen erfüllen, auch durch die Jahrhunderte hinweg und erreichen uns in dem Moment, wenn wir ihre vermittelnde, fürbittende Kraft anrufen. »Gott hat keinen Mangel – gib Ihm den deinen.«[17] Da sie Mangel füllen, wird die göttliche Hilfe durch die Vermittlung der Heiligen oftmals als Wunder bezeichnet, so unverhofft schnell ist ihre Wirkung, so umfassend erlebbar in den Ebenen von Körper, Seele und Geist.

Die Wunder, die die Heiligen nach den Schilderungen der Legenden vollbringen, erinnern fast immer an die Wunder von Jesus und preisen die göttliche Allmacht: »Wir gingen durch Feuer und Wasser. Doch du hast uns in die Freiheit hinausgeführt« (Psalm 66,12).

Auch wenn es der vorbildliche Lebenswandel der Heiligen ist, den die Legenden hervorheben, so sind es doch vor allem ihre Wunder, die andere überzeugten. Zu diesen Wundern gehört das Einwirken auf die Elemente der Natur, die Beherrschung ihrer Kräfte. Bei diesen Wundern geht es aber in den Heiligenleben und Legenden nicht allein um das Vollbringen äußerer Machtzeichen Gottes. Sie sind voll verschlüsselter Anspielungen auf die inneren Entsprechungen zu den Elementen. Die Symbolik von Feuer, Wasser, Luft und Erde ist dabei doppeldeutig. In ihrer ungebändigten Form repräsentieren sie die zerstörerischen Triebkräfte in der menschlichen Seele, die besänftigt und in die göttliche Ordnung zurückgeführt werden sollen. Diese innere Neuordnung wirkt dann auch nach außen, in der Beherrschung der Elemente. Im Großen Evangelium von Jakob Lorber spricht Christus: »Denn wie des Menschen Ordnung nach Meiner Ordnung gestellt ist, so ist der vertrauensvolle Wille (des in Gottes Ordnung stehenden Menschen) auch ein aus Meinem allmächtigen Willen hervorgehender, dem sich alle Kreatur fügen muß. Was dann ein solcher (völlig) geordneter Mensch will, das muß geschehen im weiten

Umkreise, weil seine Außenlebenssphäre von meinem Geiste durchweht wird, dem alle Dinge möglich sind.«[18]

Feuer

In den ersten christlichen Jahrhunderten ist die biblische Wundererzählung von den drei Jünglingen im Feuerofen (Daniel 3,1–97) das Vorbild für die verfolgten Christen. Sie ist Ausdruck der Gewißheit auf die Hilfe Gottes im Martyrium. Die biblische Geschichte erzählt die Rettung von drei jüdischen Jünglingen am Hofe von Nebukadnezar, die durch Gottes sichtbare Hilfe unversehrt dem Tod in einem Feuerofen entrinnen, nachdem sie sich geweigert hatten, neben Gott ein

Die drei Jünglinge im Feuerofen
Bibel von Citeaux (frühes 12. Jh.)

Standbild des babylonischen Herrschers anzubeten. Durch diesen Gottesbeweis bekehren sich der König und sein Gefolge. Der König sieht: »Es gibt keinen anderen Gott, der auf diese Weise retten kann« (Daniel 3,96). In einem langen Loblied singen die Geretteten: »Denn er hat uns der Unterwelt entrissen, aus der Gewalt des Todes errettet. Er hat uns aus dem lodernden Ofen befreit, uns mitten aus dem Feuer erlöst« (Daniel 3,88).

Das Feuer ist hier Sinnbild der negativen Lebenskräfte und zerstörerischen Leidenschaften im Menschen, die alles Gute vernichten wollen und den Tod bringen. Hildegard von Bingen sieht in einer Vision aus dem Mund des Tieres (dem teuflischen Drachen) Flammen kommen, die sich nach vier Richtungen teilen. »Eine Flamme lodert zu den Wolken hinauf. Sie umweht mit höllischem Hauch die Seelen, die aus innerstem Herzensbegehren nach dem Himmel trachten, und umzüngelt sie mit spitzfindigen Versuchungen. Eine andere umsprüht die weltlich gesinnten Menschen. Sie, die im Irdischen vergangen sind, umgaukelt das Tier mit vielfachem Feuerwerk. Eine dritte strebt zu den nach dem Geiste Wandelnden hin. Sie, die sich unter der geistlichen Zucht mühen, steckt es mit seiner Heuchelei an. Die letzte endlich schlägt hinunter in den Abgrund. Die Ungetreuen, die ihm zustimmen, reißt es hinunter in die höllische Qual...«[19]

Im Kampf mit dem Tier »eilt eine große Menge lichtstrahlender Menschen daher... Es sind die Jungfrauen, die Märtyrer und die anderen wahren Anbeter Gottes, die aus innerster Herzensneigung das Irdische unter ihre Füße bringen und nach dem Ewigen trachten. Durch ihre Werke zermalmen sie mit Heldenkraft den alten Verführer und bereiten ihm dadurch große Qual. *Er aber vermag ihnen weder durch seine Flammen noch durch seine Gifte zu schaden.* Sie sind in Gott gefestigt, ausgerüstet mit so großer Stärke und Beharrlichkeit...«[20]

Das »Feuer des Todes« kann den Menschen, der von der göttlichen Liebe, der feurigen Urkraft Gottes[21] und »heiligen Flamme des erleuchteten Geistes«[22] durchdrungen ist, nicht mehr zerstören. Dies zeigt der Wunderbericht vom Martyrium des Bischofs Polykarp, einem Schüler des Apostels Johannes, der hochbetagt im Jahre 166 während einer Verfolgung zum Feuertod in der Arena verurteilt wurde. Als man den Scheiterhaufen um den betenden Bischof anzündete, »geschah ein erstaunliches Wunder. Das in die Höhe lodernde Feuer machte einen Bogen über den Heiligen wie eine vom Winde aufgeblasene Leinwand; in der Mitte stand derselbe und sah aus wie Gold oder Silber, wenn es im Feuer glüht; dabei verbreitete sich ein Wohlgeruch gleich dem Weihrauch oder dem köstlichen Gewürze. Als die Heiden sahen, daß der Heilige vom Feuer nicht angegriffen werde, befahl der Richter einem Henker, demselben einen Dolch durch den Leib zu stoßen. Aus der Wunde aber floß plötzlich soviel Blut, daß das Feuer erlosch.«[23] Ähnliche Wunder werden, um Beispiele aus vielen zu nennen, auch in den Legenden der Märtyrer Julian und seiner Gefährten wie von der heiligen Agnes berichtet.

Mit dem Zeichen des Kreuzes löscht die Kaiserin Kunigunde (gestorben 1040) einen Brand in ihrem Kloster[24]. Als Johannes von Gott (gestorben 1550) beim Löschen eines Feuers in einem Krankenhaus von den Flammen eingeschlossen und für verloren gehalten wird, geht er später mitten aus der Feuersbrunst ohne Verletzung nach Hause. »Die Liebe zu Gott und den Nächsten, die in seinem Herzen brannte, war stärker als des Feuers Glut und führte ihn unverletzt durch die Flammen!«[25]

Das Feuer der göttlichen Liebe soll als gewaltige Feuersäule am Bett der jugendlichen Heiligen Birgit geleuchtet haben. Ihre legendäre Gestalt, die neben dem heiligen Patrick als Hauptheilige Irlands verehrt wird, gilt der Forschung heute als eine christianisierte keltische Lichtgöttin, deren Spuren weit in das Matriarchat zurückweisen. Nicht zufällig ist ihr Festtag am 1. Februar, dem Frühlingsbeginn im alten Irland, erinnern Strohkreuze zu ihren Ehren an die strahlende Sonne, die bald wieder scheinen wird. In der Feuersymbolik, die ihre Legende auszeichnet, leben die Zeichen der alten Sonnengöttin weiter, so daß auf die Gestalt der Birgit auch Eigenschaften der Mutter Gottes übertragen wurden. Nach einer Erzählung ist Birgit die Herrscherin über das Sonnenlicht, Zeichen der göttlichen Weisheit und wärmenden Liebe. Nach einem ungeheuren Regenguß kehrt die heilige Birgit völlig durchnäßt in ihr Kloster zurück. Da beginnt die Sonne wieder zu scheinen und sendet einen Lichtstrahl durch das Fenster ihrer Zelle, und die Heilige hängt ihr Kleid an diesem Sonnenstrahl zum Trocknen auf[26]. In der Handschrift von Salamanca wird diese Begebenheit beschrieben: »Die Sonne dient der Jungfrau nach der Art, wie das Geschöpf seinem Schöpfer zu Diensten ist.«[27]

Wasser

Von den Wundern, in denen Heilige mit dem Element des Wassers in Verbindung gebracht werden, gibt es zwei Hauptmotive, die sich auch in vielen Legenden wiederfinden: das Wandeln über dem Wasser und das Spenden von Regen oder Quellen.

Weil der König von Aragon den Ordensmann Raimond (gestorben 1275) nicht als Beichtvater verlieren wollte, untersagte er ihm eine wichtige Missionsreise über See. »Voll des Vertrauens auf Gott sprach der Heilige zu seinen Gefährten: ›Ein König auf Erden versperrt uns die Abfahrt; allein der König des Himmels wird ins Mittel treten.‹ – Nach diesen Worten breitete der Heilige seinen Mantel über das Wasser aus, nahm seinen Stab, bezeichnete sich mit dem Zeichen des Kreuzes, trat dann muthig auf den Mantel und fuhr auf demselben innerhalb sechs Stunden über das 60 Meilen weite Meer. Vor den Augen einer großen Volksmenge stieg er in Barcelona an Land, nahm seinen Mantel, der nicht im geringsten naß geworden war, wieder um die Schultern, und ging mit dem Stab in der Hand seinem Kloster zu, dessen Pforte sich von selbst öffnete. Auf dieses Wunder bekehrten sich viele große Sünder, und selbst der König wurde dadurch so erschreckt, daß er sogleich seinen ärgerlichen Lebenswandel aufgab und die Mahnungen des Heiligen befolgte.«[28]

Dieses Wunder steht in direktem Bezug zum Wandeln Jesu über den Wassern des Sees Genezareth (Matthäus 14,22–33). Es kennzeichnet den heiligen Raimond als wahren Schüler seines Herrn, der wie der Apostel Petrus über dieses Element einem neuen geistigen »Fischfang« entgegenschreiten darf.

Dieses Wandeln auf dem Wasser ist auch ein Zeichen der Wunderkraft von zahlreichen islamischen Heiligen. Gemeinsam mit den Fischen des Meeres betet der Schutzheilige von Alger, Sidi Wali Dada (Mitte des 16. Jahrhunderts), auf seinem Gebetsteppich über den Wellen des Meeres. Der bedeutendste Heilige des westafrikanischen Landes Senegal, Cheikh

Amadou Bamba, wurde Anfang dieses Jahrhunderts von der französischen Kolonialmacht nach Gabun deportiert, da er unter der Bevölkerung ein großes spirituelles Ansehen hatte. Während der Überfahrt mit dem Schiff verboten ihm seine Gefängniswärter zu beten. Da nahm der heilige Mann seinen Gebetsteppich und warf sich mit ihm auf die Meereswellen, um über dem Wasser seine Gebete zu verrichten. Dann kehrte er auf das Schiff zurück. Diese Szene ist bis heute eines der beliebtesten Motive der senegalesischen Hinterglasmalerei.

Ein beliebtes Thema in der islamischen Volksmalerei ist der meditierende Heilige »Über den Wassern«. Auf diesem senegalesischen Hinterglasbild (anonym, um 1920) betet der Schutzheilige von Algier, Sidi Wali Dada, vor den Toren der Stadt auf dem Meer. Diese Begebenheit soll sich um 1550 zugetragen haben.

Das Wandeln über dem Wasser ist ein Bild für das Erhobensein über das »Meer des Zeit«, die »Fluten des irdischen Lebens«. Aus der Zeit heraus erheben sich die Heiligen in den Zustand der Ewigkeit und können so die irdischen Begrenzungen für ihre geistige Arbeit überwinden. In den Legenden hat das Meer, über das die Heiligen wandeln und beten, oftmals einen bedrohlichen, gefährlichen Charakter. Es repräsentiert die dämonischen Kräfte, die in ihrer Unberechenbarkeit den Menschen zu verschlingen drohen[29].

Anders ist es mit dem Wasserquellen, die nach den Gebeten der Heiligen zu fließen beginnen und oftmals heilende Kraft besitzen. Fließende Wasserströme symbolisieren die schöpferische Lebenskraft Gottes. Sie sind Ausdruck des Heils, das Gott als die Quelle des ewigen Lebens durch die Heiligen schenkt[30]. Eine Legende aus dem Leben des Propheten Mohammed schildert in diesem Sinne ein Wasserwunder für seine Freunde: »Als wir mit dem Propheten zusammensaßen und kein Wasser hatten, sagte uns der Prophet: Fragt nach, wer Wasser übrig hat. Da brachte man ihm Wasser, und er ließ es in ein Gefäß schütten; dann legte er seine Hand hinein, und das Wasser begann zwischen seinen Fingern hervorzuquellen.«[31] Die Symbolik des Regens, die nach der Anrufung von Heiligen vom Himmel fällt und in seiner mystischen Bedeutung Ausdruck der Wirkungskräfte der Göttlichen Weisheit ist[32], wird am Beispiel der heiligen Margaretha weiter unten beschrieben.

Luft

»Als amerikanische Flugzeuge während des letzten Weltkrieges San Giovanni Rotondo bombardieren wollten, sahen die Flieger immer wieder einen Pater über dem Kloster schweben, so daß es nie zu einem Bombenabwurf kam. Nach dem Krieg erkundigten sich diese Soldaten, wer denn dieser Pater gewesen sei, und besuchten ihn.«[33] Es war der italienische Kapuzinermönch Pater Pio (1887–1968), der durch seine starke Ausstrahlung und Wunderkraft bereits Millionen von Menschen bekehrt hatte. Pater Pio, der auch die Zeichen der Stigmatisierung (die Wunden von Jesus Christus) sichtbar am Körper trug, besaß neben vielen anderen mystischen Gaben die Fähigkeit, an verschiedenen Orten gleichzeitig zu sein (Bilokation) und sich in Gebet und Verzückung wie ein Engel in die Luft zu erheben. Mit seinem schützenden Flug über dem Kloster verdeutlichte Pater Pio, daß der von Gott durchdrungene Mensch überall helfend wirken darf und für ihn die irdischen Begrenzungen aufgehoben sind.

Der heilige Bernhard von Menthon, der auf dem heute nach ihm benannten St. Bernhardsberg lebte, besaß neben vielen Wundergaben die Kraft, Stürme zu stillen[34]. Auch die Äbtissin

Walburga besänftigte auf einer Fahrt von England über das Meer den Sturm[35]. Zahlreiche ähnliche Wunderbeschreibungen verweisen auf die Verbindung der Heiligen mit Jesus, der den Sturm auf dem See Genezareth gestillt hat. Der berühmteste Heilige ist hierbei Nikolaus von Myra, der durch seine zahlreichen Wunder beim Besänftigen von Meeresstürmen zum Schutzpatron der Schiffer geworden ist.

In seiner spirituellen Bedeutung beschreibt das Bild des Sturmes die Gewalt und Bedrängnis des Geistes, die den Menschen zerstören kann. In einer solchen Not aber steht Jesus seinen Jüngern bei: »Sie weckten ihn und riefen: Meister, kümmert es dich nicht, daß wir zugrunde gehen? Da stand er auf, drohte dem Wind und sagte ...: Schweig, sei still! Und der Wind legte sich, und es trat völlige Stille ein« (Markus 4,39–40). Wenn durch die Hilfe von Christus und seinen Heiligen die völlige Stille (in Körper, Seele und Geist) eintritt, beginnt der göttliche Geist im Menschen wirksam zu werden, durch ihn neu zu atmen. Die Mystikerin Jeanne-Marie Guyon (1648–1717) schreibt dazu: »Wir müssen also in der Ruhe bleiben und uns nur bewegen, wenn er uns bewegt. Jesus Christus *hat das Leben in sich* (Johannes 5,26). Und so muß er das Leben allem mitteilen, was leben soll.«[36]

Erde

Das Element der Erde wird in der Bildsprache der Legenden von den Heiligen durch ihre Fürbittkraft mit Samen, Wachstum und reicher Ernte bedacht. In den Schriften der Hildegard von Bingen ist »Erde« das Symbol für die unvermeidbare Berührung des Menschen mit der Sünde[37], die allein schon durch seinen Leib, der aus Erde gebildet ist, hervorgerufen wird. Bildhaft gleicht die Erdoberfläche einem Grenzbezirk im Zusammenwirken von Leib und Geist, wo die von Gott geschenkten Wachstumskräfte durch eine gute Lebensführung »nach oben«, zum Himmel wachsen oder aber auch in Abgründe versinken können.

All das, was in der Seele verborgen wie in einem Grab ruht, kann durch ein Erdbeben an die Oberfläche, in das Licht gebracht werden. So nehmen die Einwohner der Stadt Antiochien während eines furchtbaren Erdbebens Zuflucht zu dem

Einsiedler Simon (gestorben 459), der sein Leben auf einer hohen Säule, als sogenannter Stylite, verbringt. »Er betete und weinte mit den Erschreckten, aber plötzlich redete er zu ihnen in harten Ausdrücken, warf ihnen ihre Ruchlosigkeit vor und sagte ihnen, daß sie es nicht länger wagen möchten, ihre unreinen Hände zum Himmel zu erheben; er wolle indessen für das Volk beten. Als er im Gebete begriffen war, ward plötzlich ein neuer Erdstoß verspürt. Die Säule des Heiligen wankte, alles fiel erschrocken zur Erde nieder. Jetzt erlaubte der Heilige den Versammelten, ihr Klagegeschrei aufs neue wieder zum Himmel zu senden. Er selbst betete mit, und zwar mit doppelter Inbrunst. Nach einiger Zeit richtete er sich auf und sprach, Gott habe das Gebet erhört, er werde sich der Stadt erbarmen. Aber unter der so zahlreich versammelten Menge befinde sich nur ein *einziger*, dessen Gebet vor Gott gekommen sei. Zur gleichen Zeit bezeichnete er einen schlichten Landmann... Dieser gestand mit großer Schüchternheit, daß er bisher alles,

Der Säulenheilige Simeon der Ältere
Handschrift vom Athos (um 1059)

was er gewonnen, stets in drei Theile getheilt, wovon er den ersten den Armen gegeben, mit dem anderen seine Abgaben bezahlt, den dritten endlich zu seinem und seiner Familie Unterhalt verwendet habe.«[38]

Das Erdbeben erscheint in dieser Legende als ein notwendiges Eingreifen Gottes, das die verborgenen Tiefen in den Menschenherzen erschüttert und aufbricht. Jesus spricht in einem Gleichnis von dem Himmelreich, das wie ein vergrabener Schatz in der Erde ist (Matthäus 13,44) und der gehoben werden soll. Das Erdbeben ist auch eine Anspielung auf die Verheißung Gottes: »Noch einmal lasse ich es beben, aber nicht nur die Erde erschüttere ich, sondern auch den Himmel« (Haggai 2,6; vgl. Hebräer 12,25). Dem Bild des Himmels entspricht in der Legende der (von Gott stammende) Geist der Menschen, die sich um Hilfe und den spirituellen Beistand des Säulenheiligen bemühen. »Dieses *Noch einmal* weist auf die Umwandlung dessen hin, das, weil es erschaffen ist, erschüttert wird, damit das Unerschütterliche bleibt« (Hebräer 12,26–27).

In der Erschütterung kommen aber auch die verborgenen, die schlechten Taten nach oben und verhindern, daß sich die Menschen im Geist direkt an Gott wenden können, denn sie sind »betrübt«. Daher reinigt das vermittelnde Gebet des Heiligen Seele und Geist der Hilfesuchenden und macht sie frei, mit Gott zu sprechen, wonach das Erdbeben aufhört. Die Bußfertigkeit der geöffneten Herzen nutzt Simon, um ihnen die Gestalt eines wahren Beters vor Augen zu stellen. Denn Reue, schreibt Hildegard von Bingen, ist »die erste Tugendkraft des Lichtes«[39].

Das Beben der Erde erinnert an den Beginn der geistigen Wiedergeburt im Herzen, indem das bisher Verborgene vom Licht bestrahlt und geläutert wird und, wie auf fruchtbarer Erde, der Samen des göttlichen Wortes wachsen und gedeihen kann. »Auf gutem Boden ist der Samen bei dem gesät, der das Wort hört und es auch versteht; er bringt dann Frucht, hundertfach oder sechzigfach oder dreißigfach« (Matthäus 13,23).

Die »Früchte des Geistes«, die von den Heiligen in die Menschenherzen gesät werden, sind: »Liebe, Freude, Friede, Langmut, Freundlichkeit, Güte, Treue, Sanftmut und Selbstbeherrschung« (Galater 5,22). In diesem Sinne sagen uns die

Bilder der Elemente in den Legenden das gleiche, was der islamische Sufi-Meister Hamid seinem Schüler zu verstehen gibt: »Dir wurden diese Elemente gezeigt, damit du sie wiedererkennst und damit du lernst, diese Aspekte der natürlichen Welt und deiner selbst zu beherrschen. Faß jetzt meine Hand, wir müssen weitergehen.«[40]

Reliquien

Der Reliquienkult gehört zu den umstrittensten Bereichen der Heiligenverehrung und wird selbst in der katholischen Kirche heute äußerst kritisch gewertet. Ursache dafür sind zum einen die Erinnerung an die Auswüchse der Reliquienverehrung im Mittelalter, zum anderen aber auch die Unkenntnis der mystischen Dimension, die sich hinter den Reliquien verbirgt. Auch muß bei dem Begriff Reliquie zwischen unmittelbaren Reliquien, die vom Körper eines Heiligen stammen, und sogenannten mittelbaren Reliquien unterschieden werden. Letztere sind meist Überreste von Heiligengewändern oder Gegenständen, die ein Heiliger benutzt hat.

Bereits in der Spätantike verknüpften sich Heiligenkult und die Verehrung ihrer Reliquien, wobei hier Elemente der Heroenkulte eine Rolle spielen[41]. An zahlreichen Gräbern heroischer Persönlichkeiten wurde ihrer an einem besonderen Festtag im Jahr gedacht, und es sind eine Reihe von Aufzeichnungen erhalten, die von Wundern und Erscheinungen an Heroengräbern oder bei ihren Reliquien berichten[42].

Die Wallfahrten und Prozessionen, die durch die Heiligenverehrung und den Reliquienkult eine bedeutende Institution im Christentum wurden, stellten eine Neuerung in der Religionsgeschichte dar. Durch diese öffentlichen Zeremonien wurde Platz auch für die Frauen und die Armen geschaffen, zogen Aristokraten und Sklaven, Reiche und Arme, Einheimische und Fremde gemeinsam durch die Straßen. Der Reliquienkult enthielt somit auch revolutionäre Elemente, denn vor der heilenden Ausstrahlung der Reliquien wurden alle gleich, beugten sich alle im Gebet, um Hilfe zu erhalten[43].

Um dem Verlangen der christlichen Gläubigen nach verehrungswürdigen leiblichen Überresten von Märtyrern entgegenzukommen, deren wundertätige Ausstrahlung bald bekannt war, setzte sich in der byzantinischen Kirche die Sitte durch, die Leiber der Heiligen zu zerstückeln und an andere Gemeinden zu verteilen[44]. Währenddessen blieb die römische Kirche dem aus der Antike übernommenen Ideal treu, die Leichname der Heiligen nicht zu zerstören, sondern pietätvoll zu verehren. Bereits zu diesem Zeitpunkt waren zahlreiche Leichname von Märtyrern, deren Gräber oft durch mystische Hinweise in Träumen und Visionen entdeckt worden waren, gänzlich unverwest aufgefunden worden. Der Gedanke, diese wie lebendig aussehenden Körper, die zugleich meist noch einen lieblichen Wohlgeruch ausströmten, für Reliquien zu zerstören, blieb in der römischen Kirche bis zum 7. Jahrhundert abwegig. Man behalf sich hier mit mittelbaren Reliquien und war glücklich, beispielsweise Staub aus dem Grab oder Blumen und Kräuter zu besitzen, die mit den Reliquienbehältern in Berührung gebracht worden waren.

Bereits im 4. Jahrhundert rühmte man die Heil- und Wunderkraft von Blumen, die in Verbindung mit dem Grab des heiligen Stephanus gewesen waren, was der Kirchenlehrer Augustinus als Fortsetzung der Wunder Jesu ansah. Spätestens seit dem 7. Jahrhundert wurden Reliquien in Wasser und Wein getaucht. Die nun mit Heilkraft versehene Flüssigkeit wurde Kranken und Leidenden zu trinken gegeben, oder ihre erkrankten Körperstellen wurden damit bestrichen, was im katholischen Volksglauben bis heute praktiziert wird[45]. Nach der Missionierung der Franken und Germanen setzte sich auch hier der Reliquienkult sogleich durch. Wer es sich nur leisten konnte, trug mittelbare Reliquien im Halsschmuck oder in kostbaren Stoffbehältern am Körper, während körperliche Überreste von Heiligen in den neuerrichteten Kirchen einen Ehrenplatz fanden[46]. Die Kreuzzüge brachten eine Überschwemmung der religiösen Landschaft des Abendlandes mit unzähligen Reliquien aller Art mit sich. Neben echten Reliquien fanden auch viele zweifelhafte Überreste gläubige Verehrer, was bereits bei Zeitgenossen zu den ersten großen Bedenken gegenüber der Reliquienverehrung führte.

Jedes neugegründete Kloster, jede Stadt, die ihren Ruf steigern wollte, strebte nach dem Besitz von besonders wertvollen Reliquien. Im deutschen Raum waren die Bürger von Köln mit ihren Reliquienerwerbungen besonders erfolgreich. Neben den Gebeinen der Märtyrerin Ursula und ihren Gefährtinnen konnten sie Reliquien der heiligen drei Könige erwerben, was Köln zu einem Anziehungspunkt unzähliger Wallfahrten machte. »Der Gräber der Heiligen wegen und der erworbenen heiligen Reliquien halber verlief die Geschichte der Städte und Klöster so und nicht anders, ohne Märtyrergrab und Heiltumbesitz wären viele erst gar nicht entstanden oder manche hätten keinerlei Bedeutung erlangt, beispielsweise Köln. – Die Kölner Heiligen sind der kostbarste Besitz der Stadt, kostbarer als die goldenen Schreine, in denen ihre Überbleibsel ruhen, kostbarer als die Kirchen, die über ihren Gräbern errichtet sind. Ohne sie hätte Köln kein Gesicht. Verlöre die Stadt alles, was mit ihren Heiligen zusammenhängt, verlöre sie ihre Stadtpatrone, die Gebäude der Heiligen, die Namen ihrer Plätze, Straßen und Wälle um ihre Kirchen herum, würde sie auch ihrer Identität, ihres Kolorits verlustig gehen.«[47]

Als sich mit der Reformation auch eine kritische Haltung zur Heiligenverehrung durchsetzte, kam es an vielen Orten zum Bildersturm auf Kirchen und Klöster, in dessen Folge auch zahlreiche Reliquien vernichtet wurden. Eine breite Verunsicherung in bezug auf den Reliquienkult setzte auch in den katholischen Massen ein, die erst durch die Bemühungen des gegenreformatorischen Trienter Konzils am Ende des 16. Jahrhunderts behoben werden konnte. Die Barockzeit gab der Reliquienverehrung einen neuen Höhepunkt. Die historische Erforschung der Märtyrerleben setzte ein, die Entdekkung der Katakomben (1578) ermöglichte immense neue Reliquienfunde.

Mit der Aufklärung aber setzte sich ein neues Verhältnis zum Tod und damit zur Person eines Verstorbenen durch, das auch die Bedeutung der Reliquien zerstörte. Das Grab der Heiligen, ihre Gebeine galten nun nicht länger als Wohnraum, als Aufenthaltsort des Heiligen. Die Reliquien wurden nicht mehr als lebendige Kräfte empfunden, sondern als Fetische betrachtet, die, so Immanuel Kant, »den Beistand der Gottheit gleichsam herbeizaubern«[48] sollen. Der Französischen Revolution und anschließend der Säkularisation fielen in Europa unzählige Reliquien zum Opfer und verloren sich in alle Himmelsrichtungen. Die Volksfrömmigkeit, die im Laufe des 19. Jahrhunderts im Bereich des Katholizismus wieder aufblühte, wandte sich zwar erneut auch den Reliquien zu, aber gerade hier wurde von theologischer Seite versucht, aufklärerisch einer schwärmerischen Frömmigkeit unter Gläubigen entgegenzuwirken, zumal wissenschaftliche Untersuchungen die Echtheit vieler hochverehrter Reliquien nicht bestätigen konnten.

Heute steht die Reliquienverehrung eher im Randbereich der katholischen Glaubenspraxis. Die Folgen des Konzils, die eine Neuordnung der Kirchenräume und damit die Abschaffung vieler Altar- und Heiligenbilder in den sechziger Jahren mit sich brachten, hatten in vielen Gemeinden auch ein Aufräumen mit den Reliquien zur Folge. Als Kultgegenstand nicht mehr zeitgemäß, wanderten sie im Zuge einer radikalen Entmystifizierung sogar häufig in den Müll. Mir ist eine Ordensfrau bekannt, die in dieser Zeit aus Schutt- und Abfallhalden viele Reliquien gerettet hat und diesen Schatz in mehreren großen Schränken hütet.

Reliquien verweisen auf die Vergeistigung der Körpermaterie, die ein Heiliger im Laufe seines Lebens erreicht hat und von der alle Ebenen seiner Existenz durchdrungen sind. »Das eigentliche Entwicklungsziel ist die Einswerdung des *gesamten* Menschen«[49], schreibt der geistige Heiler Carl Welkisch. »Nicht nur Geist und Seele sollen zu einer Einheit verschmelzen, sondern *Geist, Seele und Leib* sollen ein völlig einheitliches Wesen werden; erst dadurch wird der Mensch zu einem freien Gotteskinde.«[50]

Reliquien von Heiligen haben eine besondere Ausstrahlung, die über die Jahrhunderte hin wirksam ist und von vielen Menschen als wärmender Energiestrom wahrgenommen wird. Diese inneren Wärmeströme, die durch die Nähe einer Reliquie meist in der Herzensgegend zu fließen beginnen, werden von geistigen Heilern als kosmische Energie oder göttliche Einströmung bezeichnet. Die Ausstrahlung der Reliquien wird dadurch erklärt, daß die Heiligen während ihrer irdischen Lebenszeit »sprühend vor Weißglut«[51] in Gottesliebe gewesen sind und die göttlichen Energien, den Körper der Heiligen wie auch ihre Gewänder und die Gegenstände ihres alltäglichen Lebens durchglüht haben.

Im Islam wird diese Segenskraft eines Heiligen, die seinen körperlichen Tod überdauert, wie schon gesagt, *Barakat* genannt[52]. Alle Dinge, die mit dem Heiligen in Verbindung standen, besitzen übernatürliche Kräfte und heilende Wirkung, ebenso auch die Erde, Gras und Steine vom Grab sowie Öl von seiner Lampe. Die Ausstrahlung des *Barakat* einer heiligen Person wie ihres Grabes wird mit der Leuchtkraft und der Wärme eines Feuers verglichen, die mit zunehmender Entfernung abnimmt. »Je näher man daher ist und je unmittelbarer der Kontakt, desto stärker ist somit auch die Wirkung.«[53] Wenn sich in Indien Verehrer einem Heiligen nähern, lassen sie sich auf die Knie nieder und berühren mit ihrer Stirn den Staub zu seinen Füßen, »denn selbst der Staub, den die Füße eines Heiligen berührt haben, ist heilig und läuternd«[54].

Da jedoch nicht alle Menschen die besondere Ausstrahlung einer Reliquie spüren können, ist es schon sehr früh zu Unsicherheiten in bezug auf ihre Echtheit gekommen, vor allem, wenn Visionen, Wundererzählungen und Berichte ihrer Erstehung Zweifel aufkommen ließen. Bereits aus dem 6. Jahrhundert sind Reliquienproben bekannt. Man übergab die angezweifelte Reliquie dem Feuer, da man festgestellt hatte, daß echte diese Probe unversehrt überstanden. Die Synode von Saragossa (592) ordnete beispielsweise an, daß alle Reliquien, die aus der arianischen Kirche stammten, der Feuerprobe unterzogen werden mußten, da die Arianer als Ketzer verfolgt waren. Aber auch Verfechter von Reliquien, deren Echtheit angezweifelt wurde, schritten für die Anerkennung »ihres« Heiligen durch das Feuer oder auch über glühende Pflugscharen[55].

Anna Katharina Emmerich besaß neben ihrer visionären Fähigkeit auch die Gabe, die Echtheit und den jeweiligen Strahlungsaspekt von Reliquien zu erkennen, weshalb ihr immer wieder solche zur Überprüfung vorgelegt wurden. Ihr Biograph Clemens Brentano hat dazu aufgezeichnet: ». . . alles, was die Kirche unter dem Begriff Reliquien versteht, sah sie von allen anderen, wenn auch natürlich gleichartigen Substanzen wesentlich durch Licht und in diesem auch durch Färbung unterschieden. Sie vermochte auch bei den Gebeinen der Heiligen und Stoffen, welche diesen angehört, die Namen der Heiligen und oft deren Geschichte bis ins kleinste Detail mitzuteilen.«[56] Anna Katharina Emmerich erklärt: »Das Heilige zieht mich an, und unwiderstehlich folge ich ihm; das Unheilige stößt mich zurück, ängstigt mich, macht mich schaudern, ja ich muß mit Glauben und Gebet dagegen kämpfen. Besonders klar und lebendig war mir diese Empfindung bei menschlichen Gebeinen, ja bei den kleinsten Stäubchen eines Leibes, der einmal eine Seele bekleidet hatte. Ich habe durch die Stärke dieses Gefühls in mir immer glauben müssen, es sei ein gewisser Zusammenhang zwischen allen Seelen und ihren Leibern... Ich hatte bei einzelnen Gebeinen das Gefühl von Licht, überfließendem Segen und Heil...«[57] In einer Vision am 18. Juni 1820 sieht sie: »Ich hatte in meinen Schmerzen die Reliquie (des heiligen Ignatius) bei mir... Ich sah sie leuchten, und da ich um Erkenntnis betete, sah ich von oben einen Heiligen, leuchtend und mit weißer Glorie umgeben, zu mir niederkommen, und ich sah, wie immer, das Licht von seinem Gebein mit dem Lichte der Erscheinung ineinanderströmen und fühlte oder hörte innerlich die Worte: ›Das ist von meinem Gebein. Ich bin Ignatius!‹ ... Ich hatte auch Trost von ihm; er sagte mir, wie er alles aus Jesu empfangen habe, und er versprach mir, mein Freund zu sein, mir in meiner Arbeit zu helfen und mir meine körperlichen Krankheiten zu erleichtern, und befahl mir, seine Andacht im folgenden Monat zu feiern. Nach dieser tröstlichen Erscheinung verschwand der Heilige wieder emporsteigend, und ich sah einige Bilder aus seinem Leben.«[58]

In diesem Jahrhundert waren es vor allem Pater Pio und Therese Neumann von Konnersreuth, die die Gabe der Reliquienüberprüfung (Hierognosie) besaßen. Der letzteren wurde an einem Freitag im Jahre 1932 von ihrem Pfarrer Josef Naber eine Reliquie vorgehalten, während sie, wie jeden anderen Freitag auch, in Trance das Leiden Jesu am eigenen Körper nacherlebte: »Noch bevor ihr der Pater die Reliquie an die Hand gebracht hatte, griff Resl (gegen ihre sonstige Gewohnheit) heftig vom Bett heraus, nahm die Reliquie fest in ihre Hände und wollte sie – im Zustand der Eingenommenheit – nicht mehr zurückgeben. Sie sagte dann, es sei ein Stück vom Schleier der Muttergottes, und gab anschließend auch einen Bericht über den Weg, auf dem die Reliquie in die Hand des derzeitigen Besitzers gekommen sei. Der Pater sagte, man habe es in Rom trotz eines alten Dokumentes, das er bei sich hatte, für unwahrscheinlich gehalten, daß diese Reliquie echt sein könne. Er war außerordentlich erfreut und schenkte, als

Resl wieder in gewöhnlichem Zustand war, ihr ein Teilstück dieses Schleiers.«[59]

Heilendes Öl fließt aus den Gebeinen der heiligen Katharina, des Apostels Andreas, des heiligen Nikolaus. Im Eichstätter Kloster St. Walburg tropft zwischen den Monaten Oktober und Februar in der Gruft der heiligen Walburga (gestorben 779) aus einer Kalksteinplatte über dem Grab seit dem 14. Jahrhundert eine klare, wäßrige Flüssigkeit herab, das sogenannte »Walpurgisöl«. Es wird von den dort lebenden Benediktinerinnen aufgefangen und in kleinen Flaschen verkauft. Seine Heilkraft, besonders für kranke Kinder, ist bis heute berühmt[60]. Mit diesem Öl erinnern die Überreste der heiligen Walburga auch an Jesus, den Gesalbten[61]. Indem sie Christus nachfolgte, wurden auch für ihren verstorbenen Leib seine Worte wahr: »Siehe, ich mache alles neu.« Ihre Gebeine, die sonst zu Staub zerfallen wären, sind nun »Gefäße der Gnade«[62], ein verbindendes Element zwischen Himmel und Erde.

»Ein Boddhisattva
ist wie ein Tropfen Öl
auf der stürmischen See
von Gier, Haß und Wahn.
Der Tropfen Öl glättet
die Wogen
und beruhigt die Flut.«

(Rink Maitrîpâda-Saraha-Dunom-G)

Ein Heiligenbuch aus dem 19. Jahrhundert beschreibt die Verteilung der Reliquien des heiligen Vinzens von Paul (gestorben 1660): »Viele von denen, welche den Heiligen im Leben lieb hatten, schätzten sich glücklich, einige Reliquien von ihm zu erhalten, und die Königin von Polen freute sich ungemein, da ihr der Rosenkranz und das Kruzifix zugestellt wurden, deren sich der Heilige in seinem Leben bedient hatte. Die kostbarste Reliquie aber sind seine Werke, von denen viele heute noch bestehen, und seine rührenden Ermahnungen, heilsamen Lehren und weisen Lebensregeln, welche er gegeben hatte.«[63]

Zweiter Teil

Heilige als Symbolgestalten

Heiligenlegenden erzählen keine Biographien. Ihnen geht es vielmehr um den Ruhm und das Lob Gottes, die Beschreibung der Taten Christi durch einen Menschen. Sie wollen den »Reichtum unseres Erlösers schildern in jenen, in denen er wohnt«[1]. Insofern sind sie ahistorisch und beschreiben die Heiligen nicht als individuelle Persönlichkeiten. Die Legenden formen sie vielmehr zu archetypischen Gestalten[2], zu Personifikationen christlicher Glaubensinhalte, die in den Seelen der Gläubigen wirken.

Die Bildsprache der Legenden ist von der geistigen Schau inspiriert, durch Visionen und Träume von Generationen beflügelt. Mit diesem Blick auf das Leben von Heiligen erscheinen im Laufe der Jahrhunderte manche Begebenheiten immer wichtiger, andere treten zurück, geraten in Vergessenheit. In diesem Sinne erscheint eine Heiligenlegende wie ein Schiff, das uns aus der Ewigkeit entgegenschwimmt und von unterschiedlichen Standpunkten aus betrachtet wird. Die Bilder, die es trägt, zeigen Himmelsbewohner, die in einer anderen Epoche über diese Erde gegangen sind. Ihre Schilderung lehnt sich dabei nicht unbedingt an ihre konkrete historische Erscheinung an, sondern beschreibt den geistigen Ausdruck und die spirituellen Aufgaben, die sie in ihrem irdischen Leben wahrgenommen haben. Dabei finden die Betrachter unterschiedliche Zugänge zu diesen Bildern, die dennoch alle zum gleichen Ziel – Christus – hinführen.

In ihrer Vielschichtigkeit eröffnen die Legendenbilder den Gläubigen in ihren verschiedenen Lebenssituationen Inspiration zu Gebet, Meditation und Kontemplation und bieten gleichzeitig Vorbilder für die christliche Lebenspraxis an.

Die Lehr-Kraft der Legendenbilder wurde als pädagogisches Mittel geschätzt. Ihre Wirkung auf den Lebenslauf zahlreicher Heiliger des Mittelalters wie der Neuzeit wird in deren Biographien oftmals hervorgehoben. Franziska von Chantal (gestorben 1641), die Stifterin des Ordens Mariä Heimsuchung, las von Jugend an die Lebensbeschreibungen der Heiligen, während sie weltliche Romane ins Feuer warf[3]. Die italienische Seherin und Prophetin Anna Maria Taigi (1769–1837), die als vorbildliche Mutter ihrer sieben Kinder galt, las am Abend nach dem Gebet ihren Kindern das Heiligenleben vom Tage vor, um ihre Frömmigkeit auszubilden[4].

In den folgenden Heiligenlegenden ist es neben anderen wesentlichen biographischen Einzelheiten und Wundern oftmals die besondere Todesart, die den Lesern nachdrücklich vor Augen gestellt wird. Dabei scheuen die Verfasser der Legenden und Heiligenleben bis in das 19. Jahrhundert hinein nicht vor drastischen Ausführungen und dichtgedrängten Schilderungen der Leidensszenen zurück, insbesondere bei den Märtyrern, wobei die besondere Haltung der Heiligen, ihr Gottvertrauen, ihr Mut und ihre Tapferkeit in Leid und Todeskampf als vorbildhaft beschrieben werden. Gerade diese Schilderungen aber haben in einer Zeit der Verdrängung des Todes dazu beigetragen, sich noch stärker von der Sprache der Heiligenlegenden abzuwenden, da ihre Todesbilder uns fremd geworden sind.

Die langwierigen Schilderungen von Folter und Leid erscheinen uns bei näherer Betrachtung als Formen der Einweihung, der Initiation, in denen der Prüfling aus den Begrenzungen seines Körpers zur geistigen Wiedergeburt geführt wird. Die Initiation gehört, schreibt Mircea Eliade, »zu jeder echten menschlichen Seinsweise, und zwar aus zweierlei Gründen: einerseits, weil jedes echte menschliche Leben Krisen des Unbewußten in sich schließt, Prüfungen, Ängste, Verlust und Wiedergewinn seines Selbst, ›Tod‹ und ›Auferstehung‹; anderseits, weil jede Seinsweise, zu welcher Fülle sie auch gelangt sein mag, sich in einem bestimmten Moment als eine fehlgeschlagene Existenz enthüllt.« Die Todesbilder der Legenden sind »Ausdruck der ewigen Sehnsucht des Menschen, einen positiven Sinn für den Tod zu finden, den Tod anzunehmen als einen Übergangsritus zu einer höheren Seinsweise . . . die der zerstörenden Wirkung der Zeit entzogen ist«[5].

Die Sterbestunde der Heiligen vermittelten den Betrachtern aber auch, daß sie ihren Tod, ihren »Übergang« nicht einfach passiv erleiden. Er wird vielmehr zu einer Krönung ihrer gesamten Lebenshaltung und christlichen Einstellung. Ihre Todesbilder sagen: »So wie ich gelebt habe und jeden Augenblick zu dem meinen gemacht habe, so mache ich jetzt auch den Augenblick des Todes zu einem, der zu meinem Leben und damit zu mir gehört. Ich sterbe meinen Tod.«[6]

Die Todesbilder der Legenden zeigen, daß kein Leid endgültig ist, daß der Tod der Durchgang zum ewigen Leben ist und die scheinbare Niederlage des Heiligen von Beweisen seines neuen Lebens und Zeichen einer spürbaren Wunderkraft aus den himmlischen Sphären abgelöst wird. Selbst die Kinder, die im Laufe der Jahrhunderte mit der Erzählung und Lektüre dieser Bilder aufwuchsen, konnten so lernen, den »Tod als Teil des Lebens aufzufassen«[7], wie auch sich darauf vorbereiten, daß das Leben nicht mit dem Tod endet, sondern danach weitergeht. »Denn was du immer auf Erden angefangen hast«, sagt Christus durch das innere Wort zu Jakob Lorber, »das wirst du im Geiste auf der geistigen ewigen Erde vollenden.«[8]

Wie wir aus den Aufzeichnungen über die Todesstunden gläubiger Menschen erfahren können, sind es die starken spirituellen Bildekräfte der Heiligenerzählungen, die beim Sterbevorgang hilfreich geworden sind. Sie hatten den Sterbenden gelehrt, wie er im christlichen Sinne sterben und hinübergehen kann. Dies soll im folgenden ausführlich an der Gestalt des heiligen Christopherus aufgezeigt werden.

Zwischen den Ufern von Diesseits und Jenseits – Christopherus

Nach dem Zweiten Vatikanischen Konzil wurden 1969 im Sinne der Liturgiereform innerhalb der katholischen Kirche manche Heiligenfeste auf ein anderes Datum verlegt oder aus dem allgemeinen Heiligenkalender der ganzen Kirche herausgenommen. Diese Feste wurden den Regionalkalendern zur Aufnahme freigestellt, so auch das Fest des heiligen Christopherus, das bis dahin in der Gesamtkirche jeweils am 25. Juli gefeiert wurde. Als Begründung für die damit offiziell gewordene Distanzierung von einer der populärsten Heiligengestalten in der Tradition der abendländischen wie der östlichen Kirche diente hauptsächlich das Argument, daß der Heilige als historische Gestalt nicht nachweisbar sei.

Dennoch ist die Gestalt des gewaltigen Christopherus, der das Jesus-Kind über einen reißenden Fluß trägt, auch heute noch als Schutzpatron der Autofahrer bekannt. In der Stilisierung dieses Patronats durch Abbildungen des Heiligen auf Autoplaketten und Schlüsselanhängern sind jedoch die noch vorhandenen Relikte einer volkstümlichen Heiligenverehrung, die Autoindustrie und der ADAC eine zweifelhafte Allianz eingegangen[9]. Das hat die einseitige Interpretation der komplexen symbolischen Gestalt des Christopherus gefördert und ihn in eine unglückliche Verbindung mit der unheilvollen Entwicklung eines ungehemmt expandierenden Autoverkehrs gebracht.

Dabei spiegelt gerade die Gestalt des Christopherus in ihrer zunehmenden Verdichtung durch verschiedene Legendenfassungen elementare Bilder auf dem geistigen Weg zu Christus wider. Luther deutete die Legende weniger als eine historische Lebensbeschreibung denn als Beispiel eines vorbildlichen Christen, der mit Hilfe des göttlichen Wortes die Gefahren der Welt und die Dämonen besiegt hat[10].

Die Urform der morgenländischen Legende aus dem 5. Jahrhundert erzählt von einem hundsköpfigen Menschenfresser Reprobus (griechisch »der Verworfene«), der nach seiner Taufe den Namen Christopherus (»Christusträger«) und die menschliche Sprache erhält. Nach vielen Martern erleidet er für seinen Glauben den Tod[11]. Jacobus de Voragine schuf

(1263–1273) in seiner »Legenda aurea« für das abendländische Christentum die einheitliche, fast endgültige Form der Christopherus-Geschichte, die eine überaus weite Verbreitung fand:

Der gewaltige Riese Christopherus sucht den mächtigsten Herrn der Welt, um ihm seine Körperkräfte zur Verfügung zu stellen. Er tritt in den Dienst eines großen Königs. Aber auf einer Reise muß er erkennen, daß diesen eine noch stärkere Macht ängstigt: der Teufel. Daraufhin folgt Christopherus dem Teufel in die Wüste. Aber er muß bemerken, daß der Teufel ein Kreuz am Wege meidet und sich davor fürchtet. Deshalb verläßt der Riese auch den Teufel, um weiter nach der höchsten Macht zu suchen. Schließlich findet er einen Einsiedler, der ihn christlich unterweist und anleitet, aus Barmherzigkeit den Dienst am Nächsten auszuüben. So trägt er viele Jahre Menschen auf seinen Schultern ans andere Ufer eines gefährlichen Flusses. In einer stürmischen Nacht vernimmt Christopherus dreimal eine Stimme, die ihn ruft. Aber erst beim dritten Mal entdeckt er ein Kind, das ihn bittet, ihn hinüberzutragen. Während Christopherus durch das Wasser schreitet, scheint es ihm, als werde das Kind immer schwerer, und er vermeint fast, untergehen zu müssen. Mit Mühe erreicht er das andere Ufer, wo er in dem Kind Christus, Gottes Sohn, erkennt. Dieser verheißt ihm ein Wunderzeichen. Christopherus steckt seinen Stab in die Erde, und über Nacht wird daraus ein Bäumchen mit Blättern und Früchten.

Der Fährmann

In zahlreichen Kirchen der Romantik steht ein Bild oder die Skulptur von Christopherus am Eingang zum Inneren des Kirchenraumes. Durch diese Plazierung wird Christopherus zum »Hüter der Schwelle« zwischen Innen und Außen, zwischen himmlischer und irdischer Welt. Von den zahlreichen symbolischen Bezügen, die das Bild des Christus-Trägers im Fluß – zwischen den Ufern – enthält, ist auch die mystische Bedeutung des Christopherus als Begleiter über die Schwelle des Todes in die himmlische Heimat bedeutsam, denn er gehört seit dem frühen Mittelalter neben dem Erzengel Michael, den Heiligen Barbara und Katharina zu den wichtigsten christlichen Sterbepatronen. Bereits durch seine Gestalt wird Christopherus in den Legenden als eine Wesenheit hervorgehoben, die »zwischen Himmel und Erde« steht. Als Riese gehört er weder zu den Menschen noch zu den Himmelsbewohnern. Durch seine Größe aber kann er zwischen diesen vermitteln, kann die Grenze zwischen beiden überqueren. Seine Riesenhaftigkeit und seine Körperkraft, die er zum Dienst an anderen Menschen einsetzt, ist eine äußere Entsprechung der Worte Jesu an seine Jünger: ». . . wer bei euch groß sein will, der soll euer Diener sein« (Matthäus 20,27). Durch diese Erscheinungsweise ist er auch ein Vorbild für die starken Männer, die gleich ihm ihre Kräfte im geduldigen, helfenden Dienen einsetzen sollen. Verschiedene Bruderschaften mit caritativen Zielsetzungen haben sich daher immer wieder nach dem Heiligen benannt.

In den Ikonen der Ostkirche, die ihre Inspiration aus der Legendenbildung im Mittelmeerraum gezogen haben, wird Christopherus bis heute im Sinne der Urform der Legende mit dem Hundekopf dargestellt. In dieser Gestalt ähnelt er dem schakalköpfigen ägyptischen Totengott Anubis, der den Sonnengott Horus über den Nil trägt und von dessen mythologischer Gestalt wie von anderen antiken Gottheiten einige Charakterzüge in die Gestalt des Christopherus eingegangen sind[12].

In der abendländischen Kunst wird er im Sinne der späteren Legendenfassung zumeist als Riese dargestellt. In der Tracht eines Fährmannes überquert er den gefährlichen Strom mit dem Jesuskind auf der Schulter. In dieser Gestalt verkörpert Christopherus den Archetypus des Fährmanns, der die Seelen verstorbener Menschen (die als »neugeborene« Geistwesen in der bildenden Kunst des Mittelalters häufig als Kinder dargestellt werden) in eine andere Daseinsform geleitet. Das »vielschichtige Motiv des Übersetzens«[13] der Seelen Verstorbener über einen Strom oder ein Meer zu den jenseitigen Sphären finden wir weltweit in unzähligen Mythen und Legenden, wie beispielsweise in der Gestalt des griechischen Charon oder des germanischen Gottes Odin. Aber auch heute wählen schwerkranke Patienten, die den nahenden Tod zumeist nur unbewußt spüren, in kunsttherapeutischen Sitzungen häufig das Motiv eines Schiffes, das einen Strom oder ein Meer überquert[14].

Anubis führt einen Gestorbenen zu Osiris
Szene auf einem bemalten Mumientuch, 3. Jh. n Chr.

Aus der ersten Hälfte des 6. Jahrhunderts ist uns vom byzantinischen Geschichtsschreiber Prokop eine Aufzeichnung über nordfränkische Küstenbewohner überliefert, die einige Elemente der Christopherus-Legende enthält: Die dort lebenden Menschen sind aufgrund einer geheimnisvollen Dienstleistung

*Der hundsköpfige Christopherus
mit den Heiligen Charalambos und Onuphrios
Griechische Ikone (17. Jh.)*

von der Steuerpflicht an den Kaiser befreit. Sie »erzählen nämlich, daß ihnen der Reihe nach die Überführung der Seelen obliege. Diejenigen, die durch Übernahme des Dienstes in der kommenden Nacht dieser Pflicht nachkommen müssen, ziehen sich bei Einbruch der Dunkelheit in ihre Häuser zurück und legen sich zur Ruhe in der Erwartung dessen, der sie zu ihrer Verrichtung versammelt. Um Mitternacht aber merken sie, wie es an die Tür klopft, und vernehmen die Stimme eines Unsichtbaren, der sie zu ihrer Arbeit zusammenruft. Ohne Zögern erheben sie sich von ihrem Lager und gehen an den

Strand, indem sie zwar nicht begreifen, welche Nötigung in aller Welt sie dazu treibt, aber dennoch unter einem Zwange stehen.

Dort sehen sie fahrtbereite, aber von Menschen völlig leere Boote, und zwar nicht ihre eigenen, sondern irgendwelche fremden. In die steigen sie und greifen zu den Riemen. Sie merken, wie die Fähren von der Menge der Mitfahrenden belastet werden und bis zu den Dollborden und den Ruderlagern in den Wogen versinken, so daß nicht einmal eines Fingers Breite mehr freibleibt. Sie sehen aber keinen Menschen und landen nach nur einstündiger Ruderfahrt in Brittia. Und doch benötigen sie, sooft sie auf ihren eigenen Booten ohne Benutzung der Segel, sondern mit Hilfe der Ruder hinüberreisen, reichlich einen Tag und eine Nacht zur Überfahrt. Sind sie auf der Insel gelandet, so werden sie ihre Ladung los und fahren sofort wieder schnell davon. Ihre Boote sind plötzlich leicht geworden und ragen aus den Fluten heraus . . . Sie selbst sehen zwar keine Spur von einem Mitfahrenden oder das Schiff Verlassenden, behaupten aber, von der Insel her die Stimme eines Wesens zu hören, die einen jeden der mit ihnen Gefahrenen denen, die sie dort in Empfang nehmen, namentlich vorzustellen scheint . . .«[15]

Warum aber bedürfen die Seelen eines Fährmannes? Was bedeutet das Bild des zu überquerenden Wassers im Zusammenhang mit dem Sterben?

Flüsse trennen Länder voneinander. Am Ufer zu stehen ergibt leicht das Empfinden, an einer Grenze zu verweilen. In der Sprache der Märchen und Mythen wie auch in den Bildern der Mystik werden das diesseitige und das gegenüberliegende Ufer mit dem Bild der materiellen und der jenseitigen Welt assoziiert. Wasser symbolisiert in seiner Erscheinung das Erlebnis von Zeit. Der Fluß, das strömende Wasser zwischen den Ufern ist die fließende Zeit, die sich nicht festhalten läßt[16]. »Wer wir wirklich sind, jenseits der fließenden, der ins Unendliche fließenden Zeit, im Ewigen sind, können wir nicht wissen.«[17] Durch den Tod aber treten wir aus diesem Fluß heraus, müssen uns gleichsam über ihn erheben und ihn hinter uns lassen, um ans andere Ufer zu gelangen.

Was aber ist über der Flut, über dem Strom der Zeit? »Der Herr thront über der Flut, der Herr thront als König in Ewig-

Christopherus trägt das Jesuskind durch den Fluß
Lateinischer Psalter, Hildesheim (nach 1235)

keit« (Psalm 29,10). Über dem Fluß, zwischen den Ufern ist die ewige Mitte, begegnet der Mensch Gott und kann seine Stimme hören. »Die Stimme des Herrn erschallt über den Wassern« (Psalm 29,3). Diese Ansprache erlebt Christopherus durch das Jesus-Kind und wird – wie im Prozeß einer Wassertaufe – verwandelt[18]. Er hat Christus gehört, im Zustand des Schreitens durch die Zeit mit ihm gesprochen. In der Gestalt des Christopherus erscheint somit ein elementares Bild des dienenden und betenden Menschen, der trotz seines Stehens und Gehens in der Zeit mit Kopf (Sinnbild des Geistes) und Schultern ins Ewige hineinragt und die göttliche Ansprache erlebt.

Auf frühen Darstellungen der Romantik wird Christopherus daher nicht als Fährmann, sondern als gewaltiger Mensch gezeigt, aus dessen Herz der erwachsene Christus gleichsam auf seine Schultern steigt[19]. Damit erinnert er an die ersten christlichen Darstellungen überhaupt, die das Motiv der Orantin, der betenden Frau, die Christus im Herzen trägt, zum Inhalt hatten. So verkörpert der Christusträger einen bedeutsamen Abschnitt auf dem inneren Weg zur geistigen Wiedergeburt. Er visualisiert das elementare christliche Erlebnis: »An jenem Tag werdet ihr erkennen: Ich bin in meinem Vater, ihr seid in mir und ich bin in euch« (Johannes 14,20).

Das Heraustreten aus dem Zustand der Zeit und das Verlassen des wahrnehmbaren Körpers ist für die Seele des Sterbenden ein schwieriger, durchaus gefahrvoller Wegabschnitt, wie fast alle Religionen berichten. Besonders erschwert wird dieser Prozeß durch mangelnde innere Vorbereitung, so daß es noch bis in die späte Neuzeit hinein für die meisten Menschen keinen größeren Schrecken gab als die Vorstellung, unvorbereitet, ohne geistigen Beistand und Sterbesakramente sterben zu müssen. Um sich genügend über den Strom des Zeitlichen und damit die Welt der materiellen Erscheinungen zu erheben und sich damit lösen zu können, bedarf es einer machtvollen Begleitung. Sie kann der geschwächten Seele helfen, nicht im Strom der äußeren Erscheinungen »hängenzubleiben« und damit eine gebundene, unerlöste Seele zu werden. Solche – »armen Seelen« nämlich – bleiben der Illusion des Zeitlichen verhaftet, ohne Blick zum anderen, zum himmlischen Ufer und damit heimatlos.

In der christlichen Tradition wird die den Strom überschreitende Seele durch die Gebete der Hinterbliebenen unterstützt. Auch finden sich in der Literatur visionäre Berichte einzelner Mystiker/innen über ihre geistige Schwellenbegleitung bei scheidenden Seelen[20]. In der Christopherus-Legende wird das alte mythologische Wissen um das Durchschreiten des Flusses, um die Besonderheit des Fährmannes in eine christliche Gestalt transzendiert und ihr zugleich ein neuer, den willigen Dienst am Nächsten betonender Sinn verliehen[21]. Christopherus hat durch sein Christus-Tragen die Gesetze der Zeit überwunden, ist nicht in ihr ertrunken. Indem die Gläubigen sein Vorbild betend betrachten, lassen sie sich gleichsam auf die geistigen Schultern des Christopherus heben. In dieser »Geistes-Haltung« brauchen sie den Tod nicht zu fürchten. Das »Leit-Bild« wird hier zum »Über-Lebens-Weg«, der in die himmlische Heimat führt.

Aus dieser Anschauung heraus entstand die volkstümliche Überzeugung, wer ein Bild des Christopherus betrachtet habe, müsse an diesem Tage keines unbußfertigen Todes sterben[22]. An unzähligen, möglichst sichtbaren Stellen wurde sein Bild angebracht. Unter einem Holzschnitt mit dem Bild des Heiligen von 1423 steht der im Mittelalter weitverbreitete Spruch: »An welchem Tag auch immer du die Gestalt des Christopherus ansiehst, an dem wirst du nicht an einen üblen Tod gemahnt.«[23]

Daß der Volksglaube in der Gestalt des Christopherus eher eine christliche Andacht als eine konkrete historische Persönlichkeit sah, zeigt auch die erstaunliche Tatsache, daß ihm, einem der populärsten christlichen Heiligen überhaupt, der auch zu den 14 Nothelfern zählt, nur sehr wenige Wallfahrtskirchen geweiht sind[24]. Auch habe ich unter den zahlreichen Heiligenerscheinungen keine einzige des Christopherus gefunden. Es geht somit in der Verehrung seiner Gestalt darum, ihn, den Christusträger, als Wegbegleitung in sich zu tragen, damit die Worte Jesu in der Seele wirksam werden: »Wenn jemand an meinem Wort festhält, wird er auf ewig den Tod nicht schauen« (Johannes 8,51).

Lebensbaum und Wünschelrute

Als Märtyrer trägt Christopherus das Attribut des Palmzweiges. In der Legende wurde er zu jenem wundersamen Wanderstab, der in den Händen von Christopherus zu grünen beginnt, ein Symbol des Lebensbaumes. Mit diesem Zeichen wird er in unmittelbare Nähe zum Erzengel Gabriel gerückt, der auf frühen Darstellungen bei der Verkündigung der Botschaft an Maria den Lebensbaum (Sinnbild des göttlichen Wortes, das in die Seele eingepflanzt wird) in Händen hält. Mit dem Stab in der Hand erinnert Christopherus auch an die astralmythologische Gestalt des »Himmelsriesen Orion«[25]. In der astralmythologischen Interpretation, die erst mit der breiten Durchsetzung der naturwissenschaftlichen Sehweise ihre populäre Bedeutung verloren hat, spiegelt sich die Auffassung, daß der Sternenhimmel ein Abbild der himmlischen Sphären mit ihren wichtigsten Repräsentanten ist. So wird auf ägyptischen Darstellungen in der Hand des Orion ein Stab gezeigt, mit dem er im »Strom der Milchstraße« steht. In den Schriften der Gnostiker ist Orion ein Abbild des gefallenen Menschen Adam, der nach seiner Vertreibung aus dem Paradies mit einem Wanderstab ausgerüstet wird, der dann auf seine Nachkommen, auf Sem, Noah, Jakob und Mose, übergegangen ist.

Christopherus aber ist das Sinnbild des neuen, des erlösten Menschen, der nicht mehr verdammt ist, im »Strom der Zeit« zu stehen. Sein grünender Wanderstab verheißt die Heimkehr ins gelobte Land, in die ewige Heimat. Er veranschaulicht, so wie die gesamte Christopherus-Legende voller bildhafter Anspielungen auf die Worte Jesu ist, die Aussage: »Wer in mir bleibt und in wem ich bleibe, der bringt reiche Frucht; denn getrennt von mir könnt ihr nichts vollbringen. Wer nicht in mir bleibt ... verdorrt« (Johannes 15,5f.).

Auf unzähligen Darstellungen des Christopherus aber gleicht sein Stab einer Wünschelrute, einst das Hauptattribut des römischen Gottes Merkur wie auch des germanischen Gottes Odin. Der Hasel- oder Wünschelrute wird im Volksglauben die Eigenschaft zugeschrieben, »alles zu zeigen, zu öffnen und herbeizuschaffen, was man wünscht, insbesondere aber das unter der Erde Verborgene sichtbar zu machen und dadurch erreichbar zu machen, Quellen, Erze, Schätze ...«[26] Bis in das 20. Jahrhundert hinein, bevor moderne hochempfindliche Meßgeräte zum Erfassen von Erdstrahlen und unterirdischen Wasseradern eingesetzt wurden, war die Wünschelrute das wichtigste Arbeitsinstrument der »Rutengänger«. In der Religion der Römer wie der Germanen ist die Wünschelrute aber ein Teil des Totenkultes und Sinnbild der kommenden Wiedergeburt des Verstorbenen[27]. Odin, der Herr der Toten, wird, wie die Rute selbst, einfach »Wunsch« genannt. Im Nibelungenlied (1064) wird die Rute als der köstlichste Bestandteil des Schatzes bezeichnet, denn Gold gewährt Reichtum, die Rute aber Herrschaft. Deshalb wird das Zepter des Königs auch als »Wunschgerte« bezeichnet[28].

Indem Christopherus die Wünschelrute in der Hand trägt, wird sie, das alte Attribut der Götter und Zeichen des Wiedergeborenwerdens, in der Gestalt des neuen »Schwellenhüters« christianisiert. In mystischer Entsprechung deutet sie auf das Finden des wahren Herzensschatzes – »Christus in mir« – hin, der den Reichtum des ewigen Lebens schenkt und Herrschaft über die Tiefen der Seele und alle die in ihr lebenden Strömungen und Elemente verleiht.

Dieser tiefe Sinn der »christlichen Wünschelrute« wird jedoch spätestens mit dem Ende des Dreißigjährigen Krieges im breiten Volksglauben vergessen. Wir können von einer Entspiritualisierung der Christopherus-Gestalt sprechen, denn er wird nun von den verarmten Menschen ganz konkret als Helfer bei der Suche nach vergrabenen Schätzen angesehen. Die magischen Beschwörungen und geheimnisvollen »Christoffelgebete«, die in dieser Zeit eine breite Resonanz fanden, haben viel zur Kritik und zur Entfremdung von dieser bedeutenden christlichen Heiligengestalt beigetragen[29].

Mit dem Rad der Überwindung – Katharina von Alexandrien

Die Verehrung der heiligen Katharina beginnt im nördlichen Europa im 8. Jahrhundert[1]. Wahrscheinlich sind es Mönche, die vor dem Bildersturm im byzantinischen Reich geflüchtet sind, die zur Popularisierung ihrer Legende und der Verbreitung ihres Kultes beigetragen haben[2]. Die Legende der Heiligen berichtet romanhaft von einer vornehmen, schönen und

Die heilige Katharina von Alexandrien
Ikone im Sinai-Kloster (17. Jh.)

reichen Jungfrau, die um 294 in Alexandria mit dem Namen Dorothea geboren wurde. Nach der Überlieferung erhielt sie eine ausgezeichnete Schulbildung in allen wesentlichen Fächern und studierte Philosophie, Rhetorik, Dichtkunst, Musik, Physik, Mathematik, Astronomie und Medizin[3]. Ein syrischer Mönch bekehrte sie zum Christentum und taufte sie mit dem Namen Katharina , was auf griechisch *Die immer Reine* bedeutet und kennzeichnend für ihren weiteren Lebensweg wurde[4].

Katharina fordert Kaiser Maxentius (306–312) während einer grausamen Christenverfolgung zu einem Streitgespräch über Christus heraus. Der Tyrann ruft fünfzig der gelehrtesten Männer aus allen Teilen seines Reiches zusammen, die Katharina widerlegen sollen. Die Jungfrau fürchtet sich und betet um den Beistand des Heiligen Geistes. Da erscheint ihr ein Engel und spricht:

»Fürchte dich nicht, Katharina, denn der Herr wird dich ausrüsten mit himmlischer Weisheit und wird erhöhen deine Kenntnisse, die du dir erworben hast. Du wirst über die Weisen der Welt triumphieren; auf dein Wort werden sie Christum erkennen, an ihn glauben.«[5]

Zur vereinbarten Stunde erscheint Katharina am Versammlungsort und widerlegt alle Argumente der Weisen gegen den christlichen Glauben. Ihre Rede überzeugt die Weisen derart, daß sie sich zu Christus bekennen, worauf sie vom Kaiser sofort auf dem Scheiterhaufen hingerichtet werden. Der Tyrann versucht, die schöne Jungfrau von ihrem Glauben abzubringen: »Edle Jungfrau, sei doch besorgt um deine Jugend! Du sollst in meinem Palast die Zweite nach der Königin heißen; man wird dein Bild mitten in der Stadt aufstellen, und alle werden dich wie eine Göttin anbeten.«[6] Katharina bleibt standhaft und wird grausamen Torturen unterworfen und zum Hunger verurteilt. Christus aber sendet täglich eine Taube in den Kerker, der ihr die nötige Speise bringt. Von Engeln geheilt, erscheint Katharina nach Wochen vor dem Kaiser in noch schönerer Gestalt. Der läßt jedoch vier mit eisernen Nägeln gespickte Räder herbeibringen, die Katharina zerfleischen sollen. Als die Jungfrau bereits auf die Räder gebunden ist, erscheint ein Engel und zertrümmert die Geräte. Daraufhin wird Katharina zum Tod durch das Schwert verurteilt. Vor ihrer Hinrichtung betet sie: »Herr Jesus, guter König, ich bitte dich, wer mein Leiden mit Andacht begeht und mich in seiner Todesstunde oder sonst in Nöten anruft, daß dessen Wünsche in Gnaden gewährt werden.« Eine Stimme vom Himmel antwortet: »Komm nun, meine Geliebte und meine Braut, denn siehe, die Himmelstür ist dir aufgetan. Und all denen, die dein Leiden mit andächtigem Herzen begehen, soll der himmlische Beistand gelobt sein, um den du gebeten hast.«[7]

Die Legende berichtet, daß nach ihrer Enthauptung sogleich Milch anstatt Blut aus ihrem Körper fließt. Engel nehmen den Leichnam der Jungfrau und führen ihn zum Berg Sinai, dem heiligen Ort der Begegnung zwischen Gott und Mose, um ihn dort auf dem höchsten Gipfel mit großen Ehren zu bestatten. Drei Jahrhunderte später folgen Mönche, die am Fuße des Sinai in einem Kloster leben, einer Traumvision und bringen die Gebeine der heiligen Katharina vom Berg hinab. Sie legen sie in ein goldenes Kästchen in die Kirche ihres Klosters, das sich nun Katharinenkloster nennt. Bis heute ist der süße Duft der sterblichen Überreste der Heiligen ein bleibendes Wunder, wie auch aus ihren Gebeinen Öl ohne Unterlaß fließt und die Glieder von allen heilt, die krank und schwach sind. Da Katharina durch das Schwert gestorben ist, nennt der Volksmund im nördlichen Europa die Schwertlilie Katharinenblume oder »Katharinenschwert«[8].

Die heilige Katharina wird von Engeln zu Grabe getragen
Detail eines Tryptichons aus dem Sinai-Kloster (um 1612)

Die Tochter der Sophia

Katharina, Barbara und Margaretha, den sogenannten »Heiligen Drei Jungfrauen«, wird im Mittelalter in breiten Bevölkerungsschichten eine für uns heute unvorstellbare Verehrung entgegengebracht. In unzähligen Kirchen sind sie auf den Flügeln der Altäre mit ihren jeweiligen Symbolen neben Christus und Maria präsent. Die fromme Betrachtung ihrer Legenden inspiriert das mystische Erleben der Gläubigen. Leidende, Kranke und Sterbende berichten in Visionen von der Anwesenheit und spürbaren Hilfe der Heiligen[9].

Die überragendste Gestalt in der Gruppe der heiligen drei Jungfrauen ist Katharina von Alexandrien. In der christlichen Kunst trägt sie allein neben Christus und Maria einen dreifachen Heiligenschein in drei Farben. Er ist Zeichen ihrer besonderen geistigen Wirkungskräfte aus der Fülle der Heiligen Dreifaltigkeit. Der weiße Heiligenschein symbolisiert ihre Jungfräulichkeit, was sich nicht nur auf ihre körperliche Unberührtheit bezieht. Der grüne Heiligenschein verweist auf die Heilkräfte, die von ihr ausgehen, und der rote Schein auf ihren Märtyrertod aus Liebe zu Christus[10].

Wie kam es, daß gerade die Gestalt dieser Heiligen, ihr Leben, Leiden und Sterben sowie ihre in einer späteren Legendenfassung beschriebene mystische Verlobung mit dem Jesuskind das religiöse Erleben der Menschen erweckte? Was brachte gerade sie in unmittelbare Nähe zur Muttergottes und machte sie zur immer wieder angerufenen Beschützerin, Helferin und Trösterin?

Bei näherer Betrachtung der Gestalt Katharinas und ihrer auf Gemälden und Skulpturen abgebildeten Attribute – das (manchmal zerbrochene) Rad, Schwert, Märtyrerpalme, Buch und Krone – werden viele Bedeutungen erkennbar, die eine Brücke zwischen den mystischen Vorstellungen der Antike, der Germanen und Kelten und den spirituellen Inhalten des Christentums herstellen konnten. In der Verehrung und im Kult der heiligen Katharina (wie auch Barbara und Margaretha) konnten sich aber auch Inhalte und Ausdrucksformen einer weiblichen Spiritualität bewahren, die im Rahmen der Heiligenverehrung öffentlich in das religiöse Leben integriert wurden. Am Vorabend der Neuzeit und vor dem Beginn der

Inquisition hat sich um Katharina eine reiche Symbolik entfaltet, in der sie als personifizierter Aspekt der Sophia, als Tochter der himmlischen Weisheit erscheint.

Tochter von Frau Sonne

Katharina, die schöne, strahlende und spirituell mächtige Heilige, hat in der germanischen Mythologie ihre Vorläuferin in der *Tochter von Frau Sonne,* deren Gestalt und Eigenschaften im Prozeß der Christianisierung und Umwandlung der alten Mythen eine Übertragung auf die Heilige erfahren.

In der germanischen Mythologie thront im ewigen Licht, über der Sonne, die Göttin Freya, im Volksmund auch Holda oder Frau Holle genannt. Frau Holda wird als eine Gestalt von wunderbarer Schönheit beschrieben, mit einem Leib so weiß wie Schnee und langen, goldgelben Haaren. Sie trägt ein langes, weißes Gewand und einen Schleier, der am Rücken herabhängt[11]. In der astralmythologischen Deutung bezieht sich dieser lange Schleier auf den nächtlichen Anblick der Milchstraße, die in der heiligen Zeit des Mittwinters um das Sternbild des Orion herabwallt, wobei dieses Sternbild in der germanischen Mythologie mit der Gestalt der Göttin assoziiert wird[12].

In Erscheinungen zeigt sich Holda/Freya oftmals mit Kindern auf ihrem Arm, den ungeborenen Kinderseelen, die sie im himmlischen Brunnen behütet. Hinter dem Brunnen, »dem Wolkengewässer«, erhebt sich im sogenannten »Engelland« der goldene Palast von Frau Holda. Dort hält sich auch Frau Sonne verborgen, wenn sie nicht scheint. Hier leben die Töchter der Sonne: Sonnenschein, Regen und Schnee. In einem niederdeutschen Lied rufen die Menschen die Göttin an: »Komm wieder, o Sonne, mit deinen beiden Töchtern Goldfeder und Goldstrahl, bescheine uns allzumal, durchleuchte den ganzen Himmelsraum, das Land der Engel, wo eine holde Frau mit dem Kinde auf dem Arme, Holda, sitzt.«[13]

Mit der Christianisierung verschmilzt im germanischen Kulturraum das Bild der Frau Holda allmählich mit dem der Gottesmutter Maria. Die Gefährtinnen der Göttin, die das Sonnenlicht und den Regen aus dem Himmelshaus bringen, werden mit christlichen Heiligen identifiziert. Es ist Katharina von Alexandrien, die nun den Sonnenschein schickt, der ein uraltes Sinnbild für die Fülle der himmlischen Weisheit ist. (Die heilige Margaretha bringt den Regen, Zeichen für Fruchtbarkeit und Wachstum. Sie ist, wie noch ausgeführt werden wird, die neue Schutzheilige der heranwachsenden Ernte und ergänzend dazu der gebärenden Frauen.) In einem sehr alten hessischen Kinderlied heißt es:

»Sonnche, Sonnche scheine!
Maria! Kathareine!«[14]

»Schwiegertochter« Mariens

In der zusätzlichen Legendenbildung, die mit der wachsenden mystischen Verehrung der heiligen Katharina im späten Mittelalter einhergeht, fallen vor allem die engen Verbindungen auf, die zwischen Katharina und der Muttergottes gezogen werden und sich nicht allein in der Übernahme des germanischen Mythos von der Mutter Sonne und ihrer Tochter Sonnenschein zeigen. Die Verehrung der heiligen Katharina steigert sich im 14. Jahrhundert in einem solchen Umfang, daß spirituelle Betrachtungsweisen und Wunderberichte, die vormals der Gestalt der Maria galten, sich nun mit der von Katharina verbinden.

Gegen Ende des 14. Jahrhunderts wird der Katharinenlegende ein geheimnisvolles Ereignis beigefügt, das die mystische Verlobung der Jungfrau mit dem Jesuskind beschreibt. Eigentlich gehört dieses Ereignis zu den mystischen Erlebnissen der heiligen Katharina von Siena (1347–1380), deren Leben überaus reich an Visionen und Erscheinungen von Jesus und Maria war[15]. Nun aber, wohl auch aufgrund des gleichen Namens, wird dieses Ereignis vom gläubigen Volk ganz einfach in den Legendenkranz um die sehr viel populärere Katharina von Alexandrien integriert: Das göttliche Kind wird von seiner Mutter Maria zu der Heiligen gebracht:

»Die heilige Katharina, zu deutsch ›die Reine‹, war das Kind vornehmer Eltern zu Alexandria. Unermeßlich waren die Reichthümer, welche ihre Eltern ihr hinterließen, ausgezeichnet ihre Schönheit. Besonders merkwürdig waren aber ihr scharfer Verstand und die Fülle der Kenntnisse, welche sie sich zu eigen gemacht hatte. Sie war noch nicht getauft, als ihr in einer Nacht die heiligste Jungfrau Maria mit dem Jesus-Kinde auf dem Arme erschien. Das süße Kind aber wandte sein Gesichtchen von ihr ab und sprach: ›Katharina, du bist nicht schön, weil du noch nicht getauft bist.‹ Katharina, erschrocken hierüber, erwachte und zögerte nicht länger mehr, die heilige Taufe zu empfangen. In der folgenden Nacht erschien ihr die jungfräuliche Mutter Maria mit ihrem holden Kindlein wieder. Diesmal lächelte sie das Kindlein freundlich an, neigte sich zu ihr herab und steckte ihr einen goldenen Ring an den Finger zum Zeichen, daß sie von nun an seine Braut sei. Als Katharina erwachte und den Ring wirklich am Finger glänzen sah, warf sie sich auf die Knie nieder und gelobte ihrem göttlichen Bräutigam, immer jungfräulich zu leben und zu sterben.«[16]

Auch wenn in dieser Szene Maria nicht direkt zu Katharina spricht, erscheint sie dennoch als die Mittlerin, als diejenige, die Katharina ausgesucht hat und das Jesuskind ihr entgegenhält. Aus diesem Grund wird Katharina in den mystischen Betrachtungen der mittelalterlichen Volksfrömmigkeit zur »Schwiegertochter« Mariens, zum Mitglied der »Heiligen Sippe« erwählt. Sie wird in den Kreis der Familienmitglieder Jesu nachträglich aufgenommen und als seine Verlobte, als seine Himmelsbraut verehrt.

Blicken wir auf die Tugenden und Charakterzüge, die in der Katharinenlegende besonders hervorgehoben werden, so ist auffallend, daß sie ein Frauenbild zeichnen, das eher im Widerspruch zur patriarchalen Tradition des Christentums steht. In der Gestalt von Katharina verbinden sich wunderbare Schönheit mit scharfem Verstand und Gelehrsamkeit[17]. Sie ist »kühnen Mutes« und kann in »lebhaften, kraftvollen Worten« sprechen. Sie verweigert sich der Staatsgewalt, der herrschenden Wissenschaft und der irdischen Ehe und wendet sich damit gegen die anerkannten gesellschaftlichen Institutionen. Gleichzeitig ist sie demütig, barmherzig und tröstet diejenigen, die sich in Not befinden. Ohne Klage erduldet sie die grausamsten Folterungen und bleibt ihrem himmlischen Bräutigam treu in Jungfräulichkeit verbunden. Trotz aller Pein wird ihr Körper in der Nacht immer wieder geheilt, und sie erscheint ihren Widersachern unverletzlich. Ihre Gebetskraft ruft die Hilfe gewaltiger Engel herbei. Geduldig und »heiteren Angesichtes« läßt sie sich zur Richtstätte führen. Aus ihrem Leichnam fließt nicht Blut, sondern Milch, Sinnbild für Nahrung und Lebenskraft. Bei der Aufzählung dieser Eigenschaften, die in der Legende ausführlich bewundert werden, beginnt das biblische Bild der himmlischen Weisheit, der heiligen Sophia, durch die Gestalt Katharinas durchzuschimmern.

Die heilige Sophia nimmt in der spätjüdischen Mystik den Rang einer personifizierten weiblich-göttlichen Gestalt ein und gilt als die Gattin Gottes[18]. In der Ostkirche blieb im Gegensatz zum abendländischen Christentum dieses Erbe in der Verehrung der heiligen Sophia erhalten. Wer allerdings den religionsgeschichtlichen Spuren der Sophia in der Geschichte des römisch-katholischen Christentums nachgeht, wird mit Überraschung feststellen, daß es hier früher eine Sophiologie als eine Mariologie gab[19], die sich jedoch – im Gegensatz zur Orthodoxie – nicht mit dieser hat verbinden können.

Im biblischen Buch der Weisheit finden wir Offenbarungen über die Gestalt der himmlischen Sophia, wobei wir davon ausgehen können, daß sich die Verfasser der Katharinenlegende bei der Darstellung der charakterlichen Eigenschaften der Heiligen an diesen biblischen Texten orientiert haben: »In ihr ist ein Geist, gedankenvoll, heilig, einzigartig, mannigfaltig, zart, beweglich, durchdringend, unbefleckt, klar, unverletzlich, das Gute liebend, scharf, nicht zu hemmen, wohltätig, menschenfreundlich, fest, sicher, ohne Sorge, alles vermögend, alles überwachend und alle Geister durchdringend, die denkenden, reinen und zartesten« (Weisheit 7,22–23). Die himmlische Weisheit tritt, wie es in der Gestalt der heiligen Katharina geschieht: »... in heilige Seelen ein und schafft Freunde Gottes und Propheten; denn Gott liebt nur den, der mit der Weisheit zusammenwohnt« (Weisheit 7,28). Die Sophia versteht es, »Worte schön zu formen« (Weisheit 8,8), »sie ist tüchtig und tapfer. Gemeinschaft mit ihr bringt Klugheit« (Weisheit 8,15 und 18).

In der Legende von der schönen und klugen Katharina wird das Bild der heiligen Sophia aber nicht nur in den Charakterzügen der Heiligen sichtbar. Es wird in einem weiteren Bild lebendig, das von einer himmlischen Taube spricht, die Katharina im Kerker ernährt und am Leben bewahrt. Die Taube ist ein Sinnbild, das nicht erst mit dem Christentum zum Zeichen des Heiligen Geistes erwählt wurde. Es gilt bereits im gesamten Kulturbereich der Antike, in dem die Katharinenlegende ihre Wurzeln hat, als weibliches Symbol[20]. Die Taube ist das Sinnbild von Ishtar, der Göttin der Liebe. Es ist keine dem Judentum vorbehaltene Vorstellung, wenn die Taube als Zeichen der bräutlichen Liebe gilt und es im Hohenlied heißt: »Horch, mein Geliebter pocht: Mach mir auf, meine Schwester, meine Taube, meine Schönste« (Hohelied 5,2).

Der Kerker, in dem Katharina gefangen ist, kann in der mystischen Deutung auch als das Gefängnis des irdischen Lebens gesehen werden, in dem die Seele nach dem Brot und dem Wasser des Lebens, den Sinnbildern der Eucharistie, hungert und dürstet. Die nährende Taube wird zum Ausdruck eines himmlisch-mütterlichen Waltens, das den in Not geratenen Menschen umsorgt, betreut und mit der Speise des ewigen Lebens vor dem Tod rettet. Im Buch Sirach heißt es über die heilige Sophia: »Die Weisheit geht ihm (ihrem Verehrer) entgegen wie eine Mutter... Sie nährt ihn mit der Speise der Klugheit und tränkt ihn mit dem Wasser der Einsicht« (Sirach 15,3).

Die englische Visionärin Jane Leade (1621–1702), eine Schülerin von Jakob Böhme, hat in ihrem Tagebuch eine Vision der heiligen Sophia aufgezeichnet (1670), die an das germanische Bild von Frau Sonne erinnert und zugleich die geistigen Eigenschaften von Sophia, die durch Katharina repräsentiert werden, nahebringt: »Die Sophia erschien mir in Gestalt einer Frau von sehr freundlichem und würdevollem Benehmen, mit einem Antlitz, das wie die Sonne strahlte, und angetan mit einem Kleid von durchscheinendem Golde. ›Schau mich an! Ich bin die ewige und jungfräuliche Weisheit Gottes, die du dir immer gewünscht hast, einmal zu sehen. Ich komme, um dir meine Schätze der tiefen Weisheit Gottes zu enthüllen, und ich werde für dich das sein, was Rebekka für Jakob war, nämlich eine wahrhafte, natürliche (leibliche) Mutter, denn du wirst in meinem Schoß auf eine geistliche Weise gezeugt werden, von neuem empfangen und geboren.‹«[21] Die Sophia überreicht Jane Leade ein goldenes Buch, mit drei Siegeln verschlossen, das die Mysterien der göttlichen Weisheit enthält. Dieses Buch, »das Glück der Weisheit ... ist das Buch der Gebote Gottes, das Gesetz, das ewig besteht. Alle, die an ihr (der Weisheit) festhalten, finden das Leben, doch alle, die sie verlassen, verfallen dem Tod« (Baruch 4,1–2). Das Buch der Göttlichen Weisheit ist auch Attribut von Katharina, die auf verschiedenen Darstellungen des Mittelalters als eine jugendliche, strahlend schöne Schriftgelehrtin dargestellt wird[22] und so auch ihre Funktion als Schutzpatronin der Philosophen und Gelehrten, wie beispielsweise der Universität von Paris, verdeutlicht.

Die heilige Katharina mit Buch und Märtyrerpalme
Zeichnung nach einem Gemälde von Bernardino Luini

In welcher Beziehung aber steht Katharina als Repräsentantin der heiligen Weisheit zu Maria? In dem wichtigen Buch von Thomas Schipflinger »Maria-Sophia – eine ganzheitliche Vision der Schöpfung« sind Zeugnisse aus der Geschichte des Judentums wie des Christentums zusammengetragen, die nahelegen, daß in spiritueller Deutung in der Gestalt der Gottesmutter Maria die heilige Sophia Mensch wurde[23].

»Wer ist dieses große Wesen, königlich und weiblich, das weder Gott noch der ewige Sohn Gottes ist, weder ein Engel noch eine Heilige?« fragt der russische Sophiologe Paul Florenskij. »Wer ist sie dann, wenn nicht die wahre Ganzheit der Menschheit, die höhere und volle Form und die lebendige Seele der Welt ... Die menschliche Erscheinung dieser Sophia ist Maria. Maria ist die menschgewordene Sophia ... Die Sophia ist die Erstgeschaffene und auch Ersterlöste, die Mitte und das Herz der Kreatur. Sie ist Schutzengel der ganzen Schöpfung ... Die Heiligen verehrten in der Gottesmutter Maria die Trägerin der Sophia, sichtbare Erscheinung der Sophia selber auf Erden.«[24]

Die Erinnerung, das Wissen um die himmlische Gestalt von Maria-Sophia ist im westlichen Christentum mehr und mehr verschüttet worden. Maria wird zwar als Himmelskönigin und Gottesmutter, aber nicht als menschgewordene Inkarnation der himmlischen Weisheit verehrt. Auch wenn bedeutende Mystiker und Mystikerinnen wie Hildegard von Bingen, Jakob Böhme, Gottfried Arnold und Anna Katharina Emmerich in ihren Visionen die heilige Sophia als himmlische Person erlebt haben[25], ist dieses Wissen nicht zu den gläubigen Volksschichten gedrungen. Dennoch ist es in seiner spirituellen Dimension nicht untergegangen, sondern hat sich auf die heilige Katharina als »Schwiegertochter Mariens« übertragen, so wie auch die Ostkirche drei »Töchter« der Sophia – Glaube, Liebe, Hoffnung – verehrt. Wie Maria trägt nun Katharina auf Gemälden das blaue kosmische Sternenkleid einer Himmelsgöttin[26], das zuvor schon Kennzeichen der germanischen Göttin Freya war.

Da die Gestalt der Sophia-Maria im westlichen Christentum erst langsam wieder entdeckt und aufgearbeitet wird[27], sind die engen Verbindungen von der heiligen Sophia mit ihrer geistigen Tochter in der mystischen Gestalt der heiligen Katharina noch nicht wahrgenommen worden. Dabei ist in der Verehrung der heiligen Katharina die Gottesmutter als verborgene himmlische Weisheit auf die Gestalt der jugendlichen Tochter projiziert worden. Nach Erich Neumann repräsentiert die Symbolik des Mütterlich-Weiblichen, wie sie im Bild der Gottesmutter vor uns steht, den Ursprung und die Zukunft, Anfang und Ende im menschlichen Seelenerleben. Das Bild

Madonna. Auf den Stufen ihres Thrones ihre engelgleichen Töchter: der Glaube, mit dem Spiegel, in sich selbst versunken; die Liebe, mit dem Pfeil, der auf Jesus zeigt, und einem brennenden Herzen; und die Hoffnung, mit dem Turm der Standfestigkeit, dessen Spitze die Krone des Lebens bildet.
Ambrogio Lorenzetti (um 1335)

Katharina von Alexandrien im Sternenkleid
Zeichnung nach einem Gemälde von Fra Angelico

der Tochter beschreibt die Seele, die sich gestalthaft in diesem Zyklus von Werden und Vergehen herausbildet[28]. Die Tochtersymbolik verweist auf etwas Neues, Zukünftiges, auf Inhalte und Entwicklungsbereiche im Leben des einzelnen wie der Gemeinschaft, die noch wachsen und reifen können. Die »Schwiegertochter« Mariens und die Muttergottes sind so eng miteinander verbunden. Sie »stehen sich als Blüte und Frucht gegenüber und gehören in ihrer Wandlung von der einen in die andere wesensmäßig zusammen«[29]. In einem Gemälde von Stefano da Verona, das um 1410 entstanden ist, wird die mystische Tochter-Mutter-Beziehung zwischen Katharina und Maria besonders deutlich.

Die Himmelskönigin Maria als Herrin des Paradiesgartens
mit der heiligen Katharina
Stefano da Verona (1410)

Das Bild zeigt Maria im schwarz-braunen Erdenmantel mit dem Jesuskind auf dem Schoß im Paradiesgarten. Sie ist umgeben von Blumen, Vögeln, Tieren und Engeln, die den heiligen Hain mit Leben erfüllen. Maria thront in der Mitte der oberen Bildhälfte, das heißt in den himmlischen Sphären. Ihr Blick ist versonnen, in sich selbst versunken. Sie repräsentiert hier den Archetypus der ewigen Großen Mutter als Herrin der Tiere und Pflanzen, der lebendigen Natur. In der unteren rechten Bildebene sitzt als einzige weitere Gestalt (außer den Engeln) die heilige Katharina. Sie befindet sich unter dem schoßartig ausgebreiteten Rock Marias, als sei sie direkt daraus hervorgegangen. Die schöne Jungfrau blickt nach unten, zu denen, die sich als betrachtende Personen außerhalb des Bildes befinden. Katharina verkörpert hier im sinnlich-roten Gewand das Prinzip der jungen und verführerisch-weiblichen Göttin[30]. Sie hält ein Rosenkränzlein in der Hand, das bereits in der Antike ein Symbol des Liebeszaubers der Aphrodite ist[31]. Als »unindividuelles Liebes- und Sexualprinzip des Lebendigen«[32] wird die Tochter im Bild der heiligen Katharina auf diesem Gemälde in geistiger Überhöhung gezeigt. Denn Katharina scheint das Rosenkränzlein demjenigen zu versprechen, der den Eingang in das verschlossene Paradiesgärtlein gefunden hat. Der Weg von unten nach oben geht nur über die Symbole, die wie zwei Türflügel den Garten verschließen und die das irdische Leben Katharinas kennzeichnen, Rad und Schwert. Sie stellen hier – wie noch ausgeführt werden wird – Wege der christlichen Nachfolge dar. Unter diesem Aspekt erkennen wir in Katharina als Tochter von Maria-Sophia auch eine mystische Hüterin der Schwelle, die die Macht hat, der strebenden wie sterbenden Seele das Tor in den Paradiesgarten zu öffnen.

In dieser Darstellung wird der besondere geistige Vermittlungsaspekt der heiligen Katharina für ihre Verehrer deutlich. Sie erscheint als weisheitsvolle und liebreiche Seelenführerin, die zum mütterlichen Aspekt Gottes leitet. Ergänzend zu Maria eröffnet sie einen weiblich geprägten Zugang zum Geistigen, der elementare Bedürfnisse und Sehnsüchte repräsentiert. Sie zeigt Frauen und Männern aller Schichten das Bild einer himmlischen Schwester und Freundin, die neben Gott-Vater, der Mutter Maria und Christus als Bruder und Bräutigam des Herzens das gläubige Leben der Seele erfüllt.

Zusammengefaßt verkörpert Katharina als Tochter von Sophia in der Heiligenverehrung des abendländischen Mittelalters folgende Inhalte: Ihre Weisheit ist voller liebender Bezogenheit. Sie erscheint für ihre Verehrer immer gegenwärtig, »als geistige Macht liebend und rettend, ihr strömendes Herz ist Weisheit und Nahrung zugleich. Das nährende Leben, das sie vermittelt, ist ein Leben des Geistes und der Wandlung, nicht eines der Dumpfheit und unteren Verhaftung.«[33] Als Tochter des Geistes, als »Geistführerin« hilft sie in ihrer spirituellen Vollmacht den Gläubigen, den Weg vom Elementaren bis zur Geistwandlung zu gehen. Hier ist sie aber nicht nur die geistige Tochter von Maria-Sophia, sondern verkörpert auch den Aspekt der Himmelsbraut.

Die mystische Hochzeit

In Legendenfassungen seit dem 14. Jahrhundert wird die heilige Katharina auch als Himmelsbraut vorgestellt. Ihre mystische Verlobung mit dem Jesuskind vollzieht sich der Erzählung nach in der Nacht. Die Nacht ist das Symbol für die stille »Zeit der Seele«[34]. Im religiösen Leben vieler Kulturen gehört die Anrufung der Gottheit zum nächtlichen Erleben, findet der Gottsuchende den verborgenen Gott als Licht in der Finsternis. Die Zwiesprache mit Gott im nächtlichen Raum verweist auch auf die kosmische Dimension der Nacht als einen Zustand der Rückbesinnung auf die Ursprünge der Schöpfung, als alles heil war und Gott den Kosmos durch die Urnacht ins Licht entließ. Den Gläubigen öffnet sich in der Nacht der Weg zur Ganzheit, zum göttlichen Urgrund[35]. Die Brautnacht der Seele, auch als himmlische Verlobung oder Hochzeit bezeichnet, ist eines der wichtigsten Motive in der christlichen Mystik überhaupt[36].

Der spanische Mystiker Johannes vom Kreuz (1542–1591) schreibt: »O Nacht, die du mich geführt hast! O Nacht, liebenswerter als die Morgenröte! O Nacht, die du den Liebenden mit der Geliebten vereinigt und die Geliebte in den Liebenden umgeformt hast!«[37] Jan van Ruusbroec (1293–1381), der bedeutendste flämische Mystiker des Mittelalters, schreibt in seinem Werk »Die Zierde der geistlichen Hochzeit« im Teil »Der Bräutigam kommt«: »Worin besteht nun die ewige Ankunft unseres Bräutigams? Es ist eine neue Geburt und ein neues Erstrahlen, das sich ohne Unterlaß vollzieht . . . Seht, die Beglückung und die Freuden, die dieser Bräutigam durch sein Kommen bringt, sind abgründig und unermeßlich; denn er ist es selber. Deswegen sind die Augen des Geistes, womit der Geist seinen Bräutigam schaut und anstarrt, so weit geöffnet, daß sie nie mehr ganz verschlossen werden.«[38] Einen direkten Bezug zur mystischen Vermählung der heiligen Katharina als Tochter der Weisheit findet sich in den Schriften von Gregor von Nyssa (gestorben 394): »Darum ist nun Bräutigam geworden, der in den Sprichwörtern Sohn genannt wurde, und die Weisheit nimmt den Rang der Braut ein, damit der Mensch, als keusche Jungfrau Gott angetraut und dem Herrn verschmolzen, ein Geist mit ihm werde, mit-einvermischt dem Unversehrten und Leidlosen . . .«[39]

In der Katharinenlegende kommt der himmlische Bräutigam in der Gestalt eines kleinen Kindes. Von den zahlreichen mittelalterlichen Gemälden dieser mystischen Verlobung, die zumeist direkt als Darstellungen der mystischen Hochzeit bezeichnet werden, hat 1479 Hans Memling eines der symbolträchtigsten geschaffen (Tafel I).

Das Bildgeschehen ist in den Innenraum des himmlischen Tempels versetzt, der hier auch als die Ebene des höheren Selbst, der Innenwelt von Katharina gedeutet werden kann. Durch die Säulen des Heiligtums erkennt man in der Ferne die irdische Welt, auf der sich Szenen der unvorstellbaren Grausamkeit abspielen, die das Leben der dargestellten Heiligen betreffen. Im Inneren des heiligen Bezirkes aber sind sie nicht mehr von Bedeutung. Denn alle Bildgestalten wenden sich der Mitte zu im Sinne der mystischen Weisheit: *»Wer in der Mitte des Seins lebt, kann im Labyrinth der Welt nicht verlorengehen.«*[40] Im Zentrum des Bildes thront Maria im nächtlichblauen Gewand und von einem warmen roten Mantel umhüllt mit dem nackten Jesuskind auf dem Schoß. Neben Maria stehen wie zwei Wächter Johannes der Täufer (links) und Johannes der Evangelist (rechts). Die beiden Johannes symbolisieren hier das Alte wie das Neue Testament, in einer tieferen Bedeutungsschicht das Alpha und Omega des göttlichen Wortes. Sie sind Sinnbild des Jahreskreislaufes und stehen für die beiden Sonnenwenden, da ihre Festtage (Johannes der Täufer

Farbtafel I
»Die mystische Vermählung der heiligen Katharina von Alexandrien«
Gemälde von Hans Memling (1479)

am 24. Juni, Johannes der Evangelist am 27. Dezember) mit diesen fast zusammenfallen. Durch diese zeitliche Pforte strahlt aus der göttlichen Mitte das Jesuskind in das Werden des Jahres[41].

In der linken unteren Bildhälfte kniet die reich geschmückte Katharina mit den Attributen einer Königstochter vor Maria. Obwohl der Legende nach die mystische Verlobung im nächtlichen Traum die Bekehrung der Heiligen darstellt, wird sie bereits als zukünftige Märtyrerin mit ihren Attributen und der geistigen Krone der Überwindung dargestellt. Die Zeit ist somit in diesem Bild in der inneren Mitte aufgehoben, die Seele gehört zum Raum der Ewigkeit.

Katharina ist prächtiger gekleidet als die Gottesmutter. Sie ist ein Symbol der durch geistige Tugenden wunderbar geschmückten Seele, die die himmlische Hochzeit feiern darf. Katharina trägt ein Gewand mit einem weißen Oberteil und roten Ärmeln. »Als Farbe des Anfangs ist Weiß auch die der Initiation. So trägt die Braut weiß, der Initiand, der Täufling... Die frühere Phase, die ›alte Existenz‹, wird gelöscht, eine neue, noch unbestimmbare beginnt.«[42] Das Weiß erinnert aber auch an die Erzählung der Legende, daß später aus dem Leichnam von Katharina kein Blut, sondern Milch fließen wird. »Die Milch als gehaltvollstes Nahrungsmittel gibt seelische und geistige Nahrung, letzthin Unsterblichkeit. Sie ist das Getränk der ›Anfänger‹. In der Antike spielte die Milch eine Rolle bei der Einweihung in die Mysterien; im Christentum wurde sie den Neugetauften bei der ersten Eucharistiefeier zusammen mit Honig gereicht.«[43] Die warme Rottönung der Ärmel ist in christlicher Ikonographie heilige Symbolfarbe des Opfers und der Liebe von Christus[44] und betont die Bereitschaft von Katharina, aus Liebe zu Jesus den Weg des Martyriums zu gehen.

Weiß und Rot, Milch und Blut gehören in mythologischen Vorstellungen gehören weltweit zusammen und bilden ein Gegensatzpaar[45]. Die mystische Verwandlung von Blut in Milch bezeugt Reinheit, Keuschheit und Unschuld. Im Motivschatz von zahlreichen Märchen, Sagen und Legenden ist die Verwandlung von Blut in Milch der Erweis der Unschuld eines Hingerichteten[46]. Als Wunderzeichen kommt es auch in verschiedenen Heiligenlegenden vor[47]. In verschiedenen Fassungen der Katharinenlegende wird aber auch der mütterliche, der nährende Charakter ihres heiligen »Milchblutes« betont. Sie beschreiben, daß aus dem Leichnam der Heiligen soviel Milch fließt, daß das ganze Erdreich davon feucht wird[48]. Diese Bildsprache erinnert an die mythische Vorstellung der frühen Kulturen, nach denen weibliche Gottheiten in der Gestalt von Himmelskühen (Wolkensymbol) die Erde mit Milchregen ernähren[49]. E. Neumann ordnet das Mysterium des in Milch verwandelten Blutes den Urmysterien des Großen Weiblichen in den früheren matriarchalen Kulturen zu. Ihre Bedeutung steht immer in enger Beziehung zu der Gefäß-Körper-Symbolik der Großen Mutter. Ihre Weisheit wird nicht als ein abstrakter Begriff beschrieben, sondern als nährendes, elementares Getränk, als Milch. »So bleibt sie Nahrung und bewahrt nicht nur ihren Blut-Milch-Wandlungscharakter, sondern auch ihre Verbundenheit mit der schöpferischen Geburt durch das Große Weibliche . . .«[50] »So wie auf der unteren Elementarstufe der nährende Strom der Erde in das Tier und die phallische Kraft des Bruststromes in das empfangende Kind einströmt, so empfängt auf der Geist-Wandlungsstufe der erwachsene Mensch die ›Jungfrauenmilch‹ der Sophia . . . Auf dieser höchsten Stufe erscheint ein neues Symbol, in dem der Elementar- und Wandlungscharakter der Nahrung seine höchste Geist-Stufe erreicht, der Herzquell der Sophia, die Nahrung der Mitte . . . Ein neues ›Organ‹ wird sichtbar, das als Herzbrust die geistnährende Weisheit des Gefühls und der Mitte, nicht des Kopfes und des Oben, ausströmen läßt.«[51] Deshalb wird auch der bedeutende Mystiker, Prediger und Ordensmann Bernhard von Clairvaux (1090–1153) auf verschiedenen Bildern dargestellt, wie er einen Milchstrahl aus der Brust von Maria empfängt.

Das Motiv des nährenden Herzquells, aus dem die Milch der Weisheit kommt, ist auch im Gemälde Memlings angedeutet. Das milchige Weiß von Katharinas Brustgewand fließt wie ein kleiner Strom durch das Band einer Schärpe in den inneren linken Bildraum, der als die innerste Ebene des Seelenlebens der Heiligen gedeutet werden kann. Das weiße Band weist zur Gestalt eines Lammes, das auf Katharina zugeht. Es ist das Symbol des sich opfernden Jesus Christus, dem Katharina folgt.

Der weite goldgelbe Rock des Gewandes der Heiligen ist mit prächtigen Blütenornamenten verziert, die die Schönheit ihrer »blühenden« Seele unterstreichen. Die gleiche Ornamentik finden wir in reicher Pracht als Thronschmuck hinter Maria, wiederum ein verschlüsselter Hinweis auf die Ähnlichkeit der geistigen Mutter mit ihrer jungfräulichen Tochter. Das Goldgelb des Gewandrockes von Katharina ist Sinnbild des ewigen Lichtes Gottes und der Fülle seiner Offenbarung. Gold gilt als »Archetyp der Vollendung«[52]. Es ist Zeichen der Unsterblichkeit, die Katharina durch ihre Verlobung erlangt, und Abglanz der himmlischen Heimat, in die sie bald für immer einkehren wird. Zu den Füßen liegt ein mit Kreuz- und Sternensymbolik verzierter Teppich, der von der erlösenden Macht des Kreuzes auf den Ebenen der Erde wie des Himmels spricht. Darauf liegen auch die Attribute der Märtyrerin, das zerbrochene Rad und ein gewaltiges Schwert. Gegenüber, auf der rechten Bildhälfte, etwas abseits, sitzt im schlichten grünen Gewand die heilige Barbara, ebenfalls eine der beherrschenden Heiligengestalten des Mittelalters, wie eine Brautzeugin. Der Bildraum, der Katharina zugeordnet ist, entspricht symbolisch den Ebenen des Ursprungs, des Anfangs, der Geburt[53]. Hier bezieht sich die Bildfläche auf die geistige Wiedergeburt der Seele durch die mystische Verlobung. Katharina hält ihre linke Hand dem Jesuskind entgegen. Das Jesuskind ist Katharina zugewendet und streift ihr einen Ring an den Ringfinger, Zeichen der Ganzheit und Geborgenheit in der Fülle des Göttlichen. Maria als beherrschende Gestalt dieser Szene blickt nicht zu den sich Verlobenden, sondern in die Heilige Schrift, die ihr von einem Engel gereicht wird. Sie wirkt wie eine Priesterin, die das Verlöbnis segnet. Ihre rechte Hand, die das Jesuskind hält, liegt dicht bei den sich berührenden Händen von Katharina und Jesus. Sie ist die himmlische Mutter, die das Geschehen lenkt.

Das Christuskind trägt auf diesem Bild keine Kleider. Es ist im Zustand der Unschuld und Reinheit, die frei ist von falschen Vorstellungen und Projektionen. In der christlichen Mystik wird das Jesuskind als Sinnbild des inneren Lichtes, als Symbol des göttlichen Geistfunkens gedeutet, der im Herzen eines jeden Menschen wohnt und dort wie ein Kind sich entwickeln und mehr und mehr heranwachsen möchte. Mit der mystischen Verlobung beginnt dieser Prozeß, den Walter Lutz wie folgt beschreibt: »Den göttlichen Geistfunken aus dem Kerker dieser Umhülsung (des Körpers und der Seele) nach und nach mit der Gnadenhilfe Gottes zu befreien und ihn zur vollen Herrschaft über unsere Seele und unser ganzes Sein und Wesen zu bringen – das ist die große, heilige Aufgabe unseres menschlichen Lebens, deren Erfüllung wir womöglich schon hier im irdischen Dasein als unsere ›geistige Wiedergeburt‹ erreichen sollen.«[54]

Das Leben der heiligen Benediktinerin Veronica Guiliani (1660–1727) war reich an mystischen Erfahrungen und Offenbarungen. Sie erlebte wie die heilige Katharina die himmlische Hochzeit in einer Vision am 11. April 1694, indem ihr Jesus einen mystischen Ring überreichte. Zeitgenossen bestätigten in den Heiligsprechungsakten, daß der Ring »an ihrem Ringfinger steckte wie irgendein normaler Ring. An seiner Oberseite erschien ein erhabener Stein von der Größe einer Erbse und von roter Farbe.«[55] Nicht immer sichtbar und für jeden wahrnehmbar, konnten dennoch zahlreiche Personen den Ring zu gewissen Zeiten deutlich erkennen.

Das Rad des Lebens

Ein Aspekt der göttlichen Weisheit, wie sie sich in der heiligen Katharina manifestiert, zeigt sich im Symbol des Rades, mit dem sie auf fast allen Darstellungen abgebildet ist. Die Räder, mit denen Katharina hingerichtet werden sollte und die von einem Engel zerstört wurden, sind auf diesen Darstellungen zumeist zu einem Rad zusammengefaßt, das manchmal zerbrochen oder aber auch unversehrt in den Händen oder zu Füßen der Heiligen gezeigt wird.

Ein zerbrochenes oder unversehrtes Rad kann völlig unterschiedliche Interpretationen ermöglichen, die jedoch im Hinblick auf die Gestalt von Katharina die gleiche spirituelle Aussage enthalten.

Sonne und Spinnrad

Das ungebrochene Rad in Katharinas Hand gilt im Volksglauben des Mittelalters schon bald nicht mehr als Zeichen ihres Leidens, sondern als Symbol des Sonnenrades, des göttlichen Lichtes[56]. Auf zahlreichen alten Darstellungen ist das Rad des Sonnenwagens oder das Bild der rollenden Sonnenscheibe mit vier oder acht Speichen versehen wie nun das Rad von Katharina[57]. Die Aufteilung des Sonnenrades ist ein Hinweis auf den Lauf durch die vier Weltgegenden oder die acht Richtungen der Windrose[58]. Als Tochter der Sonne besitzt Katharina die himmlische Macht, in alle Weltgegenden ihre Strahlen hinauszusenden, ihre Hilfe sichtbar und fühlbar werden zu lassen.

Katharinas Rad legte aber auch Assoziationen an das Spinnrad nahe, vormals nicht nur ein Attribut der Göttin Freya, sondern auch keltischer wie römischer Muttergottheiten, den sogenannten Matrones, die den Lebensfaden der Menschen und ihre Schicksalsbänder spinnen. Wenn im Sommer die Strahlen der Sonne durch das Laub der Bäume fielen, lag die Assoziation nahe, daß die Göttin Fäden aus Licht, auch goldene Gewebe spinnen könnte. In dieser Anschauung wird die Sonne zum himmlischen Spinnrad, das den Faden des ewigen Lebens spinnt, aus dem einst auch unser geistiges Gewand gewirkt werden wird.

Das Bild des Spinnrades enthält zugleich eine astralmyhtologische Symbolik. Die drei Gürtelsterne des Orion wurden bei den Germanen »Spinnrocken der Fricka« genannt. Weiter oben war das Sternbild des Orion uns bereits als Symbol der germanischen Göttin Holda begegnet[59]. Wenn der Orion am nächtlichen Himmel erschien und das Jahr zu Ende ging, begann im germanischen Jahresablauf die besondere Zeit der Holda (oder Freya) als Schutzherrin der Spinnerinnen. Sie schaute nun in den Stuben nach, ob der Flachs gesponnen war. Sie belohnte die fleißigen Spinnerinnen und bestrafte die faulen, wobei auch hier die geistige Dimension des Wirkens des Lebensfadens, in der jeder Mensch zur »Spinnerin« wird, nicht übersehen werden sollte[60]. Daher war der 25. November Festtag der Göttin Freya. An ihrem Feiertag wurde nicht gearbeitet. Ihr zu Ehren standen alle Spinnräder still. Mit der Christianisierung wurde der 25. November Katharinentag: »*Am Kathreinentag darf kein Rad rundgehen.*«[61] Die Heilige, auf die dieser bedeutsame Aspekt der Göttin Holda übertragen wurde, ist nun die neue Schutzpatronin aller spinnenden und nähenden Frauen. Wie abschätzig diese wichtigen Tätigkeiten und das Schutzpatronat der Heiligen heute im Bereich der männlich dominierten Theologie gesehen werden, mag ein Zitat aus dem Jahre 1979 belegen: »Da kann das Rad wieder zum Zeichen des Verderbens werden, des seelischen Verderbens, das durch Mode und Putzsucht heraufbeschworen wird.«[62]

Im Zusammenhang mit der Radsymbolik kommt dem Katharinentag, der mit dem 25. November kurz vor dem Ende des Kirchenjahres gefeiert wird und zum Advent überleitet, als dem Festtag der himmlischen Weisheit eine weitere Bedeutung zu, zumal er genau einen Monat vor dem Weihnachtsfest liegt. Das kosmische Jahr hat sich wie ein Rad gedreht, der Katharinentag bildet in den Schauungen von Anna Katharina Emmerich den Rahmen für den »Rechnungsabschluß zwischen der irdischen und himmlischen Kirche«[63]. Die Seherin erlebt in einer Vision am 3. Dezember 1821, wie viele Schätze und Gnaden durch den Himmel über die Menschen ausgegossen werden »und wie übel einzelne Mitglieder mit ihnen wirtschaften. Es ist, als wenn ein herrlicher Garten über einem verwüsteten Lande stände und tausend und tausend Schätze niedersenkte, die unten nicht empfangen würden, so daß die Felder verwüstet und die Schätze verschleudert blieben ... Ich sah aber, wie die heilige Jungfrau (Maria) den Ausgleich besorgte ... welche in der Form eines mühsamen Einsammelns von allen Früchten und Kräutern und aller schweren Bereitung stand und auch wieder in unzähligen Bildern von Kirchenwäsche und Reinigungen.«[64]

Rad der Gebundenheit

Mit dem Bild des sich drehenden Rades verbinden sich nicht nur positive Bezüge an die freundlich scheinende Sonne, an die Lichtseiten des Lebens. Es weist auch auf die Schattenseiten und die Bereiche von Unterwelt und Tod hin[65]. Als Bild für das Auf und Ab des Lebens ist das Rad in der Antike ein

Symbol des Grabes. Plutarch schreibt in einem Beileidsbrief zum Tod von Apollonius:

»Des Rades Drehen bringt die eine Felge erst
und wechselweise nun die andre auch herauf.
Der Sterblichen Geschlecht geht, wie das Pflanzenreich,
in Kreise stehts. Der eine blüht zum Leben auf,
indes der andere stirbt und abgemäht wird.«[66]

An das Bild des rollenden Rades heften sich Gedanken an Sünde und Schuld[67]. In einem indischen Gedicht werden die bösen Taten eines Mönches, die ihn in die Hölle bringen, beschrieben:

»Dem Rad verfielst du, Neues wünschend.
Dem Manne, den die Lust vernichtet,
Das Höllenrad zu Häupten schwebt.«[68]

Das hier genannte Höllenrad ist das »Rad der Existenz«, das Leben selbst. Nach buddhistischer Lehre zeigt das sogenannte (tibetisch-tantrische) *Lebens-Rad* sechs Haupttypen weltlichen Daseins, sechs mögliche Welten:

Die *»der Erleuchteten,* den göttlichen Menschen, den Heiligen, den Heil-Gewordenen.

Der Heraus-Gehobenen, den Menschen, der über sich selbst hinausgewachsen ist, den Künstler, den Dichter, den Wissenden.

Der Welt- und Kindermenschen, den Menschen, mit seinem Alltag beschäftigt, den Spielenden, den sich auf vielerlei Weise Darstellenden.

Der Gierigen, den in seinen Greifeakten verhafteten Menschen, den Macher in Profit und Geschäft.

Der Animalität, dem Menschen, in dem sich Tierisches darstellt (denn in keinem Tier kann sich das Animalische so sehr verkörpern wie in einer menschlichen Form).

Der Dämonen, den schrecklichen Menschen, den Vernichter, den Feind allen Heils.«[69]

Diese Bereiche und Erscheinungsformen sind als Persönlichkeitstypen und Lebenssituationen zu verstehen, die sich durch einen Grundcharakter auszeichnen und deutlich werden.

In diesem Sinne ist auch das in der mittelalterlichen Symbolik häufig dargestellte Glücksrad, von der römischen Göttin Fortuna gedreht, ein Unheilsrad, eine ständige Erinnerung an Vergänglichkeit und Tod. Derjenige, der für kurze Zeit auf

Mittelalterliches Glücksrad
Zeichnung nach einem Fragment eines Freskos in der Kathedrale von Rochester (um 1270)

dem Gipfel angelangt ist, hat gleich wieder den Abgrund vor Augen[70]. In seiner Verbindung zu Unterwelt, Vergänglichkeit und Tod ist das Rad auch zum Symbol der strafenden Gerechtigkeit geworden, war das »Rädern« eines Verurteilten eine kultische Handlung, die auf Vernichtung und Auslöschung des Bösen abzielte[71].

Daher wird das zerbrochene Rad in den Darstellungen Katharinas ein Zeichen dafür, daß durch ihre Glaubenskraft an Jesus Christus die Anbindung an das Rad des Todes und der leidvollen menschlichen Daseinsformen zerbricht. Das Rad der Gebundenheit kann in der Katharinenlegende von Engeln, von geistigen Kräften zerstört werden, weil die Jungfrau zum Kaiser spricht: »Wenn du dich durch den Geist lenken läßt, wirst du König sein, ein Sklave aber, wenn dich der Leib regiert.«[72] Das zerbrochene Rad in der Katharinenlegende ist auch Ausdruck für die sichtbare spirituelle Hilfe, die der Gläubige erfährt, der sich in Todesnot unter den göttlichen Schutz stellt. Sterbende dürfen mit der Hilfe von Katharina darauf vertrauen, daß auch ihr »Schicksalsrad« durch die göttliche Hilfe zerbrochen wird. Das Rad als altes Zeichen für den Eingang in die Unterwelt ist nun überwunden[73]. Der Weg ist ins Licht geöffnet. Durch diesen symbolischen Hinweis in der Legende und durch das Fürbittgebet, das Katharina vor ihrer Enthauptung für alle spricht, die sie in Todesnot anrufen werden, ist die Heilige zu einer der bedeutendsten Sterbepatroninnen geworden. Zahlreiche Visionen und Wunder berichten von ihrer Hilfe beim Sterben als Begleiterin ins Licht.

Katharina hilft aber auch denen, die vom Standpunkt der Kirche aus zu ewiger Verdammnis verurteilt sind. Eine Selbstmörderin beschreibt in einem Bericht aus dem 16. Jahrhundert, wie sie auf Fürbitte der Heiligen nach einem gelungenen Selbstmord noch einmal in ihren irdischen Körper zurückkehren darf, um dann ein besseres Leben zu beginnen:

»Dann da ich mich vor Leid getödtet
Und lag in allen meinen Nöthen,
Zu mir kamen die helschen Knaben,
Mein Seel woltend sie genommen haben;
Aber die heilig Catharein,
Die half mir aus den Nöthen meim
Und bat für mich mein Herrn und Gott,
Daß er wider vereinigen sott
Mein Leib und Seel zusammen ließe,
Daß ich vor wider ab könt bießen
Und nicht so jämmerlich sterben
Und also in meir Sünd verderbed.«[74]

Im persönlichen Leben ihrer Verehrer erscheint Katharina als mächtige Seelenführerin, die ihren Schützlingen zur Überwindung der dunklen Abschnitte im Rad des Lebens hilft. So gesehen ist sie wirklich »Tochter Sonnenstrahl«, ein Lichtschein in der Finsternis, der zur göttlichen Sonne führt.

Blick aus den Fenstern der Dreifaltigkeit – Barbara

Der Name Barbara bedeutet im Griechisch-Lateinischen Fremde, Ausländerin. Mit diesem Namen der Heiligen wird angedeutet, daß sie nicht der irdischen Welt angehört, sondern der himmlischen Heimat, zu der sie zurückkehren wird. Die Legende der heiligen Barbara stammt aus dem 6. Jahrhundert. Sie erzählt das Leben einer jungen Märtyrerin aus Nikodemien (dem heutigen Izmir, Türkei), die im Jahre 306 hingerichtet wurde. In die Legendenfassung sind Motive aus dem antiken Danaemythos sowie der altjüdischen Asenath und Josepherzählung eingegangen.

Die heilige Barbara mit dem Turm
Meister der heiligen Barbara in Matera (um 1430)

Erzählt wird von der Tochter eines wohlhabenden Griechen. Die schöne und kluge Barbara, die einzige Tochter ihres Vaters, wird von diesem in einen Turm gesperrt, damit niemand sie verderben kann. Der Vater verreist und läßt Barbara mit einer Magd einsam im Turm zurück. »Barbara lebte einsam im Thurme, aber gerade diese Einsamkeit war es, welche sie veranlaßte, über Dinge nachzudenken, an welche sie im Umgange mit Menschen und in den Zerstreuungen des Lebens wohl nie gedacht hätte. Sie betrachtete oft von den Fenstern des Thurmes aus die blumenreichen grünen Fluren, die sich vor ihren Blicken ausbreiteten; sie dachte nach über den regelmäßigen Wechsel der Jahreszeiten und wie jede Jahreszeit dem Menschen Nutzbares und Erfreuliches bringe. Dann erhob sie den Blick empor zu den Wolken des Himmels. Da sah sie die strahlende Sonne, den leuchtenden Mond, die glänzenden Sterne. Sie dachte nach über ihren wunderbaren Lauf und ihre Pracht am Himmelsraume. Staunen ergriff sie, eine wunderbare Ahnung.«[1] Barbara lernt durch die Anschauung der erschaffenen Dinge, daß aus dem Unsichtbaren das Sichtbare entstanden ist (vgl. Hebräer 11,3). Durch Schriftwechsel mit christlichen Gelehrten bekehrt sie sich in der Einsamkeit ihres Turms zum Christentum.

Als Zeichen ihrer Bekehrung läßt sie in das Badezimmer, das als einziger Raum des Turmes zwei Fenster hat, noch ein weiteres Fenster einbauen. Dort empfängt sie ihre Taufe. Durch diese drei Fenster betrachtet sie betend die Geheimnisse der Heiligen Dreifaltigkeit.

Der zurückkehrende Vater hört in großem Zorn von der Bekehrung seiner Tochter. Barbara muß in ein nahes Gebirge flüchten, um nicht von ihm getötet zu werden. Dort verbirgt sie sich in einer Höhle, wird aber von einem Schafhirten an ihren Vater verraten. Dieser liefert sie dem Statthalter aus, vor dem sie die Götter anbeten soll. Das Mädchen weigert sich und wird grausam gefoltert, aber im Kerker erscheint ihr Jesus Christus im himmlischen Glanz und heilt ihre Wunden. Aufgrund ihrer Standhaftigkeit wird sie erneut den schlimmsten Martern unterworfen und dann zum Tod durch das Schwert verurteilt. Barbaras Vater bittet den Statthalter, seine Tochter eigenhändig enthaupten zu dürfen. Nach dem Tode des jungen Mädchens wird der Vater auf dem Richtplatz von einem Blitzstrahl erschlagen und verbrannt. Auf Gemälden wird die heilige Barbara zumeist mit dem dreifenstrigen Turm abgebildet. Manchmal hält sie auch einen Kelch mit der Hostie.

Mit dem Blitz in der Hand

Die heilige Barbara gilt als Beschützerin vor Feuersnot, Blitzschlag und Gewitter. Neben zahlreichen anderen Schutzfunktionen, die ihr zugeschrieben werden, ist sie auch die Patronin der Bergleute, denen sie Licht in die Tiefe der Erde bringt[2]. Als Blitz- und Feuerheilige wird die Gestalt der Heiligen in Visionen und Wundern erlebt. Ein Bericht von 1448 schildert die Hilfe der Heiligen für einen Mann, der in seinem brennenden Haus eingeschlossen war: »Siehe, da steht plötzlich wunderbar eine schöne Jungfrau vor ihm, wehrt mit ihrem Mantel das Feuer ab, nimmt ihn bei der Hand und führt ihn mitten durch die Flammen in das Freie.« Dort spricht sie zu ihm: ›Ich bin Barbara, die du täglich verehrt und angerufen.‹«[3]

Das feurige Element ist ein Symbol der göttlichen Liebe[4]. Der Blitz in den Händen der heiligen Barbara ist eine elementare Visualisierung der göttlichen Liebeskraft, die ihr aufgrund ihrer Liebe zu Christus und Nachfolge von Gott geschenkt ist. Sie hat durch ihr Leiden Anteil an überirdischer Machtfülle erworben und erscheint nun als Mitglied jener himmlischen Welten, die sich die Naturgesetze durch göttliche Vollmacht unterwerfen. So wirkt die Zerstörung eines alten Barbaraheiligtums beim Kloster Speinshardt in der Oberpfalz durch einen Blitz im April 1914, vier Monate vor Ausbruch des Ersten Weltkrieges, wie ein warnendes Himmelszeichen[5] und Andeutung der zukünftigen Veränderungen in dieser Region, in der heute, in unmittelbarer Nähe des heiligen Ortes, der größte Truppenübungsplatz der Bundesrepublik liegt.

In Anlehnung an die mythologische Bildsprache der germanischen Religion ist der Blitz nicht nur ein Symbol der Zerstörung, sondern auch Sinnbild für einen kosmischen Schlüssel, der einen Blick in die lichterfüllte »feurige« Himmelsburg ermöglicht[6]. Er ist ein Zeichen dafür, daß die Erleuchtung durch das Göttliche wie ein Blitz »durch einen intuitiven Vorgang, der spontan und natürlich ist«[7], geschieht und nicht durch festgelegte Lehren[8]. Bei den Germanen ist es neben dem rätselhaften und vieldeutigen Gott Loki[9] Frau Holda, die als Wolken- und Gewittergöttin mit dem Blitz erscheint. Nach der Christianisierung, als die Göttin Holda zu Maria geworden war, lautete ein alter Kinderreim aus Tirol:

»Es donnert und blitzt;
Im Himmel droben sitzt
Die Mutter des Herrn,
Hat goldene Kern,
Hat goldene Kugeln.
Sie glitzen und blitzen.«[10]

Die heilige Barbara als Himmelstochter Marias hält den Blitz in ihren Händen. Mit diesem Himmelsschlüssel reißt sie den Menschen den Blick in den Himmel auf, was auf ihre bedeutende Funktion als Sterbepatronin hinweist.

Die Schwester Katharinas

Im Kapitel über die heilige Katharina wurde dargestellt, daß verschiedene Aspekte der germanischen Göttin Holda, die von ihren himmlischen Töchtern repräsentiert wurden, nach der Christianisierung in Maria und einigen weiblichen Heiligen als geistigen »Marientöchtern« weiterleben.

Auf unzähligen Altarbildern des Mittelalters sind Katharina von Alexandrien und Barbara als »kultisches« Zwillingspaar vereint[11]. Sie stehen nebeneinander in den Scharen heiliger Jungfrauen, im Verein der 14 heiligen Nothelfer oder umrahmen ihre himmlische Mutter Maria (Tafel II). In ihrer Gegenüberstellung verkörpern sie eine spirituelle Schwesternkonstellation, in der zwei unterschiedliche Bewußtseinsebenen als Zugänge zum Glauben personifiziert sind. Katharina, die strahlende, reich geschmückte Seelenbraut, symbolisiert dabei durch ihr »Sonnenrad« den leuchtenden Aspekt des Tages, die Strahlen des Lichtes. Sie steht zumeist links und blickt nach rechts, was in der symbolischen Richtungsdeutung (im Sinne der abendländischen Schriftbewegung) das Wachsen und Werden in die äußere Welt beschreibt. Ihr Element ist das öffentliche Wirken, das Hinaustreten in die materielle Welt, die von ihrer himmlischen Schönheit als Verlobte Jesu überwältigt werden wird. Die heilige Barbara erscheint hingegen auf zahlrei-

Maria im Kreise ihrer Himmelstöchter. Zu Füßen der göttlichen Mutter sitzen sich gegenüber das kultische Zwillingspaar Katharina und Barbara, rechts über Barbara die heilige Margaretha.
Das Gemälde von Hans Memling (um 1475) zeigt die »Mystische Vermählung der heiligen Katharina«.

chen Bildern sehr viel schlichter und einfacher dargestellt. Auf der rechten Seite stehend und nach links, nach innen blickend, kennzeichnet sie den Abschluß der nach außen gerichteten Bewegungen, die in ihrer Gestalt enden. Introvertiert, verkörpert sie den Zugang zu den Mysterien des Glaubens durch Stille und Kontemplation, wie im folgenden noch ausführlicher aufgezeigt werden wird. Sie steht für den nächtlichen Bereich, die stille Zeit der Seele, die Wendung nach innen. Als bedeutende Sterbepatroninnen des Mittelalters personifizieren Barbara und Katharina aber auch die unterschiedlichen Bewußtseinsprozesse beim Sterbevorgang und schützen vor einem unvorbereiteten Tod, der dem mittelalterlichen Menschen als große Gefahr erschien.

Katharina tritt als diejenige Schwellenbegleiterin auf, die den Prozeß der Loslösung vorbereitet, indem sie dem Sterbenden liebevoll, fast zärtlich bei der Ordnung und Neuregelung unerledigter oder nicht bewältigter Angelegenheiten zur Seite steht. Wenn dieser Prozeß der Klärung des Tagesbewußtseins abgeschlossen ist, führt die heilige Barbara als Himmelsschwester in den Zustand der inneren Einkehr, die den Übergang einleitet. Das Symbol des Turmes und des Abendmahlkelches sind dabei die Zeichen ihrer spirituellen Macht. Deshalb zündeten die Menschen an den Feiertagen der beiden »Geschwisterheiligen« Lichter an, um ihre Fürbitte vor einem jähen Tod zu erlangen.

Der Turm mit den drei Fenstern

Der Turm ist ein uraltes Symbol von kosmischer Bedeutung, das uns in Mythen, Sagen und Märchen immer wieder begegnet. Er gilt als Wahrzeichen der Jungfrau, die in einem Zwischenzustand, in Unberührtheit und Abgeschiedenheit, nicht nur von einem Mann, sondern von der äußeren Welt lebt. Die Jungfrau, die sich Christus geweiht hat, so sagt die verschlüsselte Sprache der Legende, hat sich noch nicht auf das Versprechen der Materie, auf die Welt des schönen Scheins, der nur zur Ent-Täuschung führen wird, eingelassen[12].

Auf unzähligen Abbildungen der jungfräulichen Barbara ist der Turm rund und gleicht so von oben gesehen einem geschlossenen Kreis. Der Turm symbolisiert Geborgenheit und

Umschlossensein, aber durch seine Höhe auch die Verbindung zwischen Himmel und Erde[13] und ist damit Ausdruck für den besonderen Geisteszustand der heiligen Barbara. Denn »die Art des Raumerlebnisses oder der Raumwahrnehmung«, so der buddhistische Lehrer Lama Govinda, »ist charakteristisch für die Dimension unseres Bewußtseins.«[14] Daher steht im biblischen Buch der Sprüche: »Ein fester Turm ist der Name des Herrn, dorthin eilt der Gerechte und ist geborgen« (18,10). Die Rundheit des Turmes ist ein treffendes Bild für das göttliche Insichsein[15] und Kennzeichen des mütterlichen Aspektes im Göttlichen. In der Geborgenheit des Runden vollziehen sich wie im mütterlichen Schoß Wachstum und Wandlung[16] und entsprechend die spirituelle Entwicklung der heiligen Barbara. So heißt es auch in einem Gedicht von W. Rink, Maitrîpâda-Sahara-Dunom-G (1988):

»Ein Heiliger ist HEIL,
weil er auf Dauer, an-Haltend,
in einer RUNDEN Um-Gebung ist
und nicht, wie die Welt- und Kindermenschen,
in einer eckigen, unüberschaubaren,
die Schau verstellenden.

In Ecken nisten Ansichten, Vorstellungen
und Meinungen, in ihnen bilden sich
die Gitterstäbe der Be-Griffe . . .«

In der Umschlossenheit des Turmes, der in seiner Enge auch Sinnbild des Geburtskanals ist[17], geschieht im Badezimmer der Heiligen, »zwischen Himmel und Erde«, ihre geistige Wandlung durch die heilende Reinigung der Taufe, die ihre geistige Wiedergeburt in Jesus Christus vorbereitet. Die geistige Wiedergeburt der heiligen Barbara kündigt sich auch im Bild der drei Fenster an durch den Einbruch und die Ausschüttung des himmlischen Lichtes. Diese Fenster sind »Orte der Grenzüberschreitung zwischen übernatürlicher und diesseitiger

Farbtafel II
Verlobung der Heiligen Katharina
Die Madonna mit dem Kinde und den Heiligen Margaretha, Katharina, Dorothea und Barbara vor einem von Engeln gehaltenen Vorhang
Lucas Cranach d. Ä. (1472–1553)

Welt«[18], durch die hier die gesamte Lichtfülle der dreifaltigen Gottheit fließt.

Hildegard von Bingen sieht in einer Vision den Turm mit den drei Fenstern. Eine Stimme vom Himmel sagt ihr: »Der Turm, den du siehst, versinnbildlicht daher die Feuerlohe der Gnadengaben des Heiligen Geistes... Oben hat der Turm drei Fenster, aus denen so heller Glanz hervorbricht, daß in seinem lichten Widerschein sogar das sich wie zu einem Kegel emporwölbende Dach des Turmes klarer hervortritt. Das deutet auf die unaussprechliche Dreieinigkeit, die sich durch die Ausgießung der herrlichen Gaben des Heiligen Geistes offenbart.«[19] Indem die heilige Barbara durch den Glanz des Vater/Mutter-Gottes, durch Jesus Christus und den Heiligen Geist berührt wird, ist ihre Erleuchtung vollkommen.

Zu der Bedeutung dieser vollkommenen Erleuchtung für die menschliche Seele sagt ein Engel in den mystischen Aufzeichnungen von Jakob Lorber: »Nun seid ihr freilich wohl erst Embryonen im Mutterleibe, die mit der ihnen kleinsten Le-

Ikone der »Großmärtyrerin« Barbara
Die Ikone zeigt die Heilige im Zustand der völligen Erleuchtung.

benskraft keine Häuser bauen können; wenn ihr aber aus dem Mutterleibe des Geistes wiedergeboren werdet, dann werdet ihr also zu wirken vermögen, wie da wirkt der Herr . . . Siehe, dies wird Er zu euch sagen: ›Ich tue Großes vor euch, aber ihr werdet noch Größeres tun vor aller Welt!‹«[20]

So ist der Turm auf den Darstellungen der heiligen Barbara auch ein Sinnbild für den kontemplativen Zustand der Heiligen, durch den ihre Seele zu einem erleuchteten Tempel der göttlichen Dreifaltigkeit wird. Dieses Bild wird in der christlichen Mystik des Mittelalters zum Vorbild, zum Motiv der Andacht für die Gläubigen, die im Zustand der Stille die »Fenster ihrer Seele« dem göttlichen Licht öffnen. Dann gibt es nichts anderes mehr »als ein ewiges Schauen und Anstarren des Lichtes mit dem Licht und im Licht«[21].

Ein Turm mit drei Fenstern, der von einem Blitz getroffen und zerstört wird, ist die Karte Nr. XVI der großen Arkana des Tarot-Spiels, das seit dem Mittelalter zur esoterischen Situations- und Zukunftsdeutung herangezogen wird. Diese Karte »Der Turm« erläutert in ihrer symbolischen Auslegung

Tarot-Karte »Der Turm«

durch Arthur Edward Waite »auch auf eine höchst eindringliche Weise (in Erinnerung an den Turmbau von Babel) die alte Wahrheit, daß die Arbeit derer, die ein Haus bauen, vergeblich sein wird, es sei denn, der Herr baut es«[22]. Beim Ziehen und Legen der Tarotkarten wird der vom Blitz zerbrechende Turm oftmals von Menschen aufgedeckt, die sich vor oder in schwierigen Umbruchsituationen befinden und bei denen sich der Übergang in eine neue Lebensphase nicht langsam, sondern heftig und schmerzhaft, oft katastrophal vollzieht.

Was aber hat diese Tarotkarte mit dem Symbol der heiligen Barbara zu tun? Die Festigkeit seiner Mauern gleicht in der spirituellen Deutung des Mystikers Emmanuel Swedenborg himmlischen Wahrheiten, die gegen den mutwilligen Angriff des Falschen und Bösen schützen[23]. Da die Mauern jedoch auf dem Bild der Karte durch einen Eingriff vom Himmel, durch einen »Geistes-Blitz« zerstört werden, können wir in ihnen falsche »Gedanken-Steine« und Vorstellungen erkennen[24], die einen Turm des Hochmuts, Sinnbild von Babel, gebaut haben. Ein solches Gedankengebäude muß zerstört werden, um den Menschen frei für die Wirklichkeit zu machen, die um ihn liegt. Der Blitz, das göttliche Element der heiligen Barbara, bringt hier reinigende Flammen der Liebe, die eine neue Seelenentwicklung vorbereiten.

Sterbebegleiterin mit dem Kelch

Als Sterbepatronin wird die heilige Barbara seit dem 15. Jahrhundert immer wieder mit dem Abendmahlskelch und der Hostie dargestellt, weil ihr, so spätere Legendenfassungen, ein Engel die heiligen Sterbesakramente in den Kerker brachte. Mit diesen Attributen erscheint sie den Sterbenden, die sie anrufen. Sie reicht ihnen das letzte Abendmahl und beschützt vor einem Tod ohne den Segen des heiligen Sakraments. Damit rückt die heilige Barbara in unmittelbare Nähe zu Christus, da sie sich – wie Jesus in der Ölbergstunde – dazu durchgerungen hat, den Kelch des bitteren Leidens zu trinken. Der Donnerstag, dessen späte Nachtstunde (zwischen 23 und 24 Uhr) in der christlichen Kontemplationspraxis als »heilige Stunde« zum Gedächtnis an den leidenden Christus am Ölberg gefeiert wird, ist daher auch Barbaratag[25].

Der Inhalt des heiligen Abendmahlskelches

Der Kelch als enthaltendes und nährendes Gefäß ist in ihren Händen aber auch ein altes weibliches Symbol, das sich aus der Urerfahrung der Nahrung spendenden mütterlichen Brust entwickelt hat[26]. Die Gestalt der Heiligen, die den Sterbenden mit der göttlichen Speise ernährt, gleicht damit einer fürsorglichen Mutter, die ihre Kinder vor einem schweren Lebensabschnitt stärkt und kräftigt. Sie erinnert an die geheimnisvollen goldblonden Jungfrauen der keltischen Sagen, die den Helden einen stärkenden Zaubertrank aus goldenden Kelchen reichen, damit sie ihre gefahrvollen Wege sicher weiterziehen können[27]. Die Erscheinung der heiligen Barbara mit dem Kelch erinnert aber auch an die Gralshüterin, die bei der Gralsprozession in ihren Händen den Kelch vom letzten Abendmahl trägt, der nach der Legende einige Tropfen des kostbaren Blutes von Jesus Christus enthält. In der Parzivallegende wird sie beschrieben: »Von ihrem Antlitz ging ein Schein aus, daß alle meinten, es beginne zu tagen. Man sah die Maid gekleidet in Pfellel von Arabi. Auf grüner Achmardiseide trug sie ... ein Ding, das hieß der Gral.«[28]

Die Suche nach diesem heiligen Kelch, der nach der Parzivalsage wie zahlreichen anderen Legenden in der geheimnisvollen Gralsburg verborgen ist, ist ein zentrales Bild für die spirituelle Suche eines jeden Menschen, denn aus dem Gral zu trinken heißt sich an das Paradies zu erinnern und die Einheit der Seele mit Gott zu erlangen[29].

In einer Meditation über das göttliche Gefäß des Grals schreibt Lois Lang-Sims: »Die Heiligkeit des ursprünglichen Gefäßes leitete sich von seiner Einheit mit dem göttlichen Weiblichen her, das es in Form und Funktion manifestierte, genauso wie das Grab im Garten, der Schoß der Jungfrau – und die Jungfrau selbst. Unsere Meditation verbindet als Untrennbares miteinander den Leib und das Blut des heiligen Sakramentes und die leuchtende (da lichtdurchlässige) Gestalt der Theotokos, der Muttergottes. Maria wird mit Recht die Gottesgebärerin genannt, weil sie sich mit Herz und Seele dieser Funktion überantwortet hat, den Heiligen Geist auszutragen, dessen Verkörperung sie ist. Ihr eigener Leib bleibt unsichtbar, außer als Form oder Gefäß des himmlischen Lichts.

Ebenso ist der Gral das Gefäß des heiligen Blutes. Im Abendmahlskelch werden Wasser und Wein gemischt, um die Verbindung der Jungfrau mit ihrem Sohn anzudeuten. Wasser ist die Grundmanifestation spiritueller Lauterkeit; es ist das reinigende Element beim Taufritus. Blut (in Form von Wein) ist dem Feuer verwandt; aber noch fester als Feuer ist es der Wirklichkeit des göttlichen Lebens verbunden: Vergossen wird es zum heiligen Opfer, durch das die sündige Welt dem Tod entrissen wird. Der Gral als Kelch ist wie Dante Alighieris mystische Rose (die im Grunde die gleiche Bedeutung hat) das letzte Bild, ehe bei der Erkenntnis der Wahrheit alle Bilder wegfallen. Diese Erkenntnis wird uns allen im Augenblick des Todes zuteil, und sei es auch nur den Bruchteil einer Sekunde lang, sie eröffnet uns die Möglichkeit, uns hier und jetzt zu entscheiden, in die Gegenwart Gottes einzugehen.«[30]

Als Personifikation des Grals, als seine Botin, die dem Sterbenden mit dem heiligen Gefäß das Paradies öffnet und ihm durch das heilige Sakrament die Rückkehr zur Einheit mit dem göttlichen Schöpfer schenkt, begegnet uns in der Gestalt der heiligen Barbara wieder Sophia, Archetyp der heiligen Weisheit Gottes. Aus der mystischen Erfahrung der heiligen Sophia dichtet Wladimir Solowjew (1843–1900):

»Es erlischt in der Seele der Stachel der Sünde
Und die Furcht vor dem Tod.
Und ich schau ohne Angst in die dunkelsten Gründe,
Nichts ist da, was mir droht.«[31]

Blicken wir auf die zahlreichen Darstellungen der heiligen Barbara, wo sie neben der Gottesmutter Maria als deren Tochter und als Zwillingsschwester der heiligen Katharina abgebildet ist, so erscheint sie als ein weiterer personifizierter Aspekt der göttlichen Mutter. Als Gralsjungfrau spiegelt sie das mächtige Prinzip der weiblichen Göttlichkeit wider, das im Christentum neben Maria in solchen Heiligengestalten überlebt hat.

In einem Gemälde von Lukas Cranach, das Maria mit dem Kind, umgeben von Katharina und Barbara, zeigt, ist die Einheit der göttlichen Mutter-Tochter-Verbindung deutlich zu erkennen (vgl. Farbtafel). Allerdings ist es eines der letzten Gemälde vor den Umbrüchen der beginnenden Neuzeit, in

Die Gottesmutter als lebenspendende Quelle. Nach anderen Traditionen wird sie auch der goldene Brunnen genannt. Beide Motive erinnern an den Gral.

dem dieses Thema so offensichtlich dargestellt wird, und an diesem Bild ist auch bereits etwas von der Bedrohung abzulesen, der die weibliche Spiritualität durch die gesellschaftlichen Entwicklungen ausgesetzt werden wird. Denn die drei heiligen Gestalten stehen hier nicht mehr aufrecht, stolz und als mächtige Erscheinung an sich wie auf den mittelalterlichen Tafelbildern, sondern sie sind zusammengekauert, dichtgedrängt, als suchten sie Schutz und Hilfe in einer Umgebung voller Felsen und mächtig aufragender Gebäude, die im Hintergrund als herrschaftliche Burg das Prinzip der patriarchalischen Macht symbolisieren. Unter dieser Burg umgeben die heiligen Jungfrauen dichtgedrängt die göttliche Mutter wie eine Verbreiterung ihres Mantels, wobei sie zugleich zwei personifizierten Schutzflügeln gleichen. Sie wirken in dieser Zusammenfassung fast wie eine weiblich-göttliche Dreifaltigkeit, aus der das Jesuskind in die Welt ausgehen wird. Der heiligen Katharina als weisheitsvoller Tochter steht Barbara als Gralshüterin gegenüber. Im unteren Fenster ihres Turmes, der das Bild nach rechts, symbolisch gesehen gegen die äußere Welt, abschließt, ist fast verborgen der heilige Abendmahlskelch zu erkennen, wird der Turm zur geheimnisvollen Gralsburg, die das Sakrament umschließt. Die Bewegung in dieser dreifigurigen Komposition geht von Katharina aus, von ihrem roten, Liebesglut und Opferblut symbolisierenden Gewand, und weist über die Gottesmutter auf Barbara im grünen Kleid hin, die die Bewegung abschließt. Wenn auch verschlüsselt, wird damit gezeigt: Die mütterlich-göttliche Liebe führt über ihre Tochter die Weisheit zu Maria mit dem Jesuskind; so finden wir mit Barbara den Kelch des ewigen Lebens im Turm unseres Herzens und dürfen am Ende des irdischen Lebens durch die geistige Wiedergeburt in die himmlische Heimat einkehren.

Auf den meisten Gemälden trägt die heilige Barbara ein lichtes, grünes Gewand (vgl. Farbtafel: Die mystische Vermählung der heiligen Katharina von Hans Memling). Grün als die Farbe des Heiligen Geistes und der göttlichen Schöpferkraft ist auch Farbe der Versöhnung und der ewigen Barmherzigkeit Gottes[32]. Das lichte Frühlingsgrün kennzeichnet als Symbolfarbe weltweit Stirb- und Werde-Mythen und gehört zu den Farben, die von der Wiedererneuerung allen Lebens sprechen[33]. Nach islamischen Vorstellungen tragen die Rechtgläubigen im Paradies grüne Lichtgewänder, deren Schönheit »wie die Sonne glänzt«[34]. Im grünen Gewand und mit dem goldenen Gralskelch in der Hand kommt die heilige Barbara dem Sterbenden als strahlende Botin des ewigen Lebens entgegen:

»O heilige Barbara, du edle Braut!
Dir sei Leib und Seele anvertraut;
Sowohl im Leben als im Tod,
Komm mir zu Hilf in letzter Noth,
Und reiche mir vor'm letzten End'
Das allerheiligste Sakrament.«[35]

Darum fällt auch das Fest der heiligen Barbara am 4. Dezember in die dunkelste Zeit des Jahres, so es – neun Tage nach dem Katharinentag – wie ein vorbereitendes Licht auf das Weihnachtsfest scheint. Deshalb werden nach altem Volksbrauch am Barbaratag Zweige geschnitten und ins Wasser gestellt, damit sie am Weihnachtstag blühen können.

Patronin der Krebskranken

Keine offizielle kirchliche Stimme hat je in der heiligen Barbara eine Patronin der Krebskranken erkannt. Dennoch soll sie hier als solche vorgestellt werden. Eine Kunsttherapeutin, die mit todkranken Krebspatientinnen in einer Klinik arbeitet, hat sie als solche für ihre Arbeit entdeckt: »Als ich die Legende der heiligen Barbara gelesen habe, wurde mir bewußt, daß sie kein fernes Märchen ist, sondern für meine Arbeit mit schwerkranken Menschen wichtige Aussagen enthält. So spiegeln verschiedene Passagen der Legende ganz deutlich die Leidensstationen vieler krebskranker Menschen wider. Dem Symbol des Turmes entspricht für viele schwerkranke Menschen das Krankenhaus, in das sie von Autoritätsgestalten (Familienmitgliedern und Medizinern) eingewiesen wurden und aus dem sie nicht mehr nach ihrem freien Willen entkommen können. Der Blick nach außen bietet sich den Kranken, die sich eingesperrt fühlen, oftmals nur durch das Fenster. Nur noch durch diesen Spalt erfahren sie den Wechsel der Jahreszeiten, das Licht des Tages. Was mir die heilige Barbara als Patronin der Krebskranken so nahe bringt, ist auch ihr besonderer Bezug zum Feuer, denn die meisten meiner Patienten müssen durch die schwersten Bestrahlungen gehen und erleiden dadurch oftmals die größten Schmerzen, wie durch eine Folter. In ihren Ängsten, Schmerzen und Nöten sind sie häufig allein und verlassen wie die heilige Barbara von aller äußeren Hilfe im Kerker. Deshalb stelle ich mir vor, daß die heilige Barbara in ihrem grünen Gewand heilend an die Betten meiner kranken Patienten tritt, um ihnen Kraft und Zuversicht für den Übergang in die jenseitige Welt zu schenken. Ich bitte sie auch um Hilfe und Schutz bei den heftigen Auswirkungen der Bestrahlungen und der Chemotherapie. Früher einmal war die heilige Barbara ja auch die Schutzpatronin der Artillerie, um ihre Feuerkräfte zu lenken, aber ich glaube, heute, wo jeder dritte Mensch in der Bundesrepublik an Krebs erkrankt und mehr oder weniger mit dem Problem der Bestrahlungen konfrontiert wird, benötigen wir ihre Hilfe hier, ihre Fürbitte, ihre beschützende Begleitung.«

Drachenbezwingerin Margaretha

Der griechische Name Margarita bedeutet (Fluß-)»Perle«. In diesem Namen der Jungfrau und Märtyrerin Margaretha aus Antiochia, Kleinasien (gestorben 307), wird bereits ihre Heilkraft und ihre besondere Beziehung zum Element des Wassers deutlich. Die Empfehlungen der heiligen Hildegard von Bingen zur heilenden Wirkung der Flußperlen erscheinen wie ein symbolischer Hinweis auf die Gestalt von Margaretha, die fürbittend die Sorgen, die Not, den »Schmutz« der sie anflehenden Seelen zu Gott trägt und dadurch reinigend und heilend wirkt: »Die Margariten selbst sind rein. Solche Perlen also nimm und leg sie ins Wasser, und der ganze Schlier und Schleim in diesem Wasser sammelt sich um die Perlen, und das Wasser darüber wird gereinigt und gesäubert. Wenn ein Mensch Fieber hat, trinke er oft das darüberstehende Wasser, und es geht ihm besser . . .«[1]

Margaretha im Kerker
Lateinisches Stundenbuch (um 1420–1430)

Die Legende, die in unterschiedlichen Fassungen überliefert ist, erzählt von einer tugendhaften, schönen Jungfrau, die sich Christus geweiht hat und deshalb mit ihrem heidnischen Vater in Konflikt gerät. Nach der Legenda Aurea von Jacobus de Voragine (um 1263) ist Margaretha die Tochter eines adligen Tempelpriesters der Stadt Antiòchia. Nach dem Tod ihrer Mutter wird sie einer Amme übergeben, die auf dem Land lebt und Christin ist. Das heranwachsende Mädchen wird im christlichen Glauben erzogen und getauft. Deshalb zieht sie sich den Haß ihres Vaters zu. Als Margaretha fünfzehn Jahre alt geworden ist, hütet sie mit anderen Mädchen die Schafe ihrer Amme. Da kommt an jenem Ort der Präfekt Olybrius vorbei und verliebt sich in die schöne Jungfrau. Sie wird von seinen Sklaven ergriffen und dem Präfekten vorgeführt. Mit Verweis auf ihren christlichen Glauben lehnt sie den Heiratsantrag ab und weigert sich, den Göttern zu opfern. Der erzürnte Präfekt läßt das Mädchen foltern, »so daß das Blut von ihrem Leib wie aus einem klaren Quell floß«[2]. Im Kerker bittet Margaretha Gott, ihr deutlich den Herrn zu zeigen, gegen den sie kämpfen muß. Es erscheint ein ungeheuerlicher Drache und verschlingt sie. In ihrer Not macht Margaretha das Kreuzeszeichen. Das Ungeheuer zerspringt, und Margaretha bleibt unbeschadet. Der Drache aber verwandelt sich in einen schwarzen Mann, den Teufel, der den Sieg der Jungfrau über sich bekennt. Christus erscheint Margaretha und heilt alle ihre Wunden. Erneut wird sie dann dem Präfekten vorgeführt, der ihr abermals die Ehe anbietet. Die standhafte Jungfrau wird auf glühende Platten gelegt und dann in ein Gefäß mit Wasser getaucht. Dieses zerspringt jedoch durch ein Erdbeben, und die Jungfrau kommt vor aller Augen unversehrt heraus. Nach einer anderen Legendenfassung wird die Heilige in den nahen Fluß geworfen: »Als die Wellen Margaretha aufnahmen, da lösten sich die Stricke von ihren Händen, die Erde erzitterte, es erschien oberhalb der Jungfrau eine weiße Taube, das Sinnbild der Unschuld, eine Stimme vom Himmel ertönte, und Margaretha stieg gereinigt und unversehrt an das Ufer.«[3] Fünftausend Menschen, so die Legende, werden durch dieses Wunder bekehrt und sogleich hingerichtet. Der Präfekt, voll Angst, daß sich noch mehr Menschen dem Christentum zuwenden, befiehlt die sofortige Enthauptung der Jungfrau. Vor ihrem

Tod bittet diese den himmlischen Vater um die Gnade, daß jede Frau, die sie bei schwerer Geburt anrufe, ein gesundes Kind gebären dürfe. Eine Stimme vom Himmel sichert ihr die Erhörung ihres Gebetes zu. Dann wird sie enthauptet.

Regengöttin und Geburtshelferin

Die Beschreibungen der Legende, die Margaretha durch das Wunder im Fluß (bzw. im zerspringenden Wassergefäß) als Herrscherin über das Element des Wassers zeigen, haben im Volksglauben schon frühzeitig (seit dem 10. Jahrhundert) zu einer Verbindung ihrer spirituellen Macht und Heilkraft mit dem Ausschütten des Himmelswassers, des Regens, geführt. Um Regen wird sie im Mittelalter fast überall angerufen, und ihre Bedeutung im religiösen Leben tritt erst zu Beginn der Neuzeit mit dem aufsteigenden Anna-Kult in den Hintergrund. Vor allem in Süddeutschland erreicht Margaretha den Rang einer Wettergöttin, die als Tochter der Himmelskönigin Maria (vormals der Göttin Holda) den Regen aus dem himmlischen Brunnen, dem Wolkengewässer, gießt oder schüttet[4]. Die Aufschrift einer Margarethen-Glocke, die als Bitte um himmlischen Beistand auch bei Unwettern in der badischen Stadt Waldkirch geläutet wird, besagt: »Margareta heiß ich, / Alle schweren Wetter weiß ich, / Alle schweren Wetter kann ich vertreiben . . .«[5] In einem alten Kinderlied aus Schleswig-Holstein heißt es: »Da hängt die Glocke an der Wand, darauf sitzt Margarethen, läßt das Wasser fließen, darüber sitzt Maria mit dem kleinen Kind im Schoß.«[6]

Margaretha prägt als Wetterfrau den bäuerlichen Jahresablauf und ist Schutzherrin der Bauern. So bestimmt der Sachsenspiegel im 13. Jahrhundert, daß die Ernte dem gehört, der das Feld bis zum Fest der heiligen Margaretha am 20. Juli bestellt hat[7]. Nach der Heiligen werden auch die Margaritenblumen benannt, die im Volksglauben bis heute als Sinnbild der Unschuld und Reinheit gelten[8].

Als Regenheilige steht die Gestalt von Margaretha für Wachstum und Fruchtbarkeit, nicht nur im Hinblick auf die heranreifende Ernte. Sie wird durch ihren spürbaren Beistand zur himmlischen Geburtshelferin für die Frauen des Mittelalters. Dieses Patronat bezieht sich direkt auf das Gebet der

Heiligen für Frauen in Kindesnöten, bevor sie hingerichtet wurde. In ihrer schweren Stunde vertrauen sich die Frauen durch Gebete, Anrufungen und Segenssprüche dem Beistand der Heiligen an. Bei schweren Geburten las man neben dem Evangelium »In principio« zusätzlich die Passion der heiligen Margaretha. Von seiten der Theologen wurden diese Bräuche mit Unbehagen gesehen. Man hielt es für unerlaubt und abergläubisch, von der Lesung direkte Hilfe in Geburtsnöten zu erhalten, und wollte es nur für statthaft halten, Trost und Ermutigung aus den frommen Worten zu ziehen. »Um diese theologische Unterscheidung kümmerten sich aber die Frauen nicht.«[9]

Auch auf der symbolischen Ebene verbindet sich die mächtige Fürbittkraft der heiligen Margaretha direkt mit ihrer Funktion als »Regengöttin«[10], zumal in der Bildsprache der Legende das Gefäß, in das die Heilige eingetaucht wird, zerbricht und wie beim Geburtsvorgang das Fruchtwasser zur Erde fließt. Zur Verbindung der Motive Wasser – Regen – Geburt in der Symbolsprache des Großen Weiblichen schreibt E. Neumann: »Als Himmelskuh nährt das Große Weibliche die Erde mit seinem Milchregen, und als Uterus ist es das Gefäß, das bei der Geburt ›gebrochen wird‹ und das Wasser ausströmen läßt wie die Erde, die wassergebärende Gottheit der Tiefe. Deswegen ist die Jungfrau nicht nur ein verschlossener Brunnen, sondern auch eine ›versiegelte Quelle‹.«[11] Die heilige Margaretha ist jedoch durch die geistige Machtfülle, die ihr durch die Aufnahme in den Himmel gegeben wurde, keine versiegelte Quelle mehr, sondern läßt durch ihre Fürbitte die Gnadenströme fließen. Margarethenheiligtümer befinden sich fast immer an heilenden Quellen[12]. Als »Regengöttin« und Quellheilige steht Margaretha an unterster Stufe der Himmels- und Wettertöchter Marias und damit in unmittelbarer Nähe zur Erde, zu den Menschen.

Das zerbrochene Wassergefäß, aus dem die Heilige unversehrt steigt, hat in der jüdischen Tradition einen besonderen Stellenwert als Versöhnungszeichen zwischen Gott und Mensch: »Das Zerbrechen der Gefäße«, im Hebräischen: schwiratz hakelim, ist in der jüdischen Tradition ein fester Begriff, der bis in viele Bräuche hinein Form angenommen hat. Denn was wahr ist, ist in allen Schichten wahr. Was oben ist,

ist auch unten. Bei einer Verlobung und bei einer Hochzeit wird zum Beispiel ein Gefäß mit Absicht zerbrochen, weil dann eben oben und unten, Mann und Frau, wie Himmel und Erde, ihren Weg zusammen zu gehen anfangen. Auch der Ausdruck »Scherben bringen Glück« will wohl das gleiche besagen. Aus der Vielheit beginnt der Weg, und das ist der Sinn der Schöpfung von der Vielheit zur Einheit[13].

Was aber ist die spirituelle Dimension des fließenden Wassers, das wie Regen aus dem zerbrochenen Krug fließt und Margaretha als Regenheilige auszeichnet? Ein wichtiger Hinweis findet sich in den Schriften des Propheten Jesaja. Gott spricht zu ihm: »Denn wie der Regen und der Schnee vom Himmel fällt und nicht dorthin zurückkehrt, sondern die Erde tränkt und sie zum Keimen und Sprossen bringt, wie er dem Sämann Samen gibt und Brot zum Essen, so ist es auch mit dem Wort, das meinen Mund verläßt: Es kehrt nicht leer zu mir zurück, sondern bewirkt, was ich will, und erreicht all das, wozu ich es ausgesandt habe. Voll Freude werdet ihr fortziehen, wohlbehalten kehrt ihr zurück« (Jesaja 55,10–12).

Margaretha ist danach die Überbringerin des göttlichen Wortes, das auf die menschliche Seele niederfällt und ihr Wachstum und reiche Ernte schenkt. Dieser himmlische »Wortregen« hilft der menschlichen Seele zur geistigen Wiedergeburt und damit zu einer glücklichen Heimkehr in die ewige Heimat. Die Heilige steht deshalb schützend und segnend den gebärenden Frauen bei, damit die Seelen, die sich in den Kindern verkörpern, »voll Freude« in das irdische Leben »fortziehen« und nach der ihnen geschenkten Lebenszeit wohlbehalten zu Gott zurückkehren dürfen. Sie ist »Wegweiserin für das religiöse Leben in der Welt«[14].

So betrachtet erscheint die heilige Margaretha wiederum als jugendliche Verkörperung der mütterlich-göttlichen Maria-Sophia, die in Tochtergestalt, als in die Zukunft weisendes Prinzip, die Ströme des Heiligen Geistes für Geburt und Wachstum schenkt. In den Bildern der Legende wird diese Verbindung in der nachdrücklichen Erwähnung der Beziehung zwischen der heranwachsenden Margaretha und ihrer Amme angedeutet. Durch ihre Amme ist die Heilige mit der »Milch des Geistes« im christlichen Glauben gestärkt und erzogen worden. Als schöne Jungfrau darf sie die Schafe ihrer Ziehmutter hüten, was ein Bild ihrer christlichen Nachfolge ist (vgl. Johannes 10,11). In dieses weibliche Universum der Geborgenheit, in der Margaretha mit ihrer Amme und anderen Jungfrauen lebt, bricht gewaltsam das männliche Element in Gestalt des Präfekten ein. Seinen konkreten sexuellen Besitzansprüchen setzt die Tochter von Maria-Sophia ihre Verweigerung entgegen. In diesem nach weltlichen Maßstäben ungleichen Ringen verleiht Gott-Vater-Mutter der Heiligen höchste himmlische Macht. Margaretha wird zur Kämpferin gegen das Böse, zur Drachenbezwingerin.

Das Symbol des Drachen ist ihr deshalb auf allen Darstellungen beigegeben. Margaretha ist damit, bis auf seltene regionale Abweichungen[15], die einzige Heilige, die neben Maria als der apokalyptischen Frau der Johannes-Offenbarung[16] den Drachen zu ihren Füßen hat, ein weiterer Hinweis auf ihre enge spirituelle Verwandtschaft zur Maria-Sophia[17]. Das Bild des Drachen steht, wie wir sehen werden, in der Margarethenlegende in enger Beziehung zur geistigen wie irdischen Geburt.

Geburt als Drachenkampf

Der Drache wie das Bild der Schlange erscheinen in der Margarethenlegende, wie in der christlichen Mystik überhaupt, als Symbol des Bösen, als Verkörperung der dunklen Mächte. Hierbei handelt es sich aber auch um eine negative Umdeutung eines alten kosmischen Heilssymbols, war doch die Schlange ursprünglich ein Symboltier der Sonne. Als dualistisches Zeichen der Wintersonnenwende hielt sie das Licht der Welt gefangen und brachte es gleichzeitig wieder. Daher war die Schlange seit der Steinzeit ein beliebtes Grabmotiv. In Megalithgräbern Irlands und der Bretagne finden sich Schlangenabbildungen, wird mit diesem Bild der Tod des Menschen als seine persönliche Wintersonnenwende gedeutet[18]. Die Verbindung mit Grabkulten hat vielleicht dazu geführt, daß das Zeichen der Schlange zwiespältig gesehen wurde und sich seine Identifikation mit den Mächten der Dunkelheit durchsetzte. Die alte Erinnerung an das einstmalige Sonnensymbol kommt noch durch, wenn in der Margarethenlegende die Gestalt der Drachen-Schlange mit dem feurigen Element assoziiert wird: »Seine Augen erglänzten wie Edelsteine, und aus seinen Naslöchern ging Feuer und Rauch aus, seine Zunge hing heraus, über seinen Hals wand sich eine Schlange . . .«[19]

Aus den umfangreichen Deutungsmöglichkeiten dieses Bildes[20] interessiert hier im folgenden die Verbindung Drache – Schlange – Feuer – Geburt. Der Geburtbericht einer Frau, der vielen anderen Geburtsschilderungen ähnelt, ist in diesem Kontext bedeutungsvoll: »Als die Wehen immer heftiger wurden, hatte ich das Gefühl, als schieße eine feurige Kraft aus meinem unteren Rücken hervor. Diese umwand mich in immer unerträglicher werdenden Schmerzen, und ich hatte für Stunden das Empfinden, in vollständiger Umschließung von glühenden Kontraktionen sterben zu müssen. In diesem Überwältigtsein fühlte ich eine entsetzliche Einsamkeit und Verlorenheit. Ich schrie um Hilfe.«

Diese Geburtsbeschreibung, die in ihrer Empfindungsebene nicht weit vom Bild des Drachenkampfes entfernt ist, beschreibt das Wachwerden der sogenannten Kundalini-Kraft, die hier durch die Heftigkeit der Wehentätigkeit ausgelöst wird. Der Begriff Kundalini stammt aus der klassischen indischen Yogatradition und bezeichnet die elementare Lebenskraft des Menschen, die an der untersten Basis des Rückgrates sitzt. Die Kundalini repräsentiert die göttliche kosmische Energie im Körper und gilt als manifest gewordene Energieform der Logoskräfte auf der physischen Ebene. Sie verbindet die Ebenen der Materie mit den Welten der Seele und des Geistes und wird, da sich ihre Ströme nach unten wie nach oben aufrichten, mit dem Bild einer feurigen Schlange dargestellt[21]. Im geistig strebenden Menschen fließt die Kundalini-Kraft, wenn auch oftmals nicht direkt spürbar, belebend nach oben und öffnet die Erfahrung mehr und mehr den höheren Welten. Im materiell strebenden Menschen, der sich im Eigenwillen, ohne Rücksicht auf die göttlichen Gesetze, von niedrigen Leidenschaften beherrschen läßt, entfaltet das Wirken der Kundalini jedoch zerstörerische Kräfte, wird ihre Kraft zur »bösen Schlange«. C. W. Leadbeater schreibt darüber: Aus dem »Laboratorium des Heiligen Geistes tief unten in der Erde stammt die Kraft der Kundalini in unserem Körper und gehört so jenem furchtbaren glühenden Feuer der Unterwelt an. Dieses Feuer steht in einem auffallenden Gegensatz zu dem Feuer der Vitalität, das ... seinen Ursprung in der Sonne hat und der Luft, dem Licht und den weiten offenen Räumen angehört; das Feuer aber, das von unten kommt, ist von mehr stofflicher Art gleich dem Feuer rotglühenden Eisens und geschmolzenen Metalls. Einen furchtbaren Aspekt hat diese ungeheure Kraft: Ein Niedersteigen in immer größere Tiefen der Materie, das sich in einer langsamen, aber unwiderstehlichen Bewegung mit unbarmherziger Gewißheit vollzieht.«[22]

Symbol der Kundalini-Schlange

Während des Geburtsvorgangs verleiht das »Schlangenfeuer« den Wehen der Mutter die notwendige heftige Gewalt, das Kind aus der Geborgenheit des Schoßes in das irdische Leben hinauszutreiben. Es hilft ihm dadurch, in die Materie niederzusteigen und seine Körperkräfte zu entfalten. Nun kommt es jedoch in der spirituellen Entwicklung des Kindes darauf an, daß die Kundalini-Kraft das Kind nicht weiter in der Materie verfestigt, es nicht wie die »böse Schlange« im Feuer der Leidenschaften verschlingt, sondern in ihm durch einen entsprechend geistig orientierten Lebensweg beginnt, aufzusteigen und den Einfluß der himmlischen Kräfte zu öffnen.

Margaretha mit dem Drachen, links der Evangelist Johannes
Meister des Bartholomäusaltars (um 1503), Ausschnitt

In der Bildsprache der Margarethenlegende zerspringt der Drache, der die Heilige im Prozeß der geistigen Wiedergeburt verschlungen hat, durch das Kreuzzeichen, das Margaretha macht. Diese mystische Schutz- und Abwehrgeste, die die »Torheit des Kreuzes«, den Sieg von Jesus Christus am Kreuz von Golgatha über die Mächte der Dunkelheit visualisiert, hat wiederum einen engen Bezug zur Wirkung der Kundalini-Kraft. Ihr Zentrum, das von hellsichtigen Menschen in den Feuerfarben Rot und Orange wahrgenommen wird, erscheint am Körper geistig erweckter Menschen wie durch das Zeichen eines Kreuzes versiegelt. Dieses Kreuz ist Ausdruck der geordneten, im Zustand kosmischer Harmonie wirkenden Erleuchtungskräfte der Kundalini. Ohne das Kreuz, seinen besonderen Schutz, bringt das »Schlangenfeuer« Zerstörung und Tod. Der Apostel Paulus schreibt: »Alle, die zu Christus Jesus gehören, haben das Fleisch und damit ihre Leidenschaften und Begierden gekreuzigt« (Galater 5,24). In diesem Sinne formuliert ein frommer Kommentar aus dem 19. Jahrhundert zur Margarethenlegende: »Daher wird Margaretha gewöhnlich abgebildet, wie sie in der einen Hand das Kreuz hält und mit der andern Hand an der Kette einen Drachen führt, ein lehrreiches Bild auch für dich, lieber Leser! Denn im und durch das Kreuz des Herrn kannst du alle Feinde bewältigen. Des Christen Helm und Schild ist das Kreuz.«[23]

So können wir im Bild des Drachenkampfes der heiligen Margaretha ein christliches Schlüsselbild für den Prozeß des Ringens um die geistige Wiedergeburt sehen, der sich in der menschlichen Seele »wie in einer Gebärenden« vollzieht. Der Drache, das Symbol für die zerstörerischen Kräfte in einem jeden Menschen selbst, zerspringt durch das Kreuzeszeichen, das die demütige Annahme des göttlichen Willens betont und Zeichen des Erlösers geworden ist.

Mit dem Sieg über den Drachen ist aber der Prozeß der geistigen Wiedergeburt der Heiligen im Gefängnis noch nicht abgeschlossen. Die Legende zeigt in ihren Bildern, daß dieses Geschehen oft langwierig, schwierig und voller Schmerzen ist. Die geheilte Margaretha muß weiter mit den Verlockungen durch den Präfekten, mit Leid und Schmerzen kämpfen und wird im Wasser des engen Gefäßes, das durch die göttliche Kraft zerbricht, erneut wiederhergestellt. Dieses Wasser, das

»himmlische Fruchtwasser des Heiligen Geistes«, löscht endgültig das »teuflische Schlangenfeuer der Leidenschaften« in der Seele und macht sie frei, sich dem Himmel zuzuwenden.

Darum spricht die besiegte Schlange zur heiligen Margaretha: Du aber »hast meine Kraft gebrochen ... Jetzt, wo ich sehe, daß Christus in dir weilt, tust du, was dir gefällt. Bevor Christus in dir weilte, warst du Staub und Asche, und dein ganzer Leib war tot. Jetzt aber, wo du den himmlischen Propheten in dir aufgenommen hast, sehe ich deine Gestalt verwandelt. Deshalb sieht man an dir goldene Füße, und das Zeichen Christi zeigt sich an dir, wodurch die Frucht der Gerechtigkeit in dir reif wird und der Süßigkeit und Gnade voll. Weißer als Milch sind deine Finger, die bezeichnet sind mit dem Zeichen Christi. Mit diesem Zeichen hast du mich besiegt, ... mit ihm hast du mich gefesselt. Christus also, der vor den Welten war, ruht in dir, mit seinem Siegel hast du mich gebunden.«[24]

Die heiligen drei Jungfrauen

»Barbara mit dem Turm,
Margaretha mit dem Wurm,
Katharina mit dem Radl,
das sind die heiligen drei Madl.«[1]

In der volkstümlichen Heiligenverehrung des Mittelalters, vor allem im südlichen Deutschland, finden wir eine umfangreiche Verehrung der »kultischen Dreiheit«[2] der heiligen Barbara – Katharina – Margaretha. In dieser Zusammenfassung erlangen sie als einzige weibliche Heilige Aufnahme in den weitverbreiteten, sonst von männlichen Gestalten dominierten Kult der »Vierzehn Heiligen« und erhalten neben der Muttergottes (und jeweiligen Regionalheiligen) einen für uns heute unvorstellbar hohen Rang im spirituellen Leben.

Wie kommen gerade die »heiligen drei Jungfrauen« zu dieser Bedeutung, Katharina sogar zur Schirmherrschaft über die Philosophen? In der Kirche des Mittelalters gilt der Grundsatz, daß Frauen in der Kirche zu schweigen haben (vgl. 1. Timotheus 2,12 und 1. Petrus 3,1), zumal man dies auch wegen ihrer »Schwachheit im Geiste«[3] für nötig hält. Bei der Frage nach der Durchsetzungskraft und Popularität dieser weiblichen Heiligen gegen die offizielle Lehre gelangen wir zu den tieferen Schichten des christlichen Volksglaubens, in dem sich gerade in der Verehrung der heiligen drei Jungfrauen bedeutende spirituelle Elemente mit spezifisch weiblichem Symbolcharakter aus dem Bereich der germanischen und keltischen Religion erhalten konnten (Tafel III).

Der germanische Kult der drei Mütter

Die meisten Wallfahrtskapellen, die den »heiligen drei Jungfrauen« gewidmet sind, befinden sich an Quellen im Wald. Diese heiligen Orte waren in vorchristlicher Zeit oftmals dem Kult der heiligen drei Mütter, den sogenannten Matres oder Matrones, gewidmet.

Im gesamten Bereich der germanischen Kultur begegnen wir der Verehrung von mütterlichen Gottheiten, die zumeist in der Dreizahl (manchmal auch in der Neunzahl) dargestellt sind[4]. Häufig werden sie auf Weihesteinen als sitzende Frauenfiguren gezeigt. Die mittlere Gestalt trägt meist ein Wickelkind auf dem Schoß. Ihre Begleiterinnen halten Fruchtkörbe, Früchte oder das Horn des Überflusses wie auch Spindeln in den Händen. Diese Skulpturen erscheinen wie Vorläuferinnen

Matrone mit einem Fruchtkorb auf dem Schoß.
Alte Heiligtümer dieser Art finden sich im Rheinland an Quellen.
Sie stammen aus keltisch-germanischer Zeit.

der Ikonographie der Muttergottes (mit dem Kind auf dem Schoß) im Kreise von weiblichen Heiligen, die Blumenkörbe und andere Gefäße in den Händen halten (vgl. dazu die Darstellungsweise der heiligen Dorothea, die immer mit einem Blumen- oder Früchtekorb abgebildet ist). Inschriften nennen die Matrones »die reichlich Gebenden«, »die göttlichen Beistand Verleihenden«, »die reichlich Lebenskraft Schenkenden«[5]. Nach heutigen Forschungsergebnissen sind diese Muttergöttinnen gütige Himmelswesen, die für das Gedeihen der Kinder, der gesamten Familie, aber auch für das Wachstum der Feldfrüchte wie für die Rechtsprechung der Gemeinschaften von Bedeutung sind. Sie sind Schützerinnen des Hausherdes, des häuslichen Feuers (vgl. Barbara als Blitz- und Feuerheilige). Ihre heiligen Orte – an Quellen – sind nicht nur Stätten kultischer Verehrung; sie fungieren auch als Grenzbezirke zwischen einzelnen Gemeinden. Wir können in den Muttergöttinnen Schützerinnen der Grenze[6], in religiöser Entsprechung dazu »Hüterinnen der Schwelle« zwischen Diesseits und Jenseits erkennen, zumal sich ihre Bildnisse auch als Grabbeigaben finden.

Nicht nur in diesen Aufgabenbereichen erscheinen die heiligen drei Jungfrauen als christliche Nachfolgerinnen des Drei-Mütter-Kultes. Es ist auch die Art ihrer Verehrung, die – wie in der Heiligenverehrung der katholischen Kirche selbst heute noch – weniger von »oben« als von »einfachen« Gläubigen, zumeist Frauen gestaltet wird, die am unteren Ende der Hierarchie der Macht stehen. Wir dürfen »annehmen, daß der Kult solcher weiblicher Gottheiten am besten im engen Umkreis der Familie gedeihen konnte. Man erwartete ja Segen und Wohlstand von ihnen . . . Diese Göttinnen kümmerten sich also auch um die Säuglinge . . . Es ist kaum denkbar, daß die Vorsteher eines Gaues oder Stammes sich um diesen Matronenkult sonderlich gekümmert haben sollten; im Gegenteil, er war vor allem im Umkreis der kleinen Leute lebendig, denen die großen Götter viel zu erhaben waren und die deshalb bei weiblichen Schutzgottheiten Hilfe in ihren Nöten suchten.«[7]

Die drei Schicksalsgöttinnen

In Leustetten im Würmtal findet sich in der Friedhofskapelle ein altes Votivbild aus dem Jahre 1643, das die heiligen drei Jungfrauen zeigt. Dieses Bild gehörte vormals zum Bestand einer ihnen geweihten Wallfahrtskapelle, die jedoch in der Mitte des 19. Jahrhunderts aufgehoben wurde. Das Gemälde stellt die drei Jungfrauen »ähnlich den drei Nornen in heller, halbheller und dunkler Gewandung« dar[8].

Die drei Nornen sind in der germanischen Mythologie die drei Schicksalsjungfrauen, die bereits erwähnten Begleiterinnen der großen Göttin Holda, die mit ihr im himmlischen Lichtreich wohnen. Ihre Mythologie ist in die Gestaltbildung unserer drei heiligen Jungfrauen eingeflossen. Der Verfasser des germanischen Epos der Völuspa schreibt über die Nornen: »Viele schöne Stätten sind im Himmel und waltet über ihnen allen göttlicher Schutz. Da steht ein schöner Saal unter der Esche (dem Weltenbaum) bei dem Brunnen, und aus dem Saal kommen drei Mädchen . . ., diese Mädchen schaffen den Menschen das Lebensalter, dieselben nennen wir Nornen.«[9]

Sie stehen in enger Verbindung mit den Bäumen, den Brunnenbezirken und Wasserquellen. Ihre Kräfte konkretisieren sich auch in den Naturelementen, in Blitz, Donner (Barbara), Regen und Beherrschung der die Wolkenwelt belebenden Windgeister, die in der Gestalt eines Lindwurms auftreten[10] (Margaretha mit dem Drachen), wie in der Aussendung des Sonnenscheins (Katharina). Als lichtweißes Mädchen mit schwarzen Locken erscheint eine der Nornen als Wetter- und Wasserfrau, bei den Serben Vila genannt. Die Vila wohnt in der Wolke, dem alten Symbol des Geistes, und wir müssen bei ihrer Beschreibung sogleich an die heilige Barbara und den dreifenstrigen Turm denken:

»Türmt ’nen Turm die weiße Vila
Nicht im Himmel, nicht auf Erden
Auf dem Berge, in den Wolken
In den Turm baut sie drei Tore . . .
Sitzen will sie da, zuschauen
Wie der Blitz spielt mit dem Donner . . .«[11]

Die drei Nornen heißen Urd (das Gewordene), Verdandi (das Werdende), Skuld (das Künftige)[12]. Sie stehen der gesamten Zeitlichkeit von der Weltschöpfung bis zum Weltende vor und sind daher auch die schicksalsbestimmende Macht im Leben der Menschen bei Geburt, Hochzeit und Tod. Daß diese Schicksalssituationen »nicht allgemein solche des menschlichen, sondern des weiblichen Lebens sind«, schreibt E. Neumann, »wird erst deutlich, wenn man erkennt, daß die Schicksalsgöttinnen immer Geburtsgöttinnen sind und daß Gebären und Tod ebenso wie Hochzeit und Tod für das Weibliche wesensmäßig zusammengehören.«[13] Diese Schicksalssituationen sind mit spezifisch weiblichen Symbolhandlungen der Nornen verknüpft:

»Sonne, Sonne scheine!
Fahr übern Rheine,
Fahr übers Glockenhaus,
Gucken drei schöne Puppen heraus.
Eine die spinnt Seid,
Die andere wickelt Weiden,
Die dritte geht ans Brünnchen,
Findt ein goldig Kindchen.«
Altes hessisches Kinderlied[14]

In zahlreichen Überlieferungen schreitet die eine der Nornen (nach der Christianisierung die heilige Margaretha) zum himmlischen Brunnen, in dem die ungeborenen Seelen verborgen sind, und holt dort eine Kinderseele heraus, die zum Eintritt in das menschliche Leben bestimmt ist[15]. Als holde Macht wird sie in Gebeten und mit besonderen Runenzeichen während der Entbindung von den Frauen angerufen; die erste Mahlzeit der Frau nach der Geburt des Kindes wird den Nornen geopfert und heißt Nornengrütze. Ist das Kind ins Leben getreten, bestimmen die Nornen seinen zukünftigen Lebensweg, Charakter und Lebensdauer[16].

Daher spinnt die nächste Schicksalsjungfrau den Lebensfaden aus Seide. Bereits im Bild der Seide finden wir einen himmlischen Bezug und eine Beschreibung der zukünftigen Wandlung des Menschen, der seinen Körper einst wieder wie die Raupen, die sich im Seidenfaden eingesponnen haben, als Schmetterling verlassen wird, denn der Schmetterling gilt den

Germanen als Symbol der menschlichen Seele. Das Spinnen wie das Weben sind als elementare Tätigkeiten »in der Projektion auf die das Leben webende und den Schicksalsfaden spinnende Große Mutter erfahren worden, ob diese nun die eine große Spinnerin ist oder, wie so häufig, in mondhafter Dreiheit erscheint. Nicht zufällig sprechen wir von den ›Geweben‹ des Körpers und seinen ›Bändern‹, denn das Gewebte, welches das Große Weibliche im Großen am ›sausenden Webstuhl der Zeit‹, im Kleinen im Uterus des Weiblichen selber verfertigt, ist das Leben und das Schicksal. Beide setzen sich, wie die Astrologie, die Lehre vom sternbestimmten Schicksal, lehrt, mit dem Zeitmoment der Geburt gleichzeitig in Bewegung.«[17]
Die Milchstraße gilt als das »Gespinst« der Nornen:

»Sie schlagen gewaltig das Schicksalsgewebe, ...
Sie entwirrten flink die Fäden aus Gold
und knüpften sie mitten im Mondsaal (also am Himmel) fest.«[18]

Die »Erbin« dieser mythologischen Vorstellungen ist die heilige Katharina, Schutzpatronin der Spinnerinnen, aber auch Schutzherrin der Schneiderinnen, Modistinnen und Putzmacherinnen, was in der Literatur zur heiligen Katharina (die fast ausschließlich von Männern geschrieben ist) meist abfällig und mit verächtlichem Blick auf die weibliche Eitelkeit bemerkt wird. In der Verachtung für das Gewand des Menschen wird aber in vollkommener theologischer Überheblichkeit die spirituelle Dimension übersehen, die das Gewand als Symbol auszeichnet. Denn durch seine Kleidung kann der Mensch »seine Ansichten, seine Sehnsucht, seine Zugehörigkeit zeigen. Er kann zeigen, wie er sich selber sieht und wie er gesehen werden möchte.«[19] Als Schutzpatronin des Gewandes schenkt die heilige Katharina denen, die sich ihr mit der Arbeit ihrer Hände beim Spinnen und Nähen anvertrauen, etwas von der Schönheit des himmlischen Lichtgewandes aus irdischem Stoff.

Die dritte Norne dreht Fesseln aus Weidenholz; sie dreht das Todesseil. Züge hiervon haben sich in der heiligen Barbara als Sterbepatronin erhalten, obwohl im christlichen Bereich der Tod seinen Schrecken verloren hat und die Heilige hier nicht mehr wie die Norne als düstere Todesgöttin, sondern als Begleiterin des Übergangs erscheint.

Warum aber sind es in der Verehrung drei Mütter, drei Nornen wie drei heilige Jungfrauen? Ebenso lassen sich in den Heiligenlegenden und Segensformeln des Mittelalters die »drei guten Brüder« entdecken[20]. Es scheint fast, als sei die Gruppierung in der Dreizahl wichtiger als die jeweilige Persönlichkeit der Heiligen, da sich mit regionalen Abweichungen unterschiedliche Nennungen von heiligen drei Jungfrauen finden. Die Zahl Drei gilt allen Völkern als heilig. Dreifache Gruppierungen von Gottheiten finden sich in zahlreichen Religionen wie auch im Christentum die Heilige Dreifaltigkeit. Die Drei »entsteht aus der unteilbaren Eins und der Zwei, die Verdoppelung und Trennung bedeutet, und führt beide in eine höhere Einheit. An Vollkommenheit steht die Drei der Eins nahe, denn sie hat Anfang, Mitte und Ende.«[21]

Die dreigeteilte Zeit

Das Mysterium der Dreizahl als Spiegelbild des göttlichen Wirkens[22] zeigt sich in der Gestalt der drei Nornen wie der drei heiligen Jungfrauen, die die dreigeteilte Zeit in ihren mehrfachen Dimensionen[23] personifizieren:

- Vergangenheit, Gegenwart und Zukunft,
- Morgen, Mittag und Abend,
- Abend, Nacht, Morgen.

Diese Zeitabschnitte sind auch Sinnbild entsprechender geistiger Zustände, denn es gibt in der Ewigkeit »Zeit tatsächlich ... als Qualität«[24], schreibt Friedrich Weinreb in seinen Betrachtungen zur jüdischen Mystik und erkennt im »Wirken der Zeit« wiederum die Anwesenheit der heiligen Sophia: »Um dieses Geheimnis geht es, wenn die himmlische Mutter bittet, in die Welt unten eintreten zu dürfen, um mit den Menschen zu sein. Sie, die Mutter, ist die Mutter der Zeit, die Mutter auch des Raumes hier und damit aller Erscheinungen. Kennt man nicht den Zusammenhang von Mater und Materia? Und nennen wir in der Überlieferung diese Mutter nicht auch nach ihrem römischen Namen ›die heilige Matrona‹? Die Zeit fließt, kein Moment bleibt. Sie ist auch der Fluß, der aus dem Garten Eden hervorkommt ... Die Zeit reinigt, sie besänftigt; ihr Fließen erweckt im Menschen das Gefühl, daß es auf ein Ziel zugeht; die Zeit ist hoffnungsträchtig.«[25]

So gesehen erscheinen die heiligen drei Jungfrauen – Töchter der himmlischen Mutter – als Lenkerinnen von Zeit- und Gnadenströmen, die den Menschen beim schwierigen Übergang von einer Lebensstation zur anderen hilfreich geleiten. Sie weisen – wie bereits die Nornengestalten – den Menschen immer auf die geistige Dimension des irdischen Geschehens hin, damit er den wahren, den geistigen Sinn seines Lebens nicht vergißt. Die Zuordnung der heiligen drei Jungfrauen zu den einzelnen Zeitabschnitten ist aufgrund ihrer Aufgabenbereiche eindeutig und besagt in christlicher Interpretation:

Durch den Kampf mit dem Drachen besiegt die heilige Margaretha die dunkle, die nächtliche Seite in unserem Herzen und führt ins Licht, in das »geistige Morgenrot«, das in der christlichen Mystik untrennbar mit dem auferstehenden Jesus Christus verbunden ist (vgl. Matthäus 28,1–6). So wie Christus das Leben in der Materie durch sein Leben und Leiden angenommen hat, so sollen auch wir ihm aus dem Dunkel der Materie (dem Mutterbauch der Erde – vgl. das biblische Bild der Grabhöhle) nachfolgen. Margaretha steht somit sowohl für unsere Vergangenheit als auch für den Anfang unseres Lebensweges als Sinnbild der christlichen Hoffnung auf die Überwindung aller Schwierigkeiten durch die Kraft des Kreuzes.

Die Mittagszeit gleicht dem Zustand der Weisheit im Lichte Gottes[26]. In diesem Zustand erscheint die heilige Katharina als Tochter der Sonne, als Tochter der göttlichen Weisheit, über die die Fülle des Heiligen Geistes ausgeschüttet ist. Sie führt die Gläubigen zur »mystischen Hochzeit« mit dem Jesuskind.

Am »Abend des Lebens«, in der Nacht, die den Übergang zum Jenseits repräsentiert, steht die heilige Barbara und weckt im geistigen »Zustand des Turms« Kontemplation und Stille. Sie bringt dem Sterbenden das Abendmahl und führt ihn zur Begegnung mit Christus. Damit öffnet sie den Weg in die geistige Zukunft, in das himmlische Leben.

Himmlische Schönheit

In den einzelnen Legenden der heiligen Jungfrauen (wie von vielen andern Heiligen auch) wird ihre Schönheit als überwältigend beschrieben. Die Darstellung der drei Jungfrauen auf mittelalterlichen Gemälden mit ihren strahlenden, durchleuchteten Gesichtern und farbenprächtigen Gewändern erinnert auch an die ungebrochene Schönheit der Natur, die sich in Gestalten der drei Nornen manifestierte. Indem sie die unterschiedliche Lichtfülle des Tages, den Glanz der Sonne am Himmel wie den Mondschein der Nacht, verkörperten, enthielten ihre Gestalten auch eine kosmische Dimension, säumten Sterne und Wolken ihre Gewänder, wie es die Sprache einiger Märchen erhalten hat (vgl. Allerleihrauh).

In der Schönheit der Heiligen bewahrt sich dieser Aspekt, trägt nun Katharina, wie schon ausgeführt, neben Maria das Sternenkleid, überzieht das lichte Frühlingsgrün die Gewänder der heiligen Barbara. Schönheit scheint sogar ein wesentliches Kennzeichen der Heiligen und ihrer Erscheinung zu sein, wobei diese wunderbare Schönheit von solch intensiver Ausstrahlung ist, daß alle, die sie wahrnehmen, im Herzen tief berührt werden, ja geblendet sind, wenn sie eine solche Jungfrau erblicken. In der Schönheit der heiligen Jungfrauen, deren Legenden ursprünglich aus dem orientalischen Raum kommen, hat aber auch der Glanz der antiken Göttinnen überlebt, wird bei der Gestalt der heiligen Katharina auch die Erinnerung an Aphrodite, die Schaumgeborene, wach. In christlichen Legenden verbindet sich diese Schönheit mit der Geisteshaltung der jeweiligen Jungfrau und wird zum Ausdruck ihres inneren Schmuckes als »Braut Christi«. In diesem Sinne ist diese Schönheit mystisch, ein Geschenk des Himmels und Abglanz der Liebe zwischen der Seele und ihrem Bräutigam. So spricht in der Legende die heilige Jungfrau Agnes über ihren himmlischen Geliebten: »Er hat meinen Hals mit einem prachtvollen Gehänge geschmückt, er hat mich bekleidet mit einem golddurchwirkten Kleide, und zum Schmuck hat er mir prachtvolle Diamanten geschenkt. An der Stirn hat er mich gezeichnet, auf daß jeder sogleich sehe, daß ich sein Eigenthum bin und nie einem anderen gehören kann. Sein Bluth hat meine Wangen gefärbt . . .«[27]

Obwohl die äußere Schönheit Ausdruck des göttlichen Lichtes ist, das die Heiligen durchstrahlt, zeigen die Legenden aber auch, daß solch himmlische Schönheit ihre Trägerinnen gefährdet. Die Sprache des Herzens, die sie bewegt, wird von den Statthaltern, Königen, Kaisern oder wohlhabenden Jünglingen – von denen, die die äußere Macht haben – mißverstanden. Sie können die Liebe, die in ihnen geweckt wird, nur als Besitzanspruch wahrnehmen. Daß die Weigerung der Jungfrau, mit ihrer Schönheit den Glanz der weltlichen Machthaber zu schmücken, für sie tödlich ist, beschreiben alle Legenden mit eindringlichen Bildern. Auch wenn die Rache der gekränkten Männer ihren Körper äußerlich zerstört, geben sie doch ihre Schönheit mit Blick auf den himmlischen Bräutigam her, entledigen sich ihrer wie eines unnützen Gewandes, um dann, nach ihrem bitteren Sterben, erneut im himmlischen Glanz zu erscheinen[28].

Zusammenfassend erscheinen die Gestalten der heiligen drei Jungfrauen im religiösen Leben des Mittelalters als strahlend schöne Himmelstöchter, die in der Lichtfülle der himmlischen Mutter Maria-Sophia den Menschen als Wegbegleiterinnen und Beherrscherinnen der gefahrvollen irdischen Elemente zur Seite stehen. Die heiligen Jungfrauen zeigen sich den Gläubigen auf den Flügeln der Altäre als mutige und selbstbewußte Persönlichkeiten, die als Bräute Christi den Anforderungen der Gesellschaft, den herrschenden Institutionen, der väterlichen Gewalt, der Zwangsehe den Märtyrertod vorgezogen haben. Sie haben durch diese Geisteshaltung die herrschenden Normen, die ihnen als junge Frauen eine bestimmte Lebensweise vorgegeben haben, überwunden, dies aber auch mit ihrem Leben bezahlt[29]. Mit ihrer alle Ebenen der Wirklichkeit durchdringenden spirituellen Macht, die ihnen von Christus nach ihrem irdischen Tod geschenkt worden ist, erscheinen sie durch ihre gewaltige Fürbittkraft und Nähe zu Gott als »Hohepriesterinnen«, die zwischen Gott und Mensch vermitteln. Darin unterscheiden sich die heiligen Jungfrauen von den Nornen, denen die Menschen – im Guten wie im Schlechten – ausgeliefert waren und die sie versuchen mußten sich gnädig zu stimmen. Die heiligen Jungfrauen sind himmlische Schwestern in Christus. Sie stehen ihren Schutzbefohlenen ganz nah. Wie diese haben sie die Bedrängnis und Not des irdischen

Lebens erfahren. Sie machen keine Angst, sondern vermitteln göttliche Hilfe. Sie erleuchten das Bild der Nornen in einer erweiterten christlichen Dimension. Deshalb finden sie im Bereich des Volksglaubens eine so umfassende Aufnahme.

Wieso aber fällt gegen Ende des 15. Jahrhunderts ein Schleier des langsamen Vergessens über die spirituelle Macht dieser wunderschönen Himmelsfrauen, die auf Kirchenbildern des Mittelalters als Spielgefährtinnen von Maria im Paradiesgarten sitzen? Warum wendet sich zu Beginn der Neuzeit die Verehrung breiter Volksschichten von den drei Jungfrauen ab und der heiligen Mutter Anna zu, der Großmutter von Jesus? Warum flehen nun die Frauen in Geburtsnöten nicht mehr die Jungfrau Margaretha, sondern die Mutter Anna an?

Bei diesen historischen Verschiebungen in der Präferenz der Heiligengestalten können wir eine tiefe Veränderung des weiblich-religiösen Bewußtseins erkennen, das sich in seiner spirituellen Ausrichtung bis dahin an den »unabhängigen« Jungfrauen und der Himmelskönigin Maria orientieren konnte. Das Prinzip des Hoffnungstragenden, Zukünftigen, das patriarchalische Bewußtsein überwindenden Elements in der Gestalt der schönen Jungfrauen versinkt als mögliches Erfahrungsmoment christlicher Spiritualität. Ebenso wird das Wissen um die weiblichen Dimensionen im Wirken der Naturkräfte, das sich ebenfalls in der Jungfrauenverehrung manifestierte und worin vorchristliche Sinnbilder weitergelebt hatten, durch die beginnende Inquisition, Hexenverfolgung und die sozio-kulturellen Veränderungen der heranbrechenden Neuzeit – mit ihrem Anspruch auf Naturbeherrschung und Wissenschaftlichkeit – nachhaltig zerstört.

Farbtafel III

Marientriptychon
Umkreis des Meisters von St. Laurenz (um 1410/20)
Die drei heiligen »Marientöchter« Katharina, Barbara und Margaretha werden auf mittelalterlichen Darstellungen oftmals durch die Gestalt der heiligen Dorothea ergänzt, die ein Blumenkörbchen als Attribut mit sich trägt. Die junge Märtyrerin Dorothea, so erzählt ihre Legende, wurde auf dem Weg zu ihrer Hinrichtung (im Jahre 288) von einem Mann verhöhnt. Da prophezeite ihm die Jungfrau ein Wunder, das nach ihrem Tod sogleich geschah. Ein Engel in Kindergestalt brachte dem Spötter einen Gruß der Himmelsbraut: ein Körbchen mit drei Äpfeln und Rosen (Sinnbilder der irdischen und der geistigen Liebe, die in Christus ihre Erfüllung gefunden haben). Das Blumenkörbchen der schönen Jungfrau Dorothea setzt ikonographisch aber auch die Tradition der römischen Muttergottheiten, der Matronen, fort.
Bei Darstellungen von vier Jungfrauen um die himmlische Mutter Maria werden die in den Töchtern personifizierten Aspekte aus der göttlichen Dreizahl in der Vierzahl »geerdet«. Die Vier beinhaltet die Anzahl der Himmelsrichtungen und Jahreszeiten, der Elemente und Temperamente, aber auch den vierjährigen Rhythmus der mittelalterlichen Feldwirtschaft. Die vier Jungfrauen im Paradiesgarten von Maria sind hier Vermittlerinnen zwischen geistigem, seelischem und irdischem Erleben, innerem und äußerem Wachstum in der göttlichen Ordnung. Sie wird durch die Mutter Maria in der »Fünf« vervollständigt, der Zahl des göttlichen Wirkens im Menschen, der mit fünf Sinnen sein Leben äußerlich wie innerlich durchdringen darf. Die Vier ist in der jüdischen Mystik die Zahl der materiellen Welt, während die Fünf für die Ewigkeit Gottes steht. Auf diesem Tafelbild vereinigen sich in der Gruppierung der Jungfrauen mit Maria die himmlischen und die materiellen Ebenen.

Mutter des Silbers – Anna

»Eine majestätische Dame stand vor ihnen, der Quelle zugewandt. Ihr Gesicht war von dem sanften Ernst der höchsten Mütterlichkeit gezeichnet. Ihr Gewand war so weiß wie Schnee und fiel anmutig nieder. In der Hand hielt sie eine leuchtende Fackel, ihre Füße ruhten auf einer Wolke. Der Lichtschein, der von ihr ausging, erfreute das Auge, ohne zu blenden, und warf ein solches Licht auf die umgebende Landschaft, daß alles taghell erleuchtet war.«[1] So wird die Erscheinung der heiligen Anna an einem Sommerabend des Jahres 1623 geschildert, als der bretonische Bauer Yves Nicolazic und sein Schwager ihre Kühe am Brunnen tränkten.

Die heilige Anna ist die Mutter Mariens. Ihre Seele wurde, so die Aufzeichnungen von Jakob Lorber, bereits vor der Geburt für ihre besondere Aufgabe »unmittelbar von den Engeln aus den Himmeln erzogen«[2] und vorbereitet. Ihr Name und ihre Legende haben durch das von der Kirche nicht anerkannte Protoevangelium des Jakobus bereits in der Mitte des 2. Jahrhunderts Verbreitung gefunden[3]. Das Ziel dieser Schrift war es, die besondere Rolle Mariens bei der Geburt ihres Sohnes deutlicher hervorzuheben. Sie schildert die Kindheit der Gottesmutter und ihren Lebensweg. In diesem Kontext fehlen auch nicht ausführliche Passagen über ihre Eltern Anna und Joachim, die Großeltern Jesu[4]. Die später entstandenen Apokryphen und vielfältige Legendenfassungen haben die Angaben des Jakobusevangeliums noch weiter ausgeschmückt.

Nach den zentralen Aussagen dieser Überlieferungen sind Anna und Joachim ein wohlhabendes, sehr frommes Ehepaar aus dem Stamme David. Ihre Verbindung ist trotz eines vorbildlichen Lebenswandels ohne Nachkommen, was für sie bedeutet, daß Gott ihre Ehe nicht gesegnet hat. Deshalb wird Joachim vom Priester des Tempels ausgeschlossen, seine Opfergaben dort vorzubringen.

In großer Trauer zieht er sich vierzig Tage zum Fasten und Beten in die Wüste zurück, um Gott um einen Nachkommen anzuflehen. Auch seine Frau Anna legt Trauerkleidung an und betet unentwegt um ein Kind. Während sie im Garten sitzt und ein Sperlingsnest auf einem Lorbeerbaum betrachtet, stimmt sie ein Klagelied an, dessen letzte Strophe lautet:

»Weh mir, wem bin ich gleich geworden?
Nicht diesem Lande bin ich gleich geworden;
denn auch dieses Land bringt Früchte zur Zeit
und lobet dich, Herr.«[5]

Diese Klage wird von Gott erhört. Er sendet einen Engel zu Anna wie zu ihrem Mann, der ihnen die Ankunft eines Kindes verkündet, »das auf der ganzen Welt gepriesen wird«[6]. Joachim kehrt aus der Wüste zurück und umarmt seine ihm entgegeneilende Frau. Neun Monate später wird Maria geboren. Anna, die gelobt hat, ihr Kind als Opfergabe dem Herrn und damit dem Tempeldienst in Jerusalem zu weihen, behütet die frühe Kindheit ihrer Tochter auf besondere Weise. In einem geweihten Raum läßt sie Maria nur mit ausgewählten Töchtern der Hebräer spielen. Als Maria drei Jahre alt geworden ist, erfüllen die Eltern ihr Gelübde und übergeben das Mädchen dem Tempel, wo es bis zum Ende seiner Kindheit und der Vermählung mit Josef leben wird. Zur Opferung Mariens berichtet das Jakobusevangelium: »Und der Priester nahm das Mädchen in Empfang, küßte und segnete es und sprach: Der Herr hat groß gemacht deinen Namen unter allen Geschlechtern der Erde; denn in dir wird am Ende der Tage der Herr seine Erlösung den Söhnen Israels offenbaren. Und er setzte das Kind auf die dritte Stufe des Altares, und Gott goß seine Gnade über das Kind aus, und es tanzte auf seinen Füßen einher, und das ganze Haus Israels gewann es lieb.«[7]

Nach den Berichten der apokryphen Legendenfassungen kehren Anna und Joachim danach in ihren Heimatort zurück und sterben wenige Jahre später, während in den späteren Legendenfassungen die verwitwete Anna noch einmal heiratet und einer weiteren Tochter das Leben schenkt.

Die Verehrung der heiligen Anna ist im Abendland schon in den ersten christlichen Jahrhunderten durch Pilger aus dem Heiligen Land übernommen worden. Bereits eine Darstellung aus dem 4. Jahrhundert in der Kirche S. Maria Maggiore (Rom) zeigt die heilige Anna neben Maria und dem Jesuskind bei der Anbetung durch die drei Weisen aus dem Morgenland. Im kostbaren Purpurgewand, nach Swedenborg die Farbe des himmlischen Guten[8], erscheint hier Anna als ehrwürdige Matrone. Sie trägt auf ihrem Schoß eine Schriftrolle, was dazu

Maria wird von Mutter Anna in den Tempel gebracht.
»Opferung Mariens«, Giotto di Bondone, Padua, Fresko (um 1305)

geführt hat, in ihrer Gestalt jahrhundertelang nicht die Großmutter Jesu, sondern eine Personifikation der »Mutter Kirche« zu sehen[9].

Dieses Mißverständnis aber verweist bereits auf die symbolische Dimension, die die Gestalt der heiligen Anna enthält. In der Tradition des Judentums gilt der mütterliche Leib in mystischer Betrachtung als die Urform allen Lebens. Die »Mutter an sich« ist wie die Erde, die alles wachsen läßt. Sie ist die Wurzel von allem[10]. Als Quelle allen Lebens bringt der Mutterleib alles in der Welt Erscheinende hervor, macht es sichtbar, so wie in christlicher Betrachtungsweise durch den Leib der heiligen Anna die Mutter der Erlösung – Maria – in die Welt der materiellen Erscheinungen gebracht wurde.

Die heilige Anna
Zeichnung nach einem Wandmosaik in Maria Maggiore, Rom (um 440)

Die heilige Anna erinnert an die römische Anna Perenna, das alles hervorbringende und alles umschließende Jahr, das in der Personifizierung des Jahresablaufes als Frau gesehen wurde. Deren Fest wurde im römischen Kalender zu Beginn des neuen Jahres gefeiert. Die Kassiopeia ist der Fixstern der Anna Perenna[11]. Die Kassiopeia stand, wenn das Jahr mit der Wintersonnenwende begann, um Mitternacht dem Sternbild der Jungfrau am Westhimmel gegenüber. In den ersten Tagen des März zeigte sich die Kassiopeia durch ihr Hervortreten aus der Morgenröte im Zeichen der Fische (dem späteren Christus-Zeichen), und der 1. März galt bei den Römern lange Zeit als Jahresbeginn. Einer Bestätigung dieser Zusammenhänge gleicht die Erscheinung der heiligen Anna am 3. März 1625 in der Bretagne, die die Gründung des berühmten Wallfahrtsortes Sainte Anne d'Auray zur Folge hatte (vgl. S. 28). Die christliche Zuordnung der astrologischen Konstellation auf die heilige Anna, die in der »Mitternacht der Menschheit« die Jungfrau Maria gebiert und somit das »geistige Morgenrot einer neuen Epoche« einleitet, war im Sinne der Übernahme der alten astralmythologischen Vorstellungen naheliegend.

Den Römern galt die Kassiopeia als eine Quellnymphe, »immer«, so Ovid, »im Flusse versteckt«[12], da das Sternbild der Kassiopeia in der Milchstraße liegt, die als himmlischer Fluß betrachtet wurde. Auch dieser Bezug auf das weibliche Element des Wassers[13] ist in der Gestalt der heiligen Anna erhalten geblieben. Ihre unzähligen Heiligtümer befinden sich fast immer an heilenden Quellen. Die Menschen, die zu ihnen wallfahrten, trinken am »Anna-Brünnlein«[14] und nehmen das »Anna-Wasser« als Heilmittel mit nach Hause[15], das vor allem von Frauen vor und während der Geburt getrunken wird[16].

Die Besonderheit des Mutterschoßes der heiligen Anna ist Inhalt unzähliger leidenschaftlicher Lobpreisungen, die im Laufe der Jahrhunderte von Männern wie Frauen immer wieder verfaßt werden[17]:

»Dich will ich verehren, o heilige Anna, weil du jene gekrönte Königin getragen hast, die über allen Engeln thront und die Mutter und die Braut Gottes ist und mit ihrer Schönheit den ganzen himmlischen Hof erfreut. Gebenedeit sei deine Milch, mit welcher du sie genährt hast. Wahrlich, selig ist dein Leib, welcher geboren hat jenes glorreiche Kind, dessen Antlitz seliger ist als Lilien und Rosen. Da du es auf deinen Schoß genommen und mit deinen Händen bewahrt hast, so danke ich dir und lobe dich«, schreibt die Ordensfrau Umilitas (geboren 1220 in Pisa)[18].

Das »spornt mich an«, predigt der Bischof Petrus von Argos (gestorben ca. 920 in Griechenland), »die hl. Anna, deren Name Gnade bedeutet, mit meinem Lobe zu verherrlichen, das ist jene, die durch ihre Tochter die ganze Welt mit jeder Gnade erfüllt hat... Anna, gleichsam der Beginn und das letzte Anzeichen der nahenden Erlösung, sah den Mond abnehmen und jene Sonne, die an Größe und Glanz jede andere überstrahlt, aus ihrem eigenen Lichtherde hervorgehen oder vielmehr aus dem Schoße ihrer Tochter, gleichsam ›wie ein Aufgang aus der Höhe‹ (Lukas 1,78)... Durch sie wurden uns Güter zuteil, welche über jeden Begriff und Ausdruck erhaben sind. Sie ist das Paradies Gottes, das uns mit den herrlichsten Früchten jeglicher Art erfreute. Sie ist der gutgründige und getreidespendende Acker, die fruchtbare und allnährende Erde...«[19]

Als »neue Erde des Neuen Testaments« wird Anna in der religiösen Deutung zur »Mutter des Silbers«, wobei sich das mondgleiche Silber auf Maria bezieht, die von der goldenen Sonne – Christus – angestrahlt wird. Diese Zuordnung hat ihren Ursprung in der Rangordnung der Metalle im Altertum, in der das Gold dem Licht, dem Tag, dem Sonnenbewußtsein entspricht und dem männlichen Aspekt zugeteilt ist, während zum weiblichen Bereich die Nacht, der Mond, das Silber gehört[20]. Im Sinne dieser Betrachtungsweise wird die Heilige als ein »Bergwerk« angesehen, das das Silber hervorbringt, und folgerichtig im ausgehenden Mittelalter zur Beschützerin der Silberbergwerke in Sachsen wie in anderen Regionen ernannt[21]. Von den Bergleuten wie den Grubenbesitzern hochverehrt, die ihren Reichtum der Fürbitte der heiligen Anna zuschreiben, nimmt sie fast den Rang einer Erdgöttin ein[22]. Einer der großen Verehrer der Heiligen, Abt Trithemius (1462–1516), schreibt:

»Dein edle Frucht ist unser Heil,
Gott hat dich hoch gesegnet,
Um tausend Welten ist sie nit fail,
Wanns ewig Silber regnet.«[23]

Deshalb sind es auch silberne Gürtel, die ganz dicht bei Reliquien der heiligen Anna aufbewahrt werden. Diese »Gürtel der hl. Anna« werden hilfesuchenden Frauen um den Leib gelegt, die sich durch die Fürsprache der Heiligen Kindersegen erhoffen[24] oder um eine glückliche Entbindung bitten[25]. Zahlreiche Aufzeichnungen von Gebetserhörungen sind uns von Ehepaaren aus Vergangenheit und Gegenwart überliefert[26].

»Anna selbdritt«

In einer der heiligen Anna geweihten Kapelle der Abtei Monte Cassino, wo die Mönche zur letzten Ruhe gebettet werden, heben auf einem Bild von 1677, auf dem der heilige Benedikt die Mutter Anna mit dem Jesuskind um Fürbitte für die verstorbenen Mönche bittet, drei Engel ein Spruchband in die Höhe, das besagt: »Ich werde ihn einführen in das Haus meiner Mutter und das Gemach meiner Gebärerin.«[27]

So ist auch in einer der Visionen der Mystikerin Anna Katharina Emmerich (1774–1824) das Haus der heiligen Anna, das Geburtshaus Mariens, der Eingang zum Himmel. Am 1. November 1819 erzählt Anna Katharina: »Ich habe eine große Reise mit meinem Führer gemacht. Es ist nicht auszusprechen, wie solches Wandeln ist... Wir zogen über die Stadt mit den Marterplätzen (Rom), übers Meer, durch wüste Länder, bis hin, wo das Haus Annas und Marias gestanden; und hier kam ich von der Erde empor. Ich sah die unzähligen Scharen der Heiligen in unendlicher Mannigfaltigkeit... Oben in der Mitte war unendlicher Glanz, der Sitz der Gottheit.«[28]

Der ganzheitliche Charakter der mütterlichen Gestalt Annas als Pforte zum Himmel hat die bildende Kunst schon in der Zeit der Romanik zu Darstellungen der sogenannten »Anna selbdritt« inspiriert[29]. Diese Gestaltungsform zeigt in unzähligen Variationen die heilige Anna als ältere Frau mit ihrer Tochter Maria (als junges Mädchen) und dem Enkelkind Jesus (meist als Kleinkind). Die Anna selbdritt kann auf dem Höhepunkt der Anna-Verehrung um 1500 als eines der populärsten Motive in der abendländischen Kunst bezeichnet werden. Unter den vielschichtigen symbolischen Bezügen, die dieses Motiv enthält, soll hier nur auf seine Ähnlichkeit mit der der Heiligen Dreifaltigkeit hingewiesen werden.

Die heilige Anna selbdritt
Lukas Cranach d. Ä. (um 1515)

Der Zugang zum Verständnis der Heiligen Dreifaltigkeit ist für die Gläubigen immer recht schwer gewesen. Die »einfachen« Leute waren bis zur Reformation allein auf die Vermittlung von Glaubensinhalten durch den Klerus und die bildliche Ausschmückung der Kirchen angewiesen, zumal die Bibel nur in Latein zugänglich war und die wenigsten Menschen lesen und schreiben konnten. In einer Zeit, wo die Mängel und Fehlleistungen der römischen Kirche durch den Machtanspruch des Papsttums und der klerikalen Hierarchie immer deutlicher wurden, wird bei der Darstellung der Heiligen Dreifaltigkeit im ausgehenden 14. Jahrhundert Gott-Vater in der Gewandung des Papstes gezeigt und so mit diesem gleichgesetzt. Die massenhafte Hinwendung der Gläubigen dieser Epoche zur Andacht vor der heiligen Anna selbdritt erscheint in diesem Zusammenhang wie eine spirituelle Vorankündigung des Reformationsgeschehens. Die Gläubigen aller Schichten blicken nicht mehr sehnsuchtsvoll auf den (päpstlich erscheinenden) Gott-Vater, sondern auf die liebevolle und in Alltagsnöten hilfreiche heilige Mutter und die sanfte Jungfrau Maria, deren Leben und Wirken zu dem erlösenden Jesuskind führt. Um 1508, bemerkt der Chronist Valerius Anselm, wird die heilige Anna gegen alle Gebrechen, Leiden und Krankheiten angerufen. Im deutschen Sprachraum gilt fast überall das Stoßgebet: »Hilf, St. Anna selbdritt.«[30]

Die Sehnsucht nach der heiligen Anna verweist aber prinzipiell auf ein elementares Defizit im Kosmos der katholischen Heiligenwelt. Unter den verschiedenen Heiligentypen werden die Gläubigen sonst vergebens nach heiligen Müttern und Ehefrauen suchen. In theologischer Überheblichkeit finden wir in einem bis heute überall zitierten Standardwerk zur katholischen Heiligenverehrung (von 1948) folgenden Kommentar: »Daß nicht auch der Stand verheirateter Frauen neben dem der Jungfrauen und Witwen in den liturgischen Heiligentypen vertreten ist, liegt im Wesen der Sache (!) begründet: Die Kirche will die Stände heroischer Heiligkeit auszeichnen, nicht aber einzelne, wenn auch heroische Personen. ›Heroisch‹ nennt man ein Tugendleben, wenn es den höchsten Grad der Vollkommenheit erreicht hat. Die einzelne heroisch heilige Frau wird von der Liturgie dem Typ der ›Witwe‹ zugewiesen. Die heilige Frau (das ist die verheiratete Frau) als solche kennt die amtliche kirchliche Heiligenverehrung nicht, außer ›Mutter Anna‹.«[31] Allein in ihr also können die gläubigen Frauen und Männer wesentliche Bereiche ihres Alltagslebens in christlicher Überhöhung wiederfinden: die Sehnsucht nach Kindern, Schwangerschaft und Geburt, das Stillen, das Bemühen um eine religiöse Erziehung.

Auf den zahllosen Darstellungen der Wochenstube Annas thront die Heilige zumeist auf einem riesigen altarähnlichen Bett, umringt von fröhlichen Helferinnen und Verwandten, die die kleine Maria baden. Auf einer selteneren Darstellung aus Lakonien (14./15. Jahrhundert) tanzen vier Jungfrauen vor Anna und der neugeborenen Maria. Triumphierend singt Anna (in dem Protoevangelium von Jakobus) ein Lobgebet:

»Wer verkündigt den Söhnen Rubens, daß Anna stillt?
Höret, höret, ihr zwölf Stämme, daß Anna stillt.«[32]

Die heilige Anna stillt Maria, Jungfrauen tanzen dazu
Zeichnung nach dem Fragment eines Freskos in Lakonien (14./15. Jh.)

Oft trägt die heilige Anna auf Abbildungen einen grünen Mantel, wohl weil die Darstellung des mütterlichen Aspektes im göttlichen Geheimnis an Wachstum und Leben erinnert.

Mutter der »Heiligen Sippe«

Die heilige Sippe. In der Mitte Anna, Maria und das Kind
Meister der Heiligen Sippe, Köln (um 1500)

In diesem Zusammenhang steht auch die Verehrung der sogenannten »Heiligen Sippe«, die aus dem Kult um die Anna selbdritt hervorgegangen ist[33]. Mit diesem Begriff bezeichnet man kunsthistorisch die Darstellung der näheren wie entfernteren Verwandtschaft Annas, also die Großfamilie Jesu, die nach und nach bis auf 25 Personen erweitert wird. Zu Annas Gatten Joachim fügen sich im Laufe des Mittelalters immer neue Gestalten aus den verschiedenen Legendenfassungen, wobei die Gestalt von Anna als heilige Ahnfrau immer besonders hervorgehoben wird. Wenn auch im gesamten christlichen Europa die Verehrung von Anna und ihrer Familie bekannt ist, hat sie dennoch ihre größte Verbreitung im deutschen Raum gefunden. Die Darstellung der heiligen Sippe wird heute gerne als eine kunstgeschichtliche Besonderheit angesehen, die am Ende des Mittelalters ihre Blüten getrieben hat. Uns interessiert hier ihre symbolische Bedeutung, die den weiblichen Gestalten um das Jesuskind eindeutig die Vorrangstellung, den Mittelpunkt einräumt und wie in mutterrechtlichen Gesellschaften die Bedeutung der Männer (vgl. Tafelbild des Meisters der Heiligen Sippe) fast an die Seite rückt.

Die Verehrer Annas wie der Abt Trithemius hatten in den Jahren vor der Reformation die spirituelle Macht der heiligen Anna gefährlich nah an die von Gott-Vater herangeschoben: »Euch rufe ich zu, euch ermahne und ermuntere ich, wenn ihr den Sohn Gottes liebt, auch seine Verwandten nach dem Fleisch zu ehren. Unter diesen verdient nach der hochgebenedeiten Gottesgebärerin die heilige Anna, deren erhabene Verdienste uns alltäglich durch so viele Wunder bezeugt werden, vor allen anderen unsere Verehrung. Anna also erwählt zu eurer Schutzpatronin und verehrt sie mit aller Andacht, wenn ihr Gott, dem Lenker des Weltalls, wohlgefällig sein wollt ... Keine andere hat ja nach der Königin am himmlischen Hofe so große Macht wie sie.«[34]

In diesem Sinne wird das mütterliche Wirken Gottes durch Anna, Maria und ihre reich gesegnete Familie von Männern wie Frauen mit verehrungsvollen Blicken gewürdigt und an dem der heiligen Anna gewidmeten Wochentag, dem Dienstag, durch angezündete Kerzen und besondere Gebete gefeiert.

Die Darstellung der heiligen Sippe und die besondere Vormachtstellung der Mutter Anna ist im ausgehenden Mittelalter um so bedeutsamer, als zu dieser Zeit die Frauen gesellschaftlich in die Domäne der Männer eingedrungen waren. Mit neuem Selbstbewußtsein hatten die Frauen Einlaß gefunden in Berufszweige, die vorher nur Männern vorbehalten waren. Nun gab es zahlreiche Gewerbe mit zünftiger Ordnung, die nur von Frauen betrieben wurden. Die mächtige Mutter Anna war daher das religiöse Vorbild wohlsituierter Frauen aus Bürgertum und Handwerk, mit dem sie sich identifizieren konnten. Sie ist Symbol eines stolzen, selbstbewußten weiblichen Blicks auf die heilige, von weiblichen Gestalten geprägte Sippe

Jesu, auf das Universum einer mütterlich durchdrungenen Großfamilie, in der alle am rechten Platz die Ankunft des Erlösers erleben dürfen. Wie intensiv die Schwärmerei für die heilige Sippe war und wie weit verbreitet, zeigt ein Familiengemälde, das Kaiser Maximilian 1515 bei Bernhard Striegel bestellt und auf dem er sich mit seinen Angehörigen mit Namen aus der heiligen Sippe betiteln läßt[35]. In dieser Zeit werden die Kirchenaltäre zu Wohnzimmerbildern einer Großfamilie, in der fast jeder eine vorbildhafte Gestalt für sich findet, durch die er auf geistiger Ebene Einlaß erhält in eine heile – eine heilige – Welt. Mit der Darstellung der heiligen Sippe erinnern sich die Gläubigen an die Worte Jesu: »Wer ist meine Mutter, und wer sind meine Brüder? Und er streckte die Hand über seine Jünger aus und sagte: Das hier sind meine Mutter und Brüder. Denn wer den Willen meines himmlischen Vaters erfüllt, der ist für mich Bruder und Schwester und Mutter« (Matthäus 12,48–50).

Es war aber dieser mütterliche Aspekt der Annenverehrung, der durch die Reformation als Auswuchs der Heiligenverehrung ganz besonders bekämpft wurde. Luther bemerkte mit Blick auf die leidenschaftlichen St.-Anna-Verehrer: »Wie alt wohl ist der St.-Annen-Abgott?«[36] Er erinnerte damit an das Phänomen, daß die Verehrung der Heiligen wie eine religiöse Modewelle erst in seiner Jugend in diesem breiten Umfang ausgebrochen war.

Mit dem Beginn der Neuzeit wurde in den radikalen gesellschaftlichen Veränderungen auch der selbstbewußte weibliche Blick auf die heilige Anna gebrochen durch eine neue Domestizierung der Frauen im gesellschaftlichen Leben, durch Inquisition, Erniedrigung und brutale Gewalt[37].

Begegnung an der Goldenen Pforte

Die heilige Anna lebte der Überlieferung nach mit ihrem Mann Joachim in einer Ehe, die im Himmel beschlossen wurde[38]. Die Begegnung und Umarmung der Eheleute Anna und Joachim, die zur Empfängnis von Maria führte, hat nach verschiedenen Legendenfassungen an der sogenannten Goldenen Pforte am Jerusalemer Tempel stattgefunden. Diese Szene hat die Bildende Kunst zu der sonst in der christlichen Ikonographie eher seltenen Darstellung der Liebe zwischen Mann und Frau inspiriert (Tafel IV) und der körperlichen Liebe einen geheiligten Stellenwert verliehen[39].

Durch die Seherin Anna Katharina Emmerich, die in bezug auf das Leben der heiligen Anna wie der Jungfrau Maria zahlreiche Visionen hatte, ist uns folgende geistige Schau dieser Begegnung überliefert: »Anna war mit ihrer Magd, welche die Opfertauben in Gitterkörben trug, auch zum Tempel gekommen. Sie hatte ihr Opfer abgegeben und einem Priester eröffnet, daß ihr vom Engel befohlen sei, unter der goldenen Pforte ihrem Mann zu begegnen. Ich sah nun auch, daß sie von Priestern in Begleitung ehrwürdiger Frauen ... in den geheiligten Gang (der zur goldenen Pforte hinlief) geführt ward, worauf ihre Begleitung sie verließ. Ich sah die Beschaffenheit dieses Ganges sehr wunderbar. Joachim ging durch eine kleine Pforte, der Weg senkte sich hinab. Im Anfang war der Gang eng, erweiterte sich aber. Die Wände schimmerten golden und grün, und von oben schien ein rötliches Licht hinein. Ich sah schöne Säulen wie gewundene Bäume und Weinstöcke darin. Als Joachim ungefähr den dritten Teil des Ganges durchwandelt hatte, kam er an eine Stelle, in deren Mitte eine Säule, wie ein Palmbaum mit niederhängenden Blättern und Früchten gestaltet, stand, und hier trat ihm Anna von Freude leuchtend entgegen. – Sie umarmten sich in heiliger Freude und teilten sich ihr Glück mit. Sie waren entzückt und von einer Lichtwolke umgeben. – Ich sah dieses Licht von einer großen Schar von Engeln ausgehen, welche die Erscheinung eines hohen leuchtenden Turmes tragend, über Anna und Joachim niederschwebten. – Dieser Turm war, wie ich in Bildern aus der lauretanischen Litanei den Turm Davids, den elfenbeinernen Turm usw. gestaltet sehe. – Ich sah, als verschwinde dieser Turm zwischen Anna und Joachim, und es umgab sie eine Glorie von Licht ... Es tat sich der Himmel über ihnen auf, ich sah die Freude der Heiligsten Dreifaltigkeit und der Engel und deren Teilnahme an der hier den Eltern Mariens erteilten geheimnisvollen Segnung. Anna und Joachim wandelten nun Gott lobend bis zum Ausgang unter der goldenen Pforte.«[40]

Das Bild der goldenen Pforte, die von der Legende wie der Vision im Tempel von Jerusalem gesehen wird, enthält nicht nur in bezug auf die Empfängnis Mariens eine tiefe Symbolik, indem es die Öffnung der Grenzen zwischen geistiger und irdischer Welt beschreibt. Wir kennen das Motiv der goldenen Himmelstüre aus zahlreichen Märchen, wo sie meist den Weg zur Verwandlung freigibt, wie zum Beispiel im Märchen von Frau Holle. Im Kontext der Anna-Legende ist es Sinnbild dafür, daß sich das goldene Himmelstor durch die Liebe von Mann und Frau und das Wirken der göttlichen Gnade öffnen kann, damit sich eine Seele auf den Weg in die menschliche Inkarnation begeben darf.

Im Sinne der Legende ist dieses Geschehen heilig wie überhaupt der Moment der Empfängnis eines Kindes. So schreibt der Sufi-Lehrer Reshad Feild: »Ich selbst kann mich erinnern, daß zu dem Zeitpunkt, als mein zweiter Sohn gezeugt wurde, ein strahlendes Licht den ganzen Raum erfüllte.«[41] Die Empfängnis Mariens findet am heiligen Ort Jerusalem statt. Dieser Ortsname bedeutet im Hebräischen, »das Erscheinen (Gottes) ist dort vollkommen«[42], dort wohnt Gott.

In der Legende der heiligen Anna zeigt sich die Bedeutsamkeit des göttlichen Wirkens, das die körperliche Vereinigung des Paares umschließt, im Sinnbild des Tempels. Dieser charakterisiert hier nicht nur eine konkrete Räumlichkeit, sondern den Zustand im geistigen Erleben von Anna und Joachim. Sie sind durch ihr Gebet und ihre Liebe zueinander »in Gott«. Zugleich finden wir im Bild des Tempels auch einen Hinweis auf Christus, in dessen Leib sich der neue Tempel des himmlischen Jerusalems vorbilden wird (vgl. Johannes 2,19.21).

Nur in der Verborgenheit des Tempels, im unterirdischen Gang (Sinnbild der Vagina) kann nach der Vision der seligen Anna Katharina Emmerich dieses heilige Begegnen und die Empfängnis von Maria stattfinden. Denn es umfaßt – so Friedrich Weinreb im mystischer Interpretation – das Geheimnis der Frau, des Weiblichen an sich: »Geheimnis bedeutet: Fundament, Wurzel von allem. Es kann sich nicht zeigen, es bleibt verborgen ... Im Leib der Frau ist der ›Makor‹, die Quelle allen Lebens. Und dort ist ER, dem Wort nach, auch vollkommen verborgen. Nur durch absichtslose Liebe kann man dem Verborgenen näherkommen. Gott, dem Verborgenen, kann man sich nur durch persönliche Liebe und intimes Vertrauen nähern.«[43] Das Motiv der sich umarmenden Eheleute unter der goldenen Pforte hat sich in der Kunst der östlichen wie westlichen Kirche jahrhundertelang der größten Beliebtheit erfreut, zeigt es doch das Mysterium der Empfängnis und der Liebe zwischen Mann und Frau auch auf einer konkreten Ebene. In fast allen Jahrhunderten zeigen die Darstellungen dieses Themas Joachim und Anna in wundersamer Harmonie und Eintracht. Als gleichberechtigte Persönlichkeiten umarmen sie sich in zärtlicher Bewegung und geben damit das Vorbild einer Verbindung, in der Mann wie Frau, jeder ein Teil des anderen, sich gemeinsam in Liebe ergänzen. So hat der allwissende Gott, schreibt die heilige Brigitta von Schweden (1305–1371) über ihre Vision der Eltern Mariens, keine Ehe im gesamten Menschengeschlecht erschaut und gefunden, »welche an vollkommenster Gottesliebe und Heiligkeit der Ehe von Joachim und Anna gleichgekommen wäre. Und darum gefiel es ihm, aus diesem heiligsten Bund den Leib seiner heiligsten Mutter geboren werden zu lassen, welcher das Nest bedeutet, in dem Gott mit der ganzen Fülle seines Trostes Wohnung nehmen wollte.«[44]

Eine russische Ikone aus dem 17. Jahrhundert aus der Jaroslaw-Schule zeigt das Zusammentreffen von Joachim und Anna in spiritueller Überhöhung. Vor dem Abbild des Tempels, hier ein Ausdruck des himmlischen Jerusalems, erscheinen die sich umarmenden Eheleute als zentrale Gestalten im Vordergrund fast selbst wie das Kompositionsschema einer Pforte. Ihre grünen Untergewänder sprechen von den lebendigen Wachstumskräften, die in ihnen wirksam werden. Der flammendrote Mantel Annas, der einem sich öffnenden Engelflügel gleicht, wird von dem mehr rotgoldenen Überkleid ihres Mannes ergänzt, wobei gerade dieser sanftere Farbton Ausdruck für Zärtlichkeit und Herzenswärme ist[45]. Anna legt ihre Hand auf das Herz ihres Mannes, während seine Arme sie umschließen. Ihre Heiligenscheine, Sinnbilder ihrer Erleuchtung durch das göttliche Licht, vermischen sich. Der linke Fuß Joachims liegt auf einem Fuß seiner Frau, ein Hinweis auf die

Farbtafel IV

Empfängnis der heiligen Anna,
auch Begegnung von Anna und Joachim an der Goldenen Pforte genannt
Russische Ikone, 15. Jh.

körperliche Vereinigung der beiden. Annas Füße, die wie kleine rote Flammenzungen gemalt sind, verweisen auf ihre Heiligkeit, ihre himmlische Natur, die in der Antike wie noch in der Frühzeit des Christentums durch die rote Farbe charakterisiert wurde[46]. Gleichzeitig ist aber auch das Rot der Gewandung Annas ein verschlüsselter Hinweis auf Christus, dessen Leiden und Sterben die Farbe Rot zugeordnet wird. In der Komposition dieses Bildes, die – wie alle echten Ikonen – aus der geistigen Schau inspiriert ist, werden die Eheleute fast zu einer Gestalt, zu einem Menschen.

In dieser Darstellungsweise werden Anna und Joachim zum Vorbild der »himmlischen Ehe«, von der Swedenborg umfangreiche Beschreibungen durch seine Reisen in die Sphären der Engel hinterlassen hat. Er schreibt, daß es im Himmel ebenfalls eheliche Gemeinschaften zwischen den Engeln gibt, die sich aber von denen auf der Erde unterscheiden: Diese Himmelsehen bestehen in der Verbindung des Guten und des Wahren zu einem »Gemüt«. Im Himmel spricht man dann davon, daß die Betreffenden nicht zwei, sondern eins seien. Deshalb werden im Himmel zwei Eheleute nicht zwei, sondern »ein Engel« genannt[47]. Die wunderbare Schönheit dieser Engel entsteht durch ihre eheliche Liebe. Die Gefühle und Gedanken, die aus solchen Himmelsehen entspringen, zeigen sich in farbigen Energieformen (auras), die wie Diamanten schimmern, wie Goldbronze und Rubine funkeln. Das eheliche Glück im Himmel wird von Swedenborg als unbeschreibliche Wonne gesehen: »Mit einem Wort: In der ehelichen Liebe stellt sich der Himmel dar ...«[48]

Ist das Bild der ehelichen Umarmung deshalb noch bis in die Blütezeit der Barockkunst so populär, weil es dem verborgenen mystischen Wissen um die himmlischen Freuden der Ehe und damit einer alten Sehnsucht von Frauen wie Männern entspricht? Bis zum Beginn der Neuzeit werden auf zahlreichen Darstellungen Anna und Joachim in ihrer Umarmung von einem Engel überschattet. Er ist Ausdruck der göttlichen Wirkungskräfte (meist in der Gestalt des Erzengels Gabriel), die bei jedem Zeugungsvorgang anwesend sind. Im Sinne Swedenborgs kann der Engel über dem Ehepaar aber auch als Abbild ihrer himmlischen Ehe gedeutet werden, in der sie zu einer Gestalt verbunden sind.

Mit dem Buch in der Hand

Jeweils am 26. Juli, am Festtag der heiligen Anna (und ihres Mannes Joachim), werden in den Meßgebeten der katholischen Kirche Texte zum Lobpreis der Heiligen verlesen. So heißt es:

»Königstöchter bilden dein Ehrengeleite; zu deiner Rechten steht die Königin im goldenen Gewand, in bunte Pracht gehüllt« (Psalm 44,10).

Aus dem Buch der Weisheit (Sprüche 31,10–31) werden ihre Tugenden zitiert und hervorgehoben, wie:

»Kraft und Würde sind ihr Gewand, sie spottet der drohenden Zukunft. Öffnet sie ihren Mund, dann redet sie klug, und gütige Lehre ist auf ihrer Zunge.«

Als Inkarnation der klugen und umsichtigen Frau wird die heilige Anna in der bildenden Kunst oft auch als lehrende Mutter gezeigt, die mit der Heiligen Schrift in der Hand (in Form einer Schriftrolle oder eines Buches) ihre Tochter Maria unterrichtet.

Mit diesem Motiv gelangen wir wieder zum Bild der Sophia, der göttlichen Weisheit, zu deren Attributen auch das Buch (mit den heiligen Gesetzestafeln) in der Hand gehört[49]. Hat sich in der christlichen Religion des Abendlandes die Verehrung der himmlischen Weisheit als Mutter und Lehrmeisterin der Menschen auf die Gestalt der heiligen Anna übertragen? Mit dieser Frage soll hier nicht gesagt sein, daß die heilige Anna der Gestalt der Sophia ganz entspricht, aber das Attribut des Buches wird insbesondere in der westlichen Kunst kaum noch Maria, dafür immer wieder ihrer Mutter zugeordnet. Auffallend ist in der Geschichte der Heiligenverehrung auch, daß die »Modeheilige« Anna am Ende des Mittelalters den Kult um die heilige Katharina, die »Tochter der himmlischen Weisheit«, abgelöst hat[50] und die heilige Anna nun als Patronin an den Betten der gebärenden Frauen wie auch der Kranken und Sterbenden gesehen wird. Es kann sogar davon gesprochen werden, daß die Annenverehrung um 1500 eine Zeitlang »den Ruhm der Tochter« Maria überstrahlt[51].

Die Großmutter Anna, die Gottesmutter Maria und ihre spirituelle (Schwieger-)Tochter Katharina, sie erscheinen in ihrer spirituellen Deutung und Wirkungsweise in der Geschichte des westlichen Christentums wie drei unterschiedliche Facetten der verborgenen Gestalt der Sophia, die kaum erkannt, aber dennoch im mystischen Erleben der Gläubigen wirksam ist.

In dieser mystischen Dreiheit (Anna – Maria – Katharina), die wir auf Bildern der Heiligen Sippe hervorgehoben finden, spiegeln sich aber auch weibliche Personifizierungen unterschiedlicher Stufen des geistigen Entwicklungsweges zur Ganzwerdung in Christus, wobei wir in der Gestalt der heiligen Anna unter vielen anderen den besonderen Aspekt des »Loslassens« entdecken können:

Anna ist durch die Geburt ihrer Tochter reich beschenkt worden. Sie hat aber, und das gehört zu den mystischen Aussagen der Legende, nicht an diesem Gottesgeschenk festgehalten, sich nicht gebunden. Gemeinsam mit ihrem Mann hat sie ihre drei Jahre alte Tochter Maria dem Tempel geopfert. Mit dieser uns heute fremd erscheinenden Weihegabe hat sie ihr Kind in symbolischer Geste Gott vertrauensvoll zurückgegeben. Sie hat es dadurch vorbereitet, die Mutter des Erlösers, Gottesgebärerin, zu werden.

Nur wenn wir loslassen, verdeutlicht die Gestalt der Anna, was uns das Liebste im Irdischen ist; nur wenn wir nicht daran festhalten, wird der Weg zur geistigen Erlösung geöffnet. Unter diesem Aspekt wird die heilige Anna zur Lehrmeisterin und Erzieherin für alle, die ihre Gestalt als Pforte zu Christus betrachten.

Land der heiligen Anna: Bretagne

Heiligtümer der heiligen Anna sind auf der ganzen Welt verbreitet[52]. Ihre Verehrung hat sich bis in die Gegenwart im Bereich des katholischen Volksglaubens in einigen Regionen erhalten[53], auch wenn das breite Wissen um die Bedeutung dieser Heiligen verlorengegangen ist. Die Entfremdung, die zwischen zahlreichen Gläubigen, vor allem auch Frauen, und der Gestalt der heiligen Anna stattgefunden hat, rührt zum Teil sicher aus dem Bemühen von klerikal-katholischer Seite, die »Mutter Anna« als Vorbild einer kleinbürgerlichen Ehefrau und mustergültigen Hausfrau zu benutzen[54]. Gleichzeitig sind heute viele Frauen und Männer dem Wissen um die mysti-

Die heilige Anna unterrichtet ihre Tochter Maria in der Heiligen Schrift
Zeichnung nach Szenen aus dem Marienleben, Cluny (um 1320)

sche Dimension von Empfängnis, Schwangerschaft und Geburt sowie Mutter- und Vaterschaft, wie es sich in der Legende der heiligen Anna spiegelt, ganz und gar entfremdet, was aus der Diskussion über künstliche Befruchtung, Abtreibung und Gen-Technik zu erkennen ist.

Im »Land der heiligen Anna«, in der Bretagne, ist in den vergangenen Jahren eine Wiederbelebung der Anna-Verehrung zu beobachten. So haben an der jährlichen Wallfahrt im bedeutendsten Anna-Heiligtum Europas, in Sainte Anne d'Auray, am 26. Juli 1989 mehr als 30000 Menschen teilgenommen.

Eine besondere spirituelle Nähe der heiligen Anna wird aber von den Teilnehmern des jährlichen Pardons (Abbittgang) im bretonischen Sainte Anne La Palud erfahren. Dort wird eine wundertätige Annen-Figur verehrt, die der Legende nach über das Meer zu den Bretonen geschwommen sein soll. Eine Pilgerin, die sich wegen der Arbeitslosigkeit ihres Mannes an die Fürbitte der Heiligen wandte, berichtete mir in einem Gespräch von ihrer geistigen Begegnung mit der heiligen Anna an diesem Ort (im Jahre 1988): »Während des Gottesdienstes sah ich plötzlich vor meinem geistigen Auge einen gewaltigen Lichtkranz, so hell wie die Sonne. Darin erblickte ich schemenhaft eine große, leuchtende Frauengestalt, die auf einem Thron saß. Ich befand mich zu ihren Füßen. Die Gestalt sprach zu mir: Ich bin die heilige Anna. Ich habe deine Gebete gehört, und ich verspreche dir, deine Bitte wird erhört werden.«

Ein Mann wie ein Engel – der heilige Josef

Der Name Josef bedeutet im Hebräischen »Zuwachs, Hinzufügung, Er vermehre« und weist damit bereits auf den geistigen Auftrag des Heiligen hin. Der heilige Josef wird als Nährvater Jesu oder auch als Bräutigam der Gottesmutter Maria bezeichnet[1]. Nach der Überlieferung des Neuen Testaments lebte der gesetzliche Vater Jesu in Nazareth als Zimmermann. Sein Name wird im Zusammenhang mit verschiedenen Stationen der Kindheit Jesu (Geburt, Verfolgung, Flucht) besonders im Lukasevangelium genannt. Es wird im allgemeinen angenommen, daß Josef vor dem öffentlichen Wirken Jesu gestorben ist. Die Verehrung des heiligen Josef war im orientalischen Raum schon frühzeitig bekannt. Zur Legendenbildung trugen die Aufzeichnungen der apokryphen Evangelien bei, die Josef als bejahrten Witwer schildern. Josef soll bereits bei seiner Vermählung mit Maria neunzig Jahre alt gewesen sein und aus erster Ehe sechs Kinder oder sogar mehr gehabt haben[2]. Seine Eheschließung mit Maria geschah dabei keineswegs nach seinem Willen. Allein der Gehorsam gegenüber den Hohenpriestern von Jerusalem, die für die heranwachsende Tempeldienerin Maria der Sitte nach einen Ehemann suchten und durch ein Gottesurteil Josef bestimmten, ließ ihn diese Verbindung eingehen. In den frühen Legendenbildungen überwog das Bestreben, durch das Alter des heiligen Josef seinen jungfräulichen Ehestand mit Maria zu unterstreichen und möglichen Zweifeln zuvorzukommen. Dabei trat Josef selten als eigenständige Gestalt hervor, immer erschien er als Begleitperson von Maria und dem Jesuskind und bildete einen unauffälligen Rahmen ihres Wirkens. Schon frühzeitig, so nimmt man heute an, wurde der Festtag des Heiligen auf den 19. März gelegt. Dieser Tag war im Römischen Reich ursprünglich das Hauptfest der großen staatsbeschützenden Göttin Minerva, auch als Schutzgöttin der Handwerker und der gewerblichen Kunstfertigkeit verehrt wurde. Bis zum ausgehenden Mittelalter ist Josef zwar in diesem Sinne als Schutzpatron der Handwerker bekannt, war dabei aber keineswegs eine Gestalt, auf die sich das Interesse der Gläubigen in größerem Umfang gerichtet hätte. Seine Gestalt wurde im Gegenteil mit Zwiespältigkeit, ja fast mit Spott betrachtet. Dazu gaben immer wieder die Spekulationen über sein hohes Alter und Zweifel an seiner jungfräulichen Eheführung Anlaß. In den geistlichen Schauspielen des Mittelalters wurde er häufig als komischer Alter dargestellt, der sich durch seine eigenartigen Handlungen selbst entehrte[3]. Während die heiligen Petrus oder Paulus beispielsweise als vorbildhafte Persönlichkeiten in der Geschichte des Christentums erschienen, mit denen sich selbst der Papst identifizieren konnte, erkannten nur wenige in der Gestalt des heiligen Josef ein bewundernswertes Ideal. Seine Tugenden – das stille Wirken und sein bedingungsloses, schützendes Dienen für Frau und Kind sowie die Verwirklichung seiner Verbindung zu Maria, die nicht von Sexualität geprägt war – riefen in der christlichen Kultur, die von den Idealen einer expansiven Männlichkeit geprägt waren, eher Befremden und Ablehnung hervor.

Die Heilige Familie
Linker Innenflügel des Klarenaltars Köln, jüngerer Meister (um 1400)
Ein anderes Männlichkeitsideal – der dienende Vater

Es erscheint darum auch nicht erstaunlich, daß ausgerechnet eine Frau, die heilige Brigitta (1303–1373), durch ihre Visionen über den heiligen Josef erste Anstöße zu einer veränderten Wahrnehmung seiner Gestalt einleitete. Die Bestrebungen der heiligen Brigitta wurden fortgesetzt, als bedeutende Vertreter des Franziskanerordens im 14. Jahrhundert neue mystische Sehweisen des heiligen Josef zu verbreiten begannen, die seine Einfachheit und Schlichtheit, seinen Gehorsam gegenüber dem Jesuskind hervorhoben und in ihm eine Verkörperung der franziskanischen Ideale erkannten[4]. Mit dem Kult um die »Heilige Sippe« und die heilige Anna erlangte die Gestalt des heiligen Josef auch in der breiten Volksverehrung langsam einen höheren Stellenwert. »Seine« Zeit, die sich dann mit unvorstellbarer Popularität verband, begann aber erst in der frühen Neuzeit und erreichte einen ersten Höhepunkt im ausgehenden 16. Jahrhundert, so daß wir vom heiligen Josef als einer der zentralen Kultgestalten der Gegenreformation sprechen können. Seine Bedeutung hatte sich jedoch weniger aufgrund intensiver kirchenpolitischer Bemühungen herauskristallisiert. Seine besondere Verehrung entsprach zu diesem Zeitpunkt vielmehr den Sehnsüchten und Bedürfnissen von breiten Volksschichten, die in der allgemeinen gesellschaftlichen Verunsicherung, die sich auf alle Bereiche des Lebens auswirkte, Halt und Schutz in der Gestalt des heiligen Josef als Familienvater suchten. Hierbei richteten sich die Anliegen des Volkes sehr viel weniger an die heilige Anna und kaum noch an die heilige Katharina oder Barbara (abgesehen von regionalen Ausnahmen wie beispielsweise Oberschlesien), deren weibliche spirituelle Aspekte eine Verdrängung erfahren hatten. Mit der breiten Verehrung des heiligen Josef zog ein neuer männlicher Aspekt in das mystische Glaubensleben ein, der in seiner Sanftmut und Güte wie ein spirituelles Gegengewicht gegen die expansiven Veränderungen der Neuzeit, die Kolonisierung und Unterwerfung der Welt, die beginnende Industrialisierung und Rationalisierung weiter Lebensbereiche erscheint. Die intensive Hinwendung zum heiligen Josef führte auch zu einer erweiterten geistigen Innenschau und Sehensweise seines Lebens. Eines der wichtigsten visionären Werke über sein Leben, »Das Leben des heiligen Josef« von der Äbtissin Maria Cäcilia Baij[5], entstand 1736. Zu diesem Buch sagte der heilige Josef im Jahre 1746 in einer strahlenden Erscheinung der Ordensfrau: »O Tochter, Du hast über mich gut geschrieben«[6]. Durch die Mystikerin Anna Katharina Emmerich wurde zu Beginn des 19. Jahrhunderts das Bild des heiligen Josef in weiteren Visionen ergänzt, und ihre Schauungen stimmen in wesentlichen Punkten mit den Visionen von Maria Baij überein, wonach Josef ein tugendhafter, frommer Jüngling von schöner Gestalt gewesen sein soll. Diese Schauungen trugen durch ihre weite Verbreitung zu einem Fortbestehen der Josefs-Verehrung im katholischen Volksglauben auch im 19. Jahrhundert bei. Unglücklicherweise jedoch bemächtigten sich in der Mitte des 19. Jahrhunderts führende Vertreter des Katholizismus seiner Gestalt und stilisierten ihn in den Auseinandersetzungen um die sozialen Auswirkungen der Industrialisierung als »Kontrastfigur des unzufriedenen Industriearbeiters« hoch[7]. Als geistiger Gegenspieler gegen die von der katholischen Kirche verteufelte Sozialdemokratie wurde er zu einem Symbol der Restauration und Unterstützung der Reichen, indem er das Idealbild des stillen, treuen Arbeiters darstellte, unter dessen Schutzpatronat auch die katholischen Arbeitervereine gestellt wurden. Im Spannungsbereich der sozialen Frage erhob Papst Pius IX. 1870 den heiligen Josef zum Schutzpatron der gesamten Kirche. Sein Andachtstag wurde der Mittwoch, an dem seine Verehrung liturgisch und kultisch besonders gepflegt wird.

Auch im 20. Jahrhundert blieb die Gestalt des Heiligen nicht nur in der intensiven Verehrung des Volksglaubens, sondern auch kirchenpolitisch innerhalb des Katholizismus bedeutsam. Während der Auseinandersetzungen des Kalten Krieges wurde der heilige Josef wiederum als Symbolgestalt – nun gegen den sowjetischen Kommunismus – aktualisiert und eingesetzt[8]. Dadurch ist er für viele kritische Gläubige zur Identifikationsfigur eines kleinbürgerlichen, engstirnigen Katholizismus geworden, was einen Zugang zu seiner verborgenen mystischen Bedeutung und spirituellen Dimension – auch für die Gegenwart – nachhaltig verschlossen hat.

Der stille Begleiter

»Wir wissen«, schreibt der mittelalterliche Theologe Albert der Große, »daß beim Aufgang des Zeichens der himmlischen Jungfrau die Geburt unseres Herrn Jesus Christus stattfand und daß alle göttlichen Mysterien seiner Fleischwerdung, von seiner Geburt bis zu seiner Himmelfahrt, in den Konstellationen aufgezeichnet und in den Sternen (des Himmels) vorgebildet waren, die sie verkündigt haben.«[9] Zur Seite des Sternbildes der Jungfrau, die als Mutter des Sonnenkindes gilt, befindet sich am Anfang des Jahres das Sternbild des Bootes. In der Astralmythologie gilt es als das Symbol des heiligen Josef. Während des ganzen Weges über den Himmel hin begleitet das Boot die Jungfrau, geht am Abend aber nicht mit ihr am Horizont unter, um mit ihr »zu Bett zu gehen«, sondern bleibt noch die halbe Nacht am Firmament sichtbar. So gilt dieses Sternbild in der astralmythologischen Interpretation nur als der »Nährvater«, aber nicht als der wirkliche Vater der neuen Jahressonne, die den Welterlöser symbolisiert. Diese astronomische Konstellation erscheint als die entgegengesetzte Darstellung des biblischen Sündenfalles, wo die Frau den Mann herabzieht und zur Sünde verführt. Im Evangelium hingegen hält sich der heilige Josef in keuscher Distanz zu Maria. Das Verweilen des Bootes am nächtlichen Himmel, während die Jungfrau am Horizont untergeht, prägte die Vorstellung, daß sich Josef mit der Absicht trug, sich gänzlich von seiner Frau zu trennen. Im Alten Testament wird Eva in Abwesenheit ihres Gatten vom Satan versucht. Ihr Sohn, der nach dem Sündenfall geboren wird, ist Kain, der erste Mörder, das Urbild von Mißgunst und Gewalttätigkeit. Im Evangelium hingegen ist es der Heilige Geist, der die Jungfrau »überschattet«, und die Frucht dieser Begegnung ist der Welterlöser in seiner Barmherzigkeit und Güte, der als die Sonne das kosmische Geschehen am Himmel dominiert. Im astralen Mythos ist die Jungfrau Maria so die christliche Entsprechung der alten Eva, ein Zusammenhang, der nicht nur bei den Gnostikern in der Zeit des frühen Christentums weitläufig bekannt war[10].

Das Sternbild des Bootes bezeichnet in seiner Symbolik bereits die tragende und begleitende Funktion, die der heilige Josef innehat. Still und schützend begleitet er die Mutter mit dem Kind über den »Fluß der Zeit« und bewahrt sie davor, in den Fluten des Lebens unterzugehen. Damit steht der heilige Josef aber auch für einen wichtigen Aspekt unserer eigenen spirituellen Entwicklung. Der Mystiker Johannes Tauler (gestorben 1361) schreibt: Unter dem Jesuskind soll man auch »eine reine Lauterkeit verstehen ... Der Mensch soll klein sein in unterwürfiger Demut. Bei der Mutter (Maria) soll man an die wahre Liebe zu Gott denken, die Liebe ist eine Mutter der lauteren Demut, eine Selbst-Verkleinerung des Menschen in Unterwürfigkeit unter Gottes große Lauterkeit ... Josef ist nichts anderes als ein fleißiges, festes Stehen in einem gottseligen Leben und in einem ununterbrochenen Zunehmen. Wahrhaftig, das hütet das Kind gar wohl und auch die Mutter ... Solche Hüter wie Josef sollten« alle Vertreter der Kirche sein und »alle Menschen behüten, solange sie jung sind, ein jeglicher seinen Untergebenen so, wie es ihm nütze ist.«[11]

Das einfache, braune Gewand, das der heilige Josef in vielen Darstellungen trägt, charakterisiert ebenfalls seine beschützende, umhüllende Rolle. Diese Farbe gleicht in ihrer Symbolik der »neuen Erde«, deren Saat (das göttliche Wort) noch – wie auf den Feldern in der Jahreszeit seines Festes (19. März) – im Verborgenen ruht, bevor sie im Frühling (des göttlichen Lichtes) wachsen wird.

Die Gestalt des heiligen Josef ist in ihrer tiefen mystischen Bedeutung vor allem in den verborgenen esoterischen Schulen des Christentums bekannt gewesen. Sein Wirken in der Stille gab den Anhängern einer christlichen Reinkarnationslehre Anlaß zu der Vorstellung, seine Gestalt sei in den geheimnisvollen mystischen Lehrern wie Christian Rosenkreuz und später in St. Germain wiedergekommen, um – immer wieder neu – das Christuslicht in den Menschen zu beschützen und zu behüten.

Helfer der Sterbenden

Aus drei Gründen, so schreibt der italienische Bischof Alphons Liguori in der Mitte des 18. Jahrhunderts, ist der heilige Josef ein besonderer Patron für alle Hilfsuchenden, insbesondere aber für die Sterbenden: Jesus hat ihn wie einen Vater geliebt, daher ist er in seiner Fürsprache vor Gott überaus mächtiger als alle anderen Heiligen. Da Josef das Jesuskind vor den Nachstellungen des Herodes bewahrte, erhielt er himmlische Macht gegen die bösen Geister, die uns in der Todesstunde anfechten. Weil Jesus und Maria dem heiligen Josef in seiner Sterbestunde Beistand leisteten, hat er nun im Himmel das Schutzpatronat erlangt, seinen treuen Dienern einen heiligen, sanften Tod zu schenken[12]. »Mache dir täglich in der Frühe einen Vorsatz, irgendeine Tugend dieses Heiligen des Tages hindurch zu üben; auf solche Weise wirst du dann gut leben und mit dem Beistande des heiligen Joseph gut sterben.«[13]

Die verbreitete Verehrung des heiligen Josef als Schutzpatron der Sterbenden im 17. und 18. Jahrhundert wurde auch durch die Visionen von Maria Baij unterstützt, in denen das lange Leiden und der selige Heimgang des Heiligen eine ausführliche Darstellung fanden. Darin wird das Sterben des Heiligen als intime Familienszene geschildert, in der sich Jesus und Maria von dem scheidenden Vater verabschieden: »Der glückliche Josef fühlte die letzten Augenblicke seines Lebens nahen. Er vernahm himmlische Gesänge ... Der Heilige war mehr denn je von der göttlichen Liebe entflammt. Unter Schmerzen und Tränen sprach er noch so gut er konnte mit Jesus und Maria, die ihm beistanden. Er bat sie um Verzeihung seiner Fehler und dankte ihnen von Herzen für alle erwiesene Liebe und die vielen Gnaden, die sie ihm beim göttlichen Vater erfleht hatten.«[14]

In der zunehmenden Bedeutung des Sterbepatronats des heiligen Josef im 16. Jahrhundert spiegelt sich eine veränderte Einstellung zum Tod, zum Sterbevorgang wider, die sich mit dem Beginn der Neuzeit durchgesetzt hatte. Starben die Menschen in den Jahrhunderten vorher, wie es der Historiker Philippe Aries ausführlich dokumentiert hat, im Bewußtsein der Einsamkeit und der Erwartung, vor Gottes Richterstuhl hintreten zu müssen, so vollzog sich nun das Sterben sehr viel mehr in der Geborgenheit der vertrauten Angehörigen. Von ihren Gebeten fühlte man sich getragen und begleitet auf dem Weg in die jenseitige Welt, der man weniger mit Angst als mit Zuversicht auf den barmherzigen Herrn Jesus entgegensah[15]. Die Verwandlung der Großfamilien als umfangreiche Lebensgemeinschaft verschiedenster Generationen zur bürgerlichen

Der heilige Josef mit dem Jesuskind
Cornalisz (1470–1533)
In dieser liebevollen Intimität eine seltene Darstellung in der christlichen Kunst

Kleinfamilie, die zu diesem Zeitpunkt bereits begonnen hatte, bedeutete auch eine Entwicklung von sehr viel engeren Beziehungen zu einzelnen Familienmitgliedern. Sehr viel größere Lücken wurden deshalb beim Tod eines Angehörigen empfunden. Deshalb lag die religiöse Betrachtung der Heiligen Familie den Gläubigen der Barockzeit sehr viel näher als der Blick auf die gewaltige »Heilige Sippe« Jesu, die 150 Jahre vorher noch tiefe Verehrung ausgelöst hatte (vgl. S. 171). Der heilige Josef wurde nun zum mystischen Familienvater, der sich fürsorglich der sterbenden Seele annimmt und sie liebevoll in die ewige Heimat, in ihre himmlische Familie begleitet.

»Geht alle zu Josef, dem Vater der Armen;
Er stillet den Kummer, er heilet den Schmerz;
Sein Vaterherz glühet vor Lieb und Erbarmen,
Fleht innig zu ihm und tut auf euer Herz!

Ihm gleichet kein Engel an Hoheit und Würde,
Weil Gott ihm sein Liebstes zur Pflege vertraut;
Groß ist der Auftrag, doch leicht wird die Bürde,
Es steht ihm zur Seite die göttliche Braut.«[16]

Der gute Mann

»Mit Gottes Gnade . . . gelangte Josef zu einem Lebensstande, daß er ein Engel des Paradieses zu sein schien. Sein Geist war immer mit Gott beschäftigt, seine Liebe zu ihm immer glühender, ja sein ganzes Verlangen ging dahin, Gott in allem seinem Tun Freude zu bereiten.«[17] In den Visionen von Maria Baij und Anna Katharina Emmerich wird mit dem heiligen Josef das Bild eines »neuen« Mannes gezeichnet, das Idealbild eines guten Vaters, der seine Familie wie ein Schutzengel behütet, sich hinter sie und damit sich selbst zurückstellt. So sieht Anna Katharina Emmerich in einer Vision den heiligen Josef hinter Maria mit dem Jesuskind in einem Betsaal stehen, »obschon die anderen Männer und Frauen an beiden Seiten des Raumes getrennt stehen und sitzen«[18]. Josef und Maria werden in dieser Bildsymbolik in einer Verbindung gesehen, die andere Paare, trotz ihrer Hinwendung zu Gott, noch nicht besitzen. Ihr familiärer Einklang wird durch das Bestreben geschenkt, sich gegenseitig zu dienen, in Liebe und Geduld miteinander umzugehen und ständig die Hilfe Gottes dazu zu erbitten. In der Lebensbeschreibung des Heiligen von M. Baij wird ein alltägliches Gespräch zwischen Maria und Josef geschildert: Der Heilige dankte Maria ganz bescheiden für ihre liebevolle Sorge um ihn. »Er gab ihr seine Sehnsucht kund, ihr in allem wahrhaft zu dienen. ›Ich wäre überaus zufrieden‹, sagte er, ›wenn Gott mich zu deinem Diener bestimmt hätte. Doch er will, daß ich die Stelle eines Familienvaters einnehme ... Ich tue dies aber nur, um Seinem heiligsten Willen zu gehorchen. Ich bitte Dich daher, habe Geduld mit meinen Fehlern und Schwächen. Hilf mir, den Herrn zu loben und Ihm zu danken, daß Er sich gewürdigt hat, mir so viele Erweise seiner Huld zu schenken.‹ ... Josef sah seine Gemahlin immer schöner und anmutiger. Er staunte bei jeder Gelegenheit über ihre Tugendhaftigkeit und war sehr erbaut, wenn er sie betrachtete. Oft sagte er bei sich: ›Welch ein Glück ist mir beschieden, in der Gesellschaft eines so würdigen Geschöpfes zu sein! Wie konnte ich mir jemals eine so große Gnade verdienen?‹«[19] In dieser Einfachheit und Zärtlichkeit blickt der Heilige auch auf das Jesuskind: In ihm und seiner Mutter »fand er seine ganze Liebe«[20].

Auch wenn die Schreibweise dieser visionären Erzählung heute in ihrer Kindlichkeit befremden mag, so vermittelt gerade sie einige wesentliche Elemente, die den heiligen Josef zu einer Symbolgestalt von wichtigen christlichen Eigenschaften machen. Er sieht nicht auf die Fehler und Mängel seiner Nächsten, sondern erkennt in ihnen das göttliche Licht, dem er zu dienen bereit ist. Es geht ihm nicht um seinen Vorteil, sondern um das Wohlergehen der anderen, wobei er auch in den extremen Situationen von Armut und Not, Verfolgung, Flucht und Vertreibung seiner Geisteshaltung treu bleibt. Jesus sagt: »... wer aber mich aufnimmt, der nimmt den auf, der mich gesandt hat. Denn wer unter euch allen der Kleinste ist, der ist groß« (Lukas 9,48).

Die wunderbaren Zwillinge Kosmas und Damian

Neuere Forschungen haben historische Anhaltspunkte dafür gefunden, daß die Märtyrer Kosmas und Damian syrische Christen waren, deren Gräber sich im nördlichen Syrien bei Kyrrhos befanden[1]. Theodoret (gestorben 458) erwähnt bereits eine Kultstätte der Heiligen an diesem Ort wie Umstände ihres Lebens, die zur Legendenbildung führten: Kosmas und

Kosmas der Arzt mit dem Harnglas, Damian als Wundarzt mit Salbgefäß und Salbspatel
Holzschnitt aus H. v. Gersdorff, Feldtbuch der Wundarztney, Strasszburg (1526)

Damian waren arabische Zwillingsbrüder, die von einer sehr frommen christlichen Mutter geboren waren. Zur Ausübung ihres Berufs als Ärzte hatten sie ein Hospital eröffnet. Da ihnen der Heilige Geist große Gnaden verliehen hatte, konnten sie alle Krankheiten bei Menschen und Tieren heilen. Für ihre Hilfe nahmen sie kein Geld oder andere Geschenke an. Beständig blieb einer von ihnen im Hospital, der andere zog umher und besuchte die Kranken[2]. Durch ihre Heilkunst und Barmherzigkeit gewannen sie viele Menschen für den christlichen Glauben. Aufgrund ihrer großen Geschicklichkeit und Hilfsbereitschaft standen sie in hohem öffentlichen Ansehen. Der Ruhm der zwei Ärzte drang bis zum Prokonsul Lysias vor. Er ließ sie zu sich rufen und befahl ihnen, gemeinsam mit ihren drei weiteren Brüdern den Göttern zu opfern. Da sie als Christen das Opfer ablehnten, ließ er die Brüder an eine Kette fesseln und ins Meer werfen. Ein Engel rettete sie und stellte sie erneut vor den Richter. Danach wurden sie ins Feuer geworfen, doch die Flammen verletzten sie nicht. Dann kreuzigte man Kosmas und Damian und steinigte sie, aber die Steine prallten zurück und verletzten viele. Vier Soldaten wurden gerufen, um die Heiligen mit Pfeilen zu töten, aber sie blieben immer noch unversehrt. Deshalb wurden alle Brüder am folgenden Morgen enthauptet[3].

Die Legendenfassungen von Kosmas und Damian, die im Mittelalter weite Verbreitung fanden, sind direkt mit Heilungswundern und Erscheinungen der Heiligen nach ihrem Tod verbunden. Eines ihrer berühmtesten Wunder ist die Heilung eines Kirchendieners, der in der römischen Kirche von Kosmas und Damian arbeitete. Dieser Mann hatte ein vom Krebs zerfressenes Bein. In einer Nacht erschienen dem leidenden Mann im Traum die beiden Heiligen und brachten ärztliche Instrumente und Salbe mit. »Da sagte der eine zum anderen: ›Wo sollen wir frisches Fleisch hernehmen, um das Loch zu füllen, wo wir faules Fleisch zerschneiden müssen?‹ Da sagte der andere: ›Auf dem Friedhof zu Sankt Peter ist heute ein Schwarzer beerdigt worden, der ist noch frisch: hole von ihm, was wir für diesen hier brauchen.‹ Also lief der eine zum Friedhof und holte das Bein des Schwarzen. Die Wunden salbten sie sorgfältig. Das Bein des Kranken legten sie danach an den Leichnam des Schwarzen.«[4] Der geheilte Kirchendiener

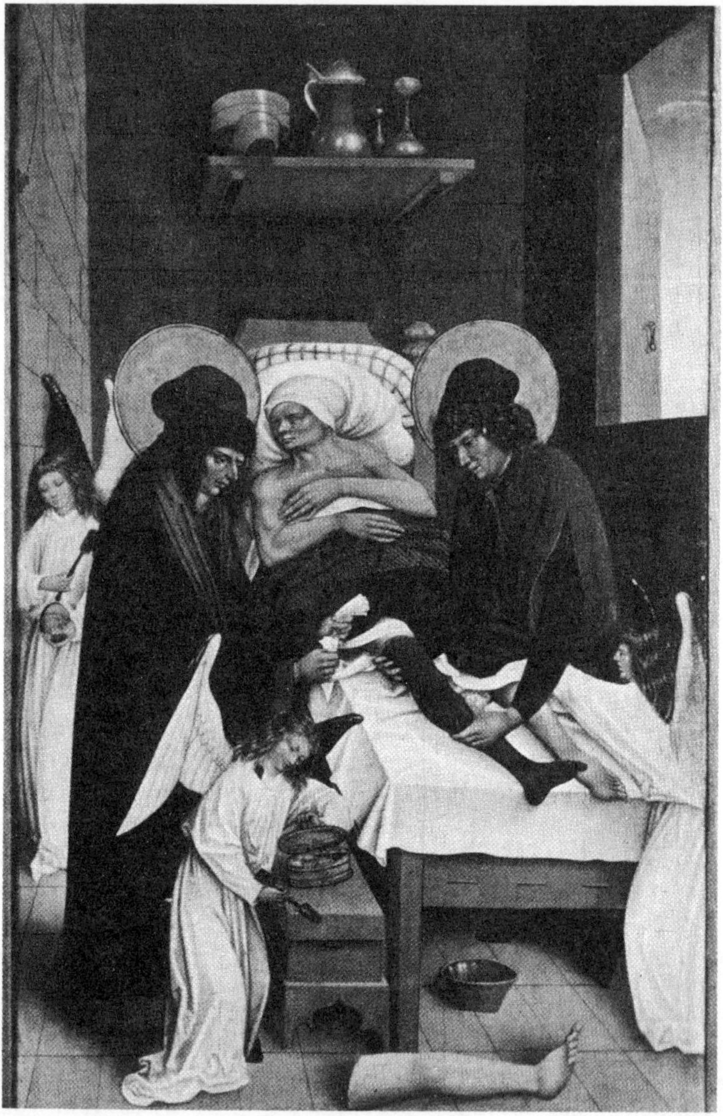

Verpflanzung eines Mohrenbeines durch die heiligen Ärzte Kosmas und Damian
Ausschnitt aus einem spätgotischen Tafelbild in Ditzingen

erwachte am nächsten Morgen gesund und schmerzfrei, mit einem schwarzen Bein. Bei der Untersuchung des Grabes fand man hingegen das abgeschnittene kranke Bein.

Schon frühzeitig standen die Namen der beiden Heiligen in der Allerheiligenlitanei, ein Zeichen für die hohe Verehrung, die ihnen bald nach ihrem Tod zuteil wurde. Zahlreiche Kirchen wurden ihnen geweiht, die sich zumeist an Heilquellen befanden[5]. Die Heiligtümer waren oft ehemalige römische Kultstätten, die den Dioskuren, dem antiken Götterpaar Kastor und Pollux, geweiht waren oder dem Heilgott Asklepios. In der ihnen geweihten Kirche in Konstantinopel erschienen Kosmas und Damian jede Nacht den dort Heilungsuchenden im Traum. Nach zeitgenössischen Berichten glich diese Kirche einem Hospital, in dem die heiligen Ärzte jede Nacht in Standestracht in den Träumen der Kranken Visite machten, die Kranken befragten, Rezepte und Ratschläge mitteilten, Behandlungen vorschlugen oder sogar gleich Hand anlegten[6]. Neben der Kirche, die eine weitläufige Anlage darstellte, war auch ein Krankenhaus, in dem Hilfesuchende manchmal mehrere Jahre geduldig zubrachten, bis ihnen die Heiligen die Gunst erwiesen und im Traum erschienen, um die ersehnte Heilung zu bringen. Diese Wartezeit wurde als Möglichkeit der Besinnung und Umkehr von den Kranken genutzt.

Im fränkischen Gebiet wurde der Kult um Kosmas und Damian durch Bemühungen von Karl dem Großen im Laufe des 9. Jahrhunderts populär und verbreitete sich rasch[7]. Als Schutzpatrone der Ärzte, Chirurgen, Ammen, Krämer und Zuckerbäcker waren sie im religiösen Leben des Mittelalters allgegenwärtig, auch wenn die Intensität ihrer Verehrung im Volksglauben regional sehr unterschiedlich war. Auch heute noch läßt sich manchmal ihr Bild in älteren Apotheken entdekken. Als Attribute tragen Kosmas und Damian meist medizinische Instrumente, Salbenbüchsen oder Mörser mit Stößel.

Ihr Festtag war der 27. September und lag damit zwei Tage vor dem Fest des Erzengels Michael (29. September), der ebenfalls zu den großen himmlischen Heilergestalten gehört. Die Zahl 27 entspricht der Potenz 3^3 und birgt damit verschlüsselte Hinweise auf die göttliche Dreifaltigkeit wie auch die Zahl Neun. Diese Zahl spiegelt sich auch in der Monatsfolge, im September als neuntem Monat des Jahres wider. In der jüdischen Mystik bezeichnet die Zahl Drei den Mann, der seine Vollendung in der Zahl Neun findet[8]. Die Symbolik der Neun verweist auch auf die neun Hierarchien der Engel, auf ihr geistiges Wirken und das Leben der himmlischen Welten. Bereits das Datum ihres Festtages enthält also mystische Hinweise auf die Bedeutung von Kosmas und Damian als Diener des Himmels, als »vollkommene« Männer. Unter Mißachtung dieser spirituellen Hintergründe wurde der Festtag der Heiligen nach der Kalenderreform im Jahre 1969 um einen Tag auf den 26. September vorverlegt.

Von der Zweiheit zur Ganzheit

Das Sternbild der Zwillinge wurde in der griechischen Mythologie vielfältig gedeutet. Man sah in dieser Sternenkonstellation die Vertreter von Abendstern und Morgenstern, von Tag und Nacht, von Sommer und Winter oder die beiden Himmelshälften[9]. Man nannte sie Apollo und Herakles, andere bezeichneten sie als Triptolomos und Jasias, die beiden Lieblinge der Demeter, die im Zeichen der Jungfrau ihre astrologische Entsprechung hatte und von den Zwillingen 90 Grad entfernt war. Im allgemeinen wurden sie jedoch als Kastor und Pollux, die göttlichen Zwillinge, angesehen, die mit je einem Stern über dem Kopf dargestellt wurden. Wenn die Frühlingsstürme vorüber waren und die Stellung der Zwillinge am westlichen Abendhimmel mit dem untersten Stand der Milchstraße einherging, blickte man dankbar zu ihnen auf als Beschützer der Seeleute, als Erretter in Sturmgefahr, die Bedrängten auf himmlischen Lichtpferden zu Hilfe eilten[10].

Das Zwillingsmotiv symbolisiert weltweit in verschiedensten Mythen die Entstehung des Kosmos, die Urtrennung aus der göttlichen Eins, mit der alle Hauptgegensätze des Lebens sichtbar werden. Die Zwei, die sich aus dem allumfassenden Ganzen bildet, ist dabei nicht eine einfache Wiederholung oder Verdoppelung. Sie beschreibt vielmehr die Urgegensätze, die konträren Hälften, die aller Buntheit und Vielfalt der Welt zugrunde liegen. Im kosmischen Zusammenhang, im Klang der Welten und Sphären ergänzen sie sich voller Harmonie[11]. In bezug auf das Menschenleben aber symbolisieren Zwillinge auch Konflikt, Spannung, Kampf, die Unterwerfung der einen

Hälfte durch die andere. Als Rebekka, die Frau Isaaks, des Sohnes Abrahams, mit ihren Zwillingssöhnen Esau und Jakob schwanger ging, sprach Gott zu ihr: »Zwei Völker sind in deinem Leib, zwei Stämme trennen sich schon in deinem Schoß. Ein Stamm ist dem anderen überlegen, der ältere muß dem jüngeren dienen« (1. Mose 25,23).

Im Kontext der mythologischen Welt von Antike und Orient erfuhr das alte Zwillingsmotiv mit der Legende von Kosmas und Damian eine christliche Auslegung. Sie repräsentieren als neue Helden das radikale Ideal des selbstlosen Dienens am Nächsten, an den Kranken und Schwachen, den Tieren. Sie verkörpern damit auch ein neues männliches Prinzip, das sich nicht in Beherrschung, Unterwerfung und dem Zwang der »Herausforderung« verwirklicht, sondern in dem Streben nach Ergänzung und gemeinsamem Wirken. In ihrem Zusammenhalt widerstehen sie, wie die Legenden betonen, den Angriffen des alten männlichen Prinzips, das auf Zerstörung ausgerichtet ist. Auch wenn sie dann doch getötet werden, wirken sie – von den Begrenzungen des Raumes und der Zeit befreit – in noch größerer spiritueller Macht weiter.

Kosmas und Damian erinnern auch an das uralte Zwillingssymbol in der Form eines Säulenpaares, das in den sakralen Gebäuden der Kulturen der Antike den Eingang zum innersten Tempel säumte[12]. Sie verkörpern die gegensätzlichen Seiten in jedem Menschen, die während der spirituellen Entwicklung zusammenzuwirken beginnen. Ein Säulenpaar umgibt auch als sich ergänzendes Zwillingssymbol die Tarotkarte II der großen Arkana, auf der die »Hohepriesterin« im innersten Tempel (des Herzens) gezeigt wird. Sie ist in der Folge dieser archetypischen Bilder ein Symbol für die himmlische Weisheit in der Gestalt der heiligen Sophia und gilt als höchste und heiligste Karte im Tarot. Indem das Zwillingspaar Kosmas und Damian das vollkommene Männliche repräsentiert, führt der Weg über die Schwelle dieser Himmelsärzte zum weiblichen Aspekt Gottes, zur Großen Mutter und damit zur Ergänzung, Ganzwerdung und Heilung von Krankheit und Not[13]. Sind sie deshalb die beliebtesten Schutzpatrone von Frauenklöstern im Mittelalter?

Tarot-Karte »Die Hohepriesterin«

Heilen in christlichem Geist

Die ärztliche Arbeit von Kosmas und Damian ist nach den Legenden ihres Lebens unentgeltlich. Dieses erschien bereits ihren Zeitgenossen dermaßen bedeutsam, daß sie ihnen den griechischen Namen *Anargyroi* (ohne Geld) verliehen, der zu ihrem Ehrentitel in der orthodoxen Kirche wurde. Die Legenden von Kosmas und Damian berichten, daß es sogar zwischen den Brüdern zu einer schweren Auseinandersetzung kam, als Damian das Geschenk einer geheilten Patientin annahm, die ihm damit ihren Dank aufdrängte. Der Zorn von Kosmas war so heftig, daß er anordnete, nach seinem Tod nicht neben dem Leichnam seines Bruders begraben zu werden. In der folgenden Nacht jedoch erschien ihm Christus im Traum und sagte, daß Damian das Geschenk stellvertretend für ihn angenommen habe. Dies führte zur Versöhnung der

Palermitanisches Andachtsbild des 19. Jahrhunderts mit dem Zwillingspaar Kosmas und Damian

Brüder[14]. Mit dem Dienen ohne Geld verkörpern Kosmas und Damian die radikale Nachfolge Jesu Christi. So hatte er seine Jünger in die Welt gesandt: Er »gab ihnen die Kraft und die Vollmacht, alle Dämonen auszutreiben und die Kranken gesund zu machen. Und er sandte sie aus mit dem Auftrag, das

Reich Gottes zu verkünden und zu heilen. Er sagte zu ihnen: Nehmt nichts mit auf den Weg, keinen Wanderstab, keine Vorratstasche, kein Brot, kein Geld und kein zweites Hemd« (Lukas 9,1–3). Der Apostel Paulus sagt zur Gemeinde in Ephesus: »Silber oder Gold oder Kleider habe ich von keinem verlangt; ihr wißt selbst, daß für meinen Unterhalt und den meiner Begleiter diese Hände hier gearbeitet haben. In allem habe ich euch gezeigt, daß man sich auf diese Weise abmühen und sich der Schwachen annehmen soll, in Erinnerung an die Worte Jesu, des Herrn, der selbst gesagt hat: Geben ist seliger als Nehmen« (Apostelgeschichte 20,33–35).

In diesem Sinne berichtet eine alte Sage um das Ölbrünnlein in der Wallfahrtskirche der heiligen Ärzte im Schloß Greifenstein (Südtirol), daß das heilende Öl, welches auf Fürbitte von Kosmas und Damian aus einem Felsen gesprudelt war und jahrhundertelang alle Gebrechen heilte, in dem Augenblick versiegte, als man es zu verkaufen suchte[15].

In der Legende von Kosmas und Damian ist der göttliche Segen durch die Gaben des Heiligen Geistes die Grundvoraussetzung zur Heilung aller Krankheiten. Dabei sind die beiden Ärzte demütig, barmherzig und selbstlos und werden durch diese Geisteshaltung zum Gefäß der heilenden göttlichen Liebe, welche sich jedem, ob arm oder reich, schenkt. Es ist Christus, der sich durch ihre Gestalt den Kranken zuneigt: »Ich bin der große Arzt für alles Siechtum und handle wie ein Arzt, wenn er den heilsbegierigen Kranken sieht.«[16] Nicht durch irgendwelche Kunstfertigkeiten allein, sondern nur in Verbindung mit dem Segen Gottes, so vermitteln die Legenden, können Krankheiten wirklich geheilt werden, weil dann Körper, Seele und Geist ganz und gar angesprochen sind. Deshalb werden Kosmas und Damian im Volksmund »Seelenapotheker« genannt[17]. Ihre Wallfahrtstätten sind »wundervolle heilige Apotheken«. So heißt es in einer Anrufung der heiligen Brüder aus dem frühen 16. Jahrhundert:

»Ihr wunderthätige Artzten
Ihr Hailmacher deß Leibs und der Seelen
Ihr Heiligkeit-volle Apothecken . . .
Ihr kräfftige Kräutlein wider alle Suchten,
Ihr geistliche Salben für alle Suchten.«[18]

Kosmas und Damian am Krankenbett eines Bischofs
Holzschnitt aus »Der heyligen leben«, Augspurg (1489)

Bis heute ist die Frage, ob das »Heilen im christlichen Geist« unentgeltlich sein soll oder sogar sein muß, ein zentrales, aber ungelöstes Problem, obwohl dazu die eindeutigen Aussagen von Jesus gegeben sind. Es berührt ganz elementar das Thema Kirchensteuern und die Frage nach bezahltem Priestertum und ist der Punkt, an dem sich die verschiedenen

Strömungen des geistigen Heilens immer wieder radikal unterscheiden. Hier kann nur kurz auf die Ausrichtung des geistigen Heilens hingewiesen werden, die der bedeutende englische Geistheiler Harry Edwards (1935–1976) im christlichen Sinne begründet hat[19]. Die geistigen Heiler, die in seiner Organisation arbeiten, stellen in England ihren Dienst durch Gebet und Handauflegung in eigenen Zentren wie in allen staatlichen Krankenhäusern kostenlos zur Verfügung. Ihr Wirken ist inzwischen so anerkannt, daß sie weltweit als Vorbild dienen.

Zum Schluß
Die himmlischen Wohnungen der Heiligen

»Meine Zeit im Himmel will ich damit verbringen, auf Erden Gutes zu tun« (Therese vom Kinde Jesu, 1873–1897)[1].

Christus in seiner Herrlichkeit, umgeben von Engeln und Heiligen
Altarbild, Fiesole (1428–1430)

In zahlreichen mystischen Schriften und Aufzeichnungen finden sich immer wieder Hinweise auf »die himmlischen Wohnungen der Heiligen« und die Wirkungen, die von ihnen bis in das alltägliche Leben hinein spürbar werden. Schriftstellen dieser Art sind bis heute weder tiefergehend beachtet noch zusammengestellt worden, und es kann an dieser Stelle nur bruchstückhaft auf einen sehr weiten Bereich verwiesen werden, der auf seine umfangreiche Erschließung wartet. Zum Abschluß dieses Buches sollen daher einige ausgewählte Textstellen vorgestellt werden, in denen es in Visionen und mystischen Betrachtungen um diese »überaus vielen Wohnungen (der Heiligen) in der himmlischen Heimat«[2] geht. Die Sprache dieser Texte mag in heutiger Sicht altmodisch und manchmal umständlich erscheinen. Es handelt sich hier aber um eine

Anwendung der Sprache, die weniger aus der Zeit als aus dem geistigen Zustand – aus der Ewigkeit – ihre Inspirationen und Bilder schöpft. Sie erfordert daher, um zu ihrem Verständnis zu gelangen, Ruhe und Zeit in der Betrachtung, so wie bei der Auseinandersetzung mit einem großen, vielschichtigen Bild.

Die Heiligen werden im Himmel im Glanz und in der »Schönheit unaussprechlichen Schmuckes«[3] erschaut, der, so Hildegard von Bingen, Ausdruck ihrer guten und gerechten Taten ist. Anna Katharina Emmerich erblickt in einer Vision das Himmlische Jerusalem als große Licht- und Glanzwelt. Neben der Heiligen Dreifaltigkeit und den Engeln sieht sie »alle Heiligen in ihren Ordnungen, Orden und Genossenschaften in ihren eigenen Palästen, Thronen und Zusammenstellungen«. Einige Heilige »gingen zu einigen wunderbaren Bäumen und Stauden . . ., welche an einzelnen Orten zwischen den Palästen standen, und daß sie Früchte und Tau und Honig von denselben niedersendeten. Ich sah aber die Engel dabei wirken; sie waren schnell wie Blitze, schnell hin und her bewegt, als brächten sie den Segen nieder und als mehrten sie, was jene erflehten . . . Ich sehe dann einzelne Bilder von Notleidenden, die erquickt sind, die innig werden, ich sehe plötzlich Menschen gerührt sich besinnen, ich sehe in dunklen, fernen Landen Licht erwachen, dies Licht um sich greifen; ich sehe Betende in diesem Licht sich sammeln.«[4]

In einem Hauptwerk der mystischen Aufzeichnungen von Jakob Lorber, »Die geistige Sonne«, werden wir mit einem verstorbenen Prior und seinen geistigen Freunden neben vielen anderen Ebenen auch in das himmlische Reich des heiligen Franziskus geführt und erhalten eine Erklärung seiner Gegenwart im spirituellen Leben des einzelnen Menschen: »Sehet nur hin, wie er euch freundlich anlächelt und einladet, in seine Sphäre zu kommen! Also gehet nur hin und besehet seinen Reichtum . . .«[5] Die Reisenden werden zu einem eher bescheidenen Palast geführt und betreten ihn durch eine kleine Pforte. »Was ist euch wohl, daß ihr wie erstarrt hin und wider blicket? Sehet, liebe Brüder, ich habe es euch ja vorausgesagt, daß ihr nicht vorschnell urteilen sollet. Hier liegt der Wert eines Dinges allzeit nur im Inwendigen und nie im Auswendigen. Darum ist das Inwendige allzeit erhaben und wunderbar großartiger als das Äußere, denn es verhält sich hier alles also wie das Wort Gottes auf der Erde. Schlicht und prunklos steht dasselbe durch den Buchstaben im Buche. So aber jemand in das schlichte Wort durch die Pforte der demütigen Liebe dringet, zu welch einer Wunderfülle gelangt er in einem einzigen Worte Gottes, das einfach und prunklos steht im Buche, aus Buchstaben zusammengesetzt...

Ihr habt es nicht geahnt, daß ihr in diesem einfachen Palaste eine Unendlichkeit, erfüllt von den Wundern Gottes, schauen werdet. Da ihr sie aber nun sehet, die zahllosen Weltenheere in geistig verklärtem Sein, und seht Myriaden Herrlichkeiten und zahllose selige Bewohner auf denselben, so erstaunt ihr euch, wie solches möglich ist in einem von außen her so engen Palast.

Ich sage euch aber: Dieses ist bei weitem kein so großes Wunder, als daß da das Herz eines Menschen werden kann zur Wohnstätte des heiligen Geistes aus der Liebe des ewigen Vaters, des unendlichen, überheiligen, allmächtigen Gottes!...«[6]

Um diesen Einblick in die Sphären der Heiligen tun zu dürfen, bedarf es, so in den Erklärungen der »Geistigen Sonne«, nichts anderes, als seinen äußeren Blick zurückzuziehen und in der Gnade des Herrn stets tiefere und tiefere Blicke in seine innere Liebe zu tun[7]. »Daraus ist zu verstehen, wie es lautet in der Schrift: Das Reich Gottes kommt nicht mit äußerem Schaugepränge, sondern es ist in euch! Aus diesem Grunde wird auch ein jeder Geist dasjenige Reich bewohnen, schauen und nützen, das er sich erworben hat durch die Liebe zu Mir (Jesus Christus)«[8].

Einen tiefergehenden Hinweis auf die »Sphäre der heiligen Anna« konnte ich in einer kleinen zeitgenössischen Schrift, die bisher unveröffentlicht geblieben ist, entdecken. Ihre Verfasserin schreibt: »Während der Andacht erhielt ich die Einsicht, daß die heilige Anna im Himmel eine Sphäre regiert, ein Reich, ein wunderbares Land mit ganz besonderen Aufgaben und Auswirkungen auch auf der Erde, für die Menschen. Diese sind: Vertrauen, Glaubensstärke und Standfestigkeit im alltäglichen Dienen. Die heilige Anna und ihre himmlischen Helferinnen sind Patrone der stillen Weinbergsarbeiter, Mägde und Knechte, die in der Verborgenheit dem Herrn alles schenkend übergeben, in der Zurückgezogenheit auf Ihn vertrauen. Die heilige Anna ist somit auch im besonderen Schutzpatronin des Alters, der Lebensphase, wo die Seele beginnt – beginnen soll –, sich mehr und mehr von den irdischen Banden zu lösen, um Gott, den Herrn, neu binden zu lassen, wie es ihm gefällt.«[9]

So können wir entdecken, daß eine jede himmlische Sphäre eines Heiligen einer bestimmten geistigen Entwicklungsstufe und Aufgabe im Leben der Menschen entspricht. Je nachdem, wo wir gerade stehen, was wir als die besondere Aufgabe unseres Lebens betrachten, können bei der näheren Betrachtung der Heiligen einzelne Gestalten unter ihnen entdeckt werden, die uns plötzlich ansprechen, mit denen wir uns, wie auch vielleicht mit den Namenspatronen, verbunden fühlen.

In diesem Sinne haben über 12 Millionen Menschen den italienischen Kapuzinermönch Pater Pio zu seinen Lebzeiten gebeten, als »geistiges Kind« von ihm angenommen zu werden, um durch seine Seelenführung sicher in den Himmel zu gelangen. Pater Pio, der sich sehr um seine riesige geistige Familie sorgte, sagte, »daß seine geistigen Kinder, die mit ihm beten, leiden, sühnen und dulden, einmal etwas von seinem ewigen Erbe bekommen werden«[10].

Ich wünche jedem, der sich auf diese aufregende spirituelle Suche nach »seinem« Heiligen und den zu ihm/ihr gehörenden spirituellen Aspekten begibt, viel Freude, Segen und himmlische Berührung.

»Dankt dem Vater mit Freude! Er hat euch fähig gemacht, Anteil zu haben am Los der Heiligen, die im Licht sind« (Kolosser 1,12).

Anmerkungen

Vorwort

1 Vgl. Gottfried Korff, Heiligenverehrung in der Gegenwart, Empirische Untersuchungen in der Diözese Rottenburg, Tübinger Vereinigung für Volkskunde e. V., Tübingen Schloß 1970, S. 61ff.
2 Vgl. Otto Wimmer, Hartmann Melzer, Lexikon der Namen und Heiligen, Innsbruck, Wien 1988, S. 14.
3 Zitiert bei G. Korff, a.a.O., S. 156.
4 Lama Anagarika Govinda, Lebendiger Buddhismus im Abendland, München 1986, S. 153f.
5 Friedrich Weinreb, Innenwelt des Wortes im Neuen Testament, Eine Deutung aus den Quellen des Judentums, Weiler/Allg. 1988, S. 162.
6 Anna Katharina Emmerich, Visionen, Augsburg 1988, S. 17.

Heiligenverehrung – ein weltweites Phänomen

1 Vgl. Josef Höfer, Karl Rahner, Lexikon für Theologie und Kirche, Bd. 5, Freiburg 1960, S. 84ff.
2 Vgl. Rudolf Kriss, Hubert Kriss-Heinrich, Volksglaube im Bereich des Islam, Bd. 1, Wallfahrtswesen und Heiligenverehrung, Wiesbaden 1960, S. 4f., vgl. Harald Einzmann, Religiöses Volksbrauchtum in Afghanistan, Islamische Heiligenverehrung und Wallfahrtswesen in Kabul, Wiesbaden 1977, S. 7ff.
3 Vgl. Einzmann, a.a.O., S. 7, Anmerkung 1.
4 Paramahansa Yogananda, Autobiographie eines Yogi, Weilheim 1988, S. 201.
5 Zitiert in Savitri Devi, Ramakrishna Math, Höhlen des Himalaya, in: Ursula von Mangoldt (Hrsg.), Höhlen, Klöster, Ashrams, Weilheim 1962, S. 21.
6 Reshad Feild, Ich ging den Weg des Derwisch, München 1989[4].
7 Zitiert in Yogananda, a.a.O., S. 340.
8 Rev. Wilhelm Rink WBO (Maitrîpâda-Saraha-Dunom-G), unveröffentl. Darlegungen zur buddhistischen Lehre, Wiesbaden 1988, S. 1f.
9 Ole Nydahl, Die Buddhas vom Dach der Welt, Mein Weg zu den Lamas, Düsseldorf 1979, S. 136.
10 Lama Thubten Yeshe, Zuflucht, in: ders. (Hrsg.), Diamantwasser II, Der Weg des Buddha, Rheinberg 1983, S. 14.
11 Vgl. Otto Wimmer, Hartmann Melzer, Lexikon der Namen und Heiligen, Innsbruck, Wien 1988, S. 12f.

Die vergessene Zeit

1 Vgl. Wilhelm Mannhardt, Germanische Mythen, Berlin 1858, S. 519.
2 Vgl. Jean Markale, Die keltische Frau, Mythos, Geschichte, soziale Stellung, 1984, S. 283.

3 Anna Katharina Emmerich, Visionen, Augsburg 1988, S. 27.
4 Vgl. Georg Ott, Legende von den Heiligen Gottes, Regensburg 1861, S. 2064f.
5 Vgl. Volksbrauch im Jahreslauf, Heimeran 1964, S. 130f.
6 Vgl. Klaus Guth, Die Heiligen im christlichen Brauchtum, in: Wolfgang Beinert (Hrsg.), Die Heiligen heute ehren, Leipzig, S. 154ff.
7 Vgl. J. Markale, a.a.O., S. 38.
8 Vgl. Volksbrauch im Jahreslauf, a.a.O., S. 26 und 93.
9 Vgl. Rainer Kacynski, Die Feier der Heiligen im liturgischen Jahr, in: W. Beinert (Hrsg.), Die Heiligen heute ehren, Leipzig 1988, S. 133.
10 Vgl. Otto Wimmer, Hartmann Melzer, Lexikon der Namen und Heiligen, Innsbruck, Wien 1988, S. 10f.
11 Josef Höfer, Karl Rahner, Lexikon für Theologie und Kirche, Band 5, Freiburg 1960, S. 101.
12 Vgl. O. Wimmer, a.a.O., S. 14.
13 Beide Zitate bei O. Wimmer, a.a.O., S. 14.
14 Vgl. R. Kacynski, a.a.O., S. 135ff.; vgl. im allgemeinen auch Stephan Beissel, Die Verehrung der Heiligen und ihrer Reliquien in Deutschland während der zweiten Hälfte des Mittelalters, in: Ergänzungshefte zu den Stimmen aus Maria-Laach, Nr. 54, Freiburg 1892, Bd. 2, S. 67ff.
15 Vgl. Klaus Guth, Die Heiligen im Brauchtum, in: W. Beinert (Hrsg.), a.a.O., S. 155.
16 A. Emmerich, Visionen, a.a.O., S. 18 und 20.
17 Johannes Steiner, Therese Neumann von Konnersreuth, ein Lebensbild nach authentischen Berichten, Tagebüchern und Dokumenten, München 1968, S. 19.
18 J. Steiner, a.a.O., S. 21.
19 Vgl. Reshad Feild, Ich ging den Weg des Derwisch, München 1989^4, S. 192.
20 R. Feild, a.a.O., S. 192.
21 Vgl. Stephan Beissel, a.a.O., Bd. 2, S. 67ff.
22 Vgl. W. Mannhardt, a.a.O., S. 589ff.
23 Vgl. W. Mannhardt, a.a.O., S. 588f.
24 Vgl. G. Ott, a.a.O., S. 332.
25 G. Ott, a.a.O., S. 1343.
26 Friedrich Weinreb, Innenwelt des Wortes im Neuen Testament, Eine Deutung aus den Quellen des Judentums, Weiler/Allg. 1988, S. 36.
27 F. Weinreb, a.a.O., 1988, S. 39.
28 F. Weinreb, a.a.O., 1988, S. 38.
29 F. Weinreb, a.a.O., 1988, S. 47.

Schwellen zur »Anderen Welt«

1 Vgl. Mircea Eliade, Die Religionen und das Heilige, Elemente der Religionsgeschichte, Salzburg 1954, S. 418.
2 Georg Ott, Legende von den Heiligen Gottes, Regensburg 1861, S. 454ff.
3 Übersetzt nach J. Buleon und E. Le Garrec, Yves Nicolazic, Sainte Anne d'Auray, ebendort 1987, S. 25, S. 18.

4 Zitiert in Gisela Graichen, Das Kultplatzbuch, Ein Führer zu den alten Opferplätzen, Heiligtümern und Kultstätten in Deutschland, Hamburg 1988, S. 100.
5 Vgl. Jan de Vries, Altgermanische Religionsgeschichte, Band I, Berlin 1956, S. 65f.
6 Vgl. G. Ott, a.a.O., S. 299f.
7 Vgl. Arthur Drews, Der Sternenhimmel in der Dichtung und Religion der alten Völker und des Christentums, Jena 1923, S. 111.
8 Reshad Feild, Ich ging den Weg des Derwisch, München 1989, S. 152.
9 Vgl. Adolph Franz, Die kirchlichen Benediktionen im Mittelalter, Band 1, Graz 1960, S. 54.
10 Vgl. Constanze Rendtel, Hochmittelalterliche Mirakelberichte als Quelle zur Sozial- und Mentalitätsgeschichte und zur Geschichte der Heiligenverehrung, untersucht an Texten insbesondere aus Frankreich, Dissertation Berlin, Düsseldorf 1985, S. 101.
11 M. Eliade, a.a.O., 1954, S. 419.
12 Friedrich Weinreb, Gedanken über Tod und Leben, Das ganze Leben, Bern 1980, S. 53.
13 Vgl. F. Weinreb, Buchstaben des Lebens, Freiburg 1979, S. 121.
14 Vgl. Paul Huber, Die Kunstschätze der Heiligen Berge Sinai, Athos, Golgota, Augsburg 1987, S. 24.
15 Vgl. M. Eliade, a.a.O., 1954, S. 424–429.
16 Anna Katharina Emmerich, Visionen, Augsburg 1988, S. 78.
17 A. M. Weigl, Geschichte einer Liebe, Altötting 1986, S. 179.
18 Vgl. G. Ott, a.a.O., S. 102.
19 Vgl. G. Ott, a.a.O., S. 45.
20 Vgl. Hans Peter Dürr, Traumzeit, Über die Grenze zwischen Wildnis und Zivilisation, Frankfurt 1978, S. 40ff.
21 Ernst Benz (Hrsg.), Russische Heiligenlegenden, Zürich 1983, S. 97.
22 G. Ott, a.a.O., S. 74.
23 G. Ott, a.a.O., S. 429ff.
24 Vgl. ausführlich Friedrich Pfister, Der Reliquienkult im Altertum, Erster Halbband, Gießen 1909, S. 357–376.
25 Vgl. ausführlich Mircea Eliade, Die Religionen und das Heilige, Elemente der Religionsgeschichte, Salzburg 1961, S. 299–341.
26 Vgl. G. Graichen, a.a.O., S. 91.
27 Vgl. G. Ott, a.a.O., S. 200.
28 Vgl. A. Franz, a.a.O., Band 1, 1960, S. 397.
29 Vgl. Jacob Grimm, Deutsche Mythologie, Güthersloh 1867, S. 986.
30 Vgl. Dürr, a.a.O., S. 44ff.
31 Vgl. Hans Wolfgang Schuhmann, Buddhistische Bilderwelt, Köln 1986, S. 50.
32 Vgl. Arthur Drews, a.a.O., S. 171.
33 Vgl. Schrader, Der tausendjährige Rosenstrauch am Dome zu Hildesheim, Hildesheim 1884, zitiert in: Stephan Beissel, Die Verehrung der Heiligen und ihrer Reliquien in Deutschland während der zweiten Hälfte des Mittelalters, in: Ergänzungshefte zu den Stimmen aus Maria-Laach, Freiburg 1890, Bd. 47, S. 84.
34 G. Ott, a.a.O., S. 446.

35 Vgl. auch Helmut Nemec, Helmut Birkhan, Irland, Insel der Heiligen, Rosenheim 1989, S. 111f.
36 Vgl. Irene Bauer, Theater aus dem hohlen Baum, Von der Seligen Edgina, die in einer Linde lebte, und dem Dorf Puch, das ihrer gedenkt, in: Die Zeit, Nr. 14, 31. März 1989, S. 86.
37 Zitiert in Herbert Weichselbraun (Hrsg.), Pater Pio hat geholfen, Wunderbare Krankenheilungen, Auffallende Bekehrungen, St. Andrä-Wördern 1983, S. 19.
38 Vgl. Harald Einzmann, Religiöses Volksbrauchtum in Afghanistan, Wiesbaden 1977, S. 32.
39 Vgl. ausführlich Weinhold, Die Verehrung der Quellen in Deutschland, Berlin 1898.
40 Vgl. Franz, a.a.O., Band 1, 1960, S. 44.
41 Vgl. ausführlich G. Graichen, a.a.O., S. 100ff.
42 Vgl. H. Nemec, H. Birkhan, a.a.O., S. 66f.
43 Vgl. G. Ott, a.a.O., S. 438.
44 Zitiert bei Friedrich Weinreb, Innenwelt des Wortes im Neuen Testament, Eine Deutung aus den Quellen des Judentums, Weiler/Allg. 1988, S. 105 (ohne nähere Quellenangabe).
45 Rudolf Kriss, Hubert Kriss-Heinrich, Volksglaube im Bereich des Islam, Band 1, Wallfahrtswesen und Heiligenverehrung, Wiesbaden 1960, S. 21.
46 Vgl. ausführlich Franz, a.a.O., Band 1, 1960, S. 43ff.
47 G. Ott, a.a.O., S. 447f.
48 G. Ott, a.a.O., S. 766.

Lichter Schein und himmlische Zeichen

1 Anna Katharina Emmerich, Visionen, Augsburg 1988, S. 37.
2 Paul Gouin, Melanie, die Hirtin von La Salette, Stein am Rhein 1982, S. 72.
3 A. M. Weigl, Geschichte einer Liebe, Altötting 1986, S. 176.
4 Baron Dr. von Veltheim-Ostrau, Der Atem Indiens, Hamburg 1955, S. 264.
5 Lama A. Govinda, Grundlagen tibetischer Mystik, Weilheim 1982, S. 192.
6 Vgl. Georg Ott, Legende von den Heiligen Gottes, Regensburg 1861, S. 72.
7 G. Ott, a.a.O., S. 189.
8 Celine Martin, Die kleine Therese von Lisieux, Aufzeichnungen und Erinnerungen ihrer Schwester, München 1985, S. 148.
9 Vgl. Donat de Chapeaurouge, Einführung in die Geschichte der christlichen Symbole, Darmstadt 1984, S. 21ff.
10 Vgl. ausführlich Herder, Lexikon der christlichen Kunst, Freiburg 1987, S. 234.
11 Hildegard von Bingen, Gott sehen, München 1985, S. 119.
12 A. Emmerich, Visionen, a.a.O., S. 30f.
13 Vgl. G. Ott, a.a.O., S. 368.
14 G. Ott, a.a.O., S. 370.
15 Vgl. Walter Felicetti-Liebenfels, Geschichte der russischen Ikonenmalerei, Graz 1972, S. 4f.

16 G. Ott, a.a.O., S. 1783; vgl. auch Hildegard von Bingen, Scivias, Wisse die Wege, Salzburg 1981, S. 200.
17 H. von Bingen, a.a.O., 1981, S. 219.
18 Rudolf Steiner, Das Wesen der Farben, Dornach 1980, S. 53.
19 R. Steiner, a.a.O., 1980, S. 54.
20 R. Steiner, a.a.O., S. 54.
21 Vgl. Verena Voigt, Brombeere Passion, Butterblume Tod, Die frühe flämische Landschaftsmalerei als Allegorie der Lebensreise, in: Frankfurter Allgemeine Zeitung, 16. August 1989, Nr. 188, S. N3.
22 A. Emmerich, Visionen, a.a.O., S. 28.
23 Vgl. D. de Chapeaurouge, a.a.O., S. 24f.
24 Albert Steffen, Lebensbilder an der Todespforte, Dornach, Schweiz, 1963, Textseiten zur Bildmappe S. 3.
25 Vgl. exemplarisch Visionary Publishing, Illuminations, The visionary art of Gilbert Williams, San Alsemo, Cal. 1986, Abbil. 16, 18, vgl. Geoffry Hodson, In den Sphären des Lichtes, Grafing 1985.
26 Otto Wimmer, Hartmann Melzer, Lexikon der Namen und Heiligen, Innsbruck, Wien 1988, S. 14.
27 G. Ott, a.a.O., S. 121.
28 A. Emmerich, Visionen, a.a.O., S. 29.
29 Vgl. O. Wimmer, Kennzeichen und Attribute der Heiligen, Innsbruck, Wien 1983.

Grenzenlose Mystik

1 Vgl. ausführlich Constanze Rendtel, Hochmittelalterliche Mirakelberichte als Quelle zur Sozial- und Mentalitätsgeschichte und zur Geschichte der Heiligenverehrung, untersucht an Texten insbesondere aus Frankreich, Dissertation Berlin, Düsseldorf 1985, S. 118ff.
2 Carl Welkisch, Der Mensch zwischen Geist und Welt, Remagen 1976, S. 33.
3 A. M. Weigl, Geschichte einer Liebe, Altötting 1986, S. 175.
4 Vgl. Adolph Franz, Die kirchlichen Benediktionen im Mittelalter, Graz 1960, Band 2, S. 441ff.
5 Zitiert bei Anneliese Wittmann, Kosmas und Damian, Kultausbreitung und Volksdevotion, Berlin 1967, S. 26.
6 Vgl. Rudolf Kriss, Hubert Kriss-Heinrich, Volksglaube im Bereich des Islam, Band 1, Wallfahrtswesen und Heiligenverehrung, Wiesbaden 1960, S. 48.
7 Vgl. C. Rendtel, a.a.O., S. 137f.
8 Vgl. F. Holböck, Vereint mit den Engeln und Heiligen, Stein am Rhein 1984, S. 294ff.
9 Vgl. C. Rendtel, a.a.O., S. 122ff.
10 Miriam Makeba, Homeland Blues, Ein farbiges Leben, München 1988, S. 47f.
11 Goswin Frenken, Wunder und Taten der Heiligen, München 1924, S. 87.
12 G. Frenken, a.a.O., S. 87f.
13 Vgl. C. Rendtel, a.a.O., S. 132–137.

14 Vgl. C. Rendtel, a.a.O., S. 136.
15 Reshad Feild, Ich ging den Weg des Derwisch, München 1989, S. 175.
16 R. Feild, a.a.O., 1989, S. 175.
17 R. Feild, a.a.O., 1989, S. 175.
18 Jakob Lorber, Großes Evangelium, Band 4, Kap. 217, 4–8, zitiert in: Walter Lutz, Grundfragen des Lebens in der Schau des Offenbarungswerkes von Jakob Lorber, Bietigheim 1979, S. 297.
19 Hildegard von Bingen, Scivias, Salzburg 1981, S. 209.
20 Hildegard von Bingen, Scivias, a.a.O., S. 211f.
21 Vgl. H. von Bingen, Gott sehen, München 1985, S. 37.
22 Vgl. Lama A. Govinda, Grundlagen tibetischer Mystik, a.a.O., S. 193.
23 Georg Ott, Legende von den Heiligen Gottes, Regensburg 1861, S. 140.
24 Vgl. G. Ott, a.a.O., S. 315.
25 G. Ott, a.a.O., S. 355.
26 Vgl. Helmut Nemec, Helmut Birkhan, Irland, Insel der Heiligen, Rosenheim 1989, S. 73–77.
27 Zitiert in H. Nemec, H. Birkhan, a.a.O., S. 77.
28 G. Ott, a.a.O., S. 130.
29 Vgl. Alfons Rosenberg, Engel und Dämonen, München 1986, S. 97.
30 Vgl. Uwe Steffen, Taufe, Symbole, Stuttgart 1988, S. 82.
31 Zitiert in: Gustav Mensching, Das Wunder im Glauben und Aberglauben der Völker, Leiden 1957, S. 55.
32 Vgl. H. von Bingen, Scivias, a.a.O., S. 326f.
33 Herbert Weichselbraun (Hrsg.), Pater Pio hat geholfen, Wunderbare Krankenheilungen, Auffallende Bekehrungen, St. Andrä-Wördern 1983, S. 109.
34 Vgl. G. Ott, a.a.O., S. 300.
35 Vgl. G. Ott, a.a.O., S. 274.
36 Emmanuel Jungclausen, Suche Gott in dir, Der Weg des inneren Schweigens nach einer vergessenen Meisterin, Jeanne-Marie Guyon, Freiburg 1986.
37 Vgl. H. von Bingen, Gott sehen, a.a.O., S. 70.
38 G. Ott, a.a.O., S. 47.
39 H. von Bingen, Gott sehen, a.a.O., S. 72.
40 R. Feild, a.a.O., 1989, S. 187.
41 Vgl. Friedrich Pfister, Der Reliquienkult im Altertum, 2. Halbband, Die Reliquien als Kultobjekt, Geschichte des Reliquienkultes, Gießen 1912.
42 Vgl. Pfister, a.a.O., S. 518ff.
43 Vgl. Mircea Eliade, Geschichte der religiösen Ideen, III/1, Von Mohammed bis zum Beginn der Neuzeit, Freiburg 1962, S. 61.
44 Vgl. A. Franz, a.a.O., Band 2, S. 450ff.
45 Vgl. A. Franz, a.a.O., Band 2, S. 451ff.
46 Vgl. Stephan Beissel, Die Verehrung der Heiligen und ihrer Reliquien in Deutschland während der zweiten Hälfte des Mittelalters, in: Ergänzungshefte zu den Stimmen aus Maria-Laach, Nr. 47, Freiburg 1890, S. 16f.
47 Anton Legner, Vom Glanz und von der Präsenz des Heiltums – Bilder und Texte, in: ders. (Hrsg.), Reliquien, Verehrung und Verklärung, Schnüttgen-Museum Köln 1989, S. 47.
48 Zitiert in: Arnold Angenendt, Der Kult der Reliquien, in: A. Legner, a.a.O., S. 21.

49 C. Welkisch, a.a.O., S. 68.
50 C. Welkisch, a.a.O., S.68f.
51 Vgl. W. Lutz, a.a.O., S. 170.
52 Vgl. R. Kriss, H. Kriss-Heinrich, a.a.O., S. 48.
53 Harald Einzmann, Religiöses Volksbrauchtum in Afghanistan, Wiesbaden 1977, S. 98.
54 Savitri Devi, Ramakrishna Math, Höhlen des Himalaya, in: Ursula von Mangoldt (Hrsg.), Höhlen, Klöster, Ashrams, Weilheim 1962, S. 22.
55 Vgl. Adolph Franz, a.a.O., Band 2, 1960, S. 348f.
56 Zitiert in: Anton Legner, Vom Glanz und von der Präsenz des Heiltums, Bilder und Texte, in: A. Legner (Hrsg.), a.a.O., S. 69.
57 Anna Katharina Emmerich, Visionen, Augsburg 1988, S. 49.
58 A. Emmerich, Visionen, a.a.O., S. 32f.
59 Johannes Steiner, Therese Neumann von Konnersreuth, ein Lebensbild nach authentischen Berichten, Tagebüchern und Dokumenten, München, Zürich 1968, S. 230.
60 Vgl. Ulrich Bock, Kontaktreliquien, Wachssakramentalien und Phylakterien, in: A. Legner (Hrsg.), a.a.O., S. 158f.
61 Vgl. Friedrich Weinreb, Innenwelt des Wortes im Neuen Testament, Eine Deutung aus den Quellen des Judentums, Weiler/Allg. 1988, S. 81ff.
62 G. Ott, a.a.O., S. 277.
63 G. Ott, a.a.O., S. 1219.

Heilige als Symbolgestalten / Christopherus

1 Venantius Fortunatus, zitiert in: Ida Görres, Aus der Welt der Heiligen, Frankfurt 1955, S. 150.
2 Vgl. Mircea Eliade, Kosmos und Geschichte, Der Mythos der ewigen Wiederkehr, 1966, S. 41ff.
3 Vgl. Georg Ott, Legende von den Heiligen Gottes, Regensburg 1861, S. 1460.
4 Vgl. Albert Bessières, Anna Maria Taigi, Seherin und Prophetin, Stein am Rhein 1984, S. 72.
5 Mircea Eliade, Das Mysterium der Wiedergeburt, Stuttgart 1961, S. 228ff.
6 Karl-Heinz Mengedodt, Der süße Tod Mariens, Vom christlichen Sterben und wie man es leben kann, Basis, Valledar-Schönstatt, Nr. 7/8/89, S. 21.
7 Elisabeth Kübler-Ross, Interviews mit Sterbenden, Stuttgart 1971, S. 12.
8 Zitiert bei Walter Lutz, Grundfragen des Lebens in der Schau des Offenbarungswerkes von Jakob Lorber, Bietigheim 1979, S. 456, aus: J. Lorber, Haushaltung Gottes, Bd. 3, Kp. 120, 19ff.
9 Vgl. Gottfried Korff, Heiligenverehrung in der Gegenwart, Empirische Untersuchungen in der Diözese Rottenburg, Tübinger Vereinigung für Volkskunde e.V., Tübingen Schloß 1970, S. 109ff.
10 Vgl. Birgit Hahn-Woernle, Christopherus in der Schweiz, Seine Verehrung in bildlichen und kultischen Zeugnissen, Diss., Zürich, Basel 1972, S. 17f.
11 Vgl. Lexikon für Theologie und Kirche, Freiburg 1958, Band 2, S. 1167.

12 Vgl. Gertrud Benker, Christopherus, Patron der Schiffer, Fuhrleute und Kraftfahrer, Legende, Verehrung, Symbol, München 1975, S. 34–45, S. 63.
13 Vgl. ausführlich dazu Günther Lanczkowski, Die Insel der Seligen und verwandte Vorstellungen, Frankfurt.
14 Vgl. unveröffentl. Manuskript von Carola Ströter, Kunsttherapeutin, Bonn 1989.
15 Zitiert bei G. Lanczkowski, a.a.O., S. 12f.
16 Vgl. Friedrich Weinreb, Gedanken über Tod und Leben, Bern, 1980, S. 98ff.
17 F. Weinreb, a.a.O., 1980, S. 99.
18 Vgl. dazu im allgemeinen Julius Schwabe, Lebenswasser und Pfau, zwei Symbole der Wiedergeburt, in: ders. (Hrsg.), Symbolon, Jahrbuch für Symbolforschung, Band 1, 1960, S. 165.
19 Vgl. Wilhelm Hay, Volkstümliche Heiligentage, Trier 1960, S. 220; vgl. Abbildungen bei G. Benker, a.a.O., S. 50ff.
20 Vgl. beispielsweise Friedrich Ritter von Lama, Ein Büchlein von den Engeln, Nach den Mitteilungen der Ancilla Domini, Wels, Austria 1978, S. 60; A. Emmerich, Visionen, a.a.O., 1988, S. 46–79.
21 G. Lanczkowski, a.a.O., S. 14.
22 Vgl. G. Benker, a.a.O., , S. 120.
23 Übersetzt und zitiert bei G. Benker, a.a.O., S. 121.
24 Vgl. G. Benker, a.a.O., S. 138.
25 Vgl. Arthur Drews, Der Sternenhimmel in der Dichtung und Religion der alten Völker und des Christentums, Jena 1923, S. 75.
26 Wolfgang Menzel, Odin, Stuttgart 1855, S. 153.
27 Vgl. W. Menzel, a.a.O., S. 153ff.
28 Vgl. W. Menzel, a.a.O., S. 154.
29 Vgl. G. Benker, a.a.O., S. 130ff.

Mit dem Rad der Überwindung / Katharina

1 Vgl. Siegfried Sudhof, Die Legende der Hl. Katharina von Alexandrien (im Cod. A4 der Altstädter Kirchenbibliothek zu Bielefeld), Texte des späten Mittelalters, hrsg. von Wolfgang Stammler und Ernst A. Philippson, Berlin 1959, S. 7–10.
2 Vgl. Josef Höfer und Karl Rahner (Hrsg.), Lexikon für Theologie und Kirche, Bd. 6, Freiburg 1981, S. 60.
3 Vgl. Dr. Evangelos Papaioannou, Das Kloster St. Katharina im Sinai, hrsg. vom Kloster St. Sinai, ohne Jahresangabe, S. 13f.
4 Vgl. ausführlich dazu Erich Weidinger (Hrsg.), Legenda aurea, Das Leben der Heiligen, Aschaffenburg 1986, S. 502ff.
5 Georg Ott, Legende von den Heiligen Gottes, Regensburg 1861, S. 2319.
6 Jacobus de Voragine, Legenda aurea, Heiligenlegenden, Zürich 1982, S. 424.
7 E. Weidinger (Hrsg.), a.a.O., S. 507.
8 Vgl. Wilhelm Hay, Volkstümliche Heiligentage, Trier 1960, S. 405.
9 Vgl. im allgemeinen Peter Assion, Die Mirakel der Hl. Katharina von Alexandrien, Heidelberg 1969.

10 Vgl. Henri Bremond, Sainte Catherine d'Alexandrie, L'art et les saints, Paris, 1923, S. 5.
11 Vgl. Wilhelm Mannhardt, Germanische Mythen, Berlin 1858, S. 7 und 17.
12 Vgl. Arthur Drews, Der Sternenhimmel in der Dichtung der alten Völker und des Christentums, Jena 1923, S. 105.
13 Zitiert bei W. Mannhardt, a.a.O., S. 376.
14 Zitiert bei W. Mannhardt, a.a.O., S. 389.
15 Vgl. zur Vision: Johannes Maria Höchst, Träger der Wundmale Christi, Stein am Rhein, 1986, S. 100f.; vgl. zur Geschichte der Legendenübertragungen: P. Assion, a.a.O., S. 409–440.
16 G. Ott, a.a.O., S. 2318.
17 Die folgenden Attribute vgl. bei G. Ott, a.a.O., S. 2318ff.
18 Vgl. Hildegunde Wöller, Sophia (Weisheit), in: Maria Kassel (Hrsg.), Feministische Theologie, Stuttgart 1988, S. 45–58.
19 Vgl. Gerhard Wehr, Heilige Hochzeit, Symbol und Erfahrung menschlicher Reifung, München 1986, S. 93ff.
20 Vgl. dazu Thomas Schipflinger, Sophia-Maria, Eine ganzheitliche Vision der Schöpfung, München, Zürich 1988, S. 319ff.
21 Zitiert aus der Zusammenfassung von Th. Schipflinger, a.a.O., S. 147.
22 Vgl. H. Bremond, a.a.O., S. 7 und 10; vgl. auch ein Gemälde von Cosimo Roselli, Die Hl. Katharina von Alexandrien (ca. 1480) sowie das Gemälde von Lukas Cranach, Madonna mit Hl. Barbara und Katharina, beide im Katalog: Narodni Galerie v. Praze, Prag 1984, S. 56/57 und 202/203.
23 Vgl. Th. Schipflinger, a.a.O.
24 Zitiert in Th. Schipflinger, a.a.O., S. 9.
25 Vgl. dazu im allgemeinen Th. Schipflinger, a.a.O.; Walter Nigg, Heimliche Weisheit, Mystisches Leben in der evangelischen Christenheit, Zürich, München 1987, S. 123–221.
26 Vgl. Abbildung eines Gemäldes von Fra Angelico, in: H. Bremond, a.a.O., S. 18.
27 Vgl. dazu im allgemeinen Th. Schipflinger, a.a.O.
28 Vgl. Erich Neumann, Die große Mutter, Eine Phänomenologie der weiblichen Gestalten des Unbewußten, Zürich 1974, S. 286.
29 E. Neumann, a.a.O., S. 289.
30 Vgl. E. Neumann, a.a.O., S. 289.
31 Vgl. Margarethe Riemschneider, Rad und Ring als Symbol der Unterwelt, in: Julius Schwabe (Hrsg.), Symbolon, Jahrbuch für Symbolforschung, Bd. 3, Stuttgart 1962, S. 62f.
32 E. Neumann, a.a.O., S. 289.
33 E. Neumann, a.a.O., S. 309.
34 Vgl. Ernst Thomas Reimbold, Die Nacht im Mythos, Kultus und Volksglauben, Köln 1970, S. 222ff.
35 Vgl. Reimbold, a.a.O., S. 222.
36 Vgl. im allgemeinen Gerhard Wehr, Heilige Hochzeit, München 1986.
37 Zitiert bei Reimbold, a.a.O., S. 229.
38 Jan van Ruusbroec, Die Zierde der geistlichen Hochzeit, Johannes Verlag, 1987, S. 155.
39 Gregor von Nyssa, Der versiegelte Quell, Einsiedeln 1984, S. 34.
40 Manfred Lurker, Der Kreis als Symbol, Tübingen 1981, S. 91.

41 Vgl. M. Lurker, a.a.O., S. 91.
42 Ingrid Riedel, Farben, Symbole, Stuttgart 1983, S. 180.
43 I. Riedel, a.a.O., 1983, S. 180.
44 Vgl. Riedel, a.a.O., 1983, S. 30.
45 Vgl. P. Assion, a.a.O., S. 113f.
46 Vgl. P. Assion, a.a.O., S. 114f.
47 Vgl. ausführlich P. Assion, a.a.O., S. 115f.
48 Vgl. P. Assion, a.a.O., S. 117.
49 Vgl. Mannhardt, a.a.O., S. 389.
50 E. Neumann, a.a.O., S. 69.
51 E. Neumann, a.a.O., S. 308.
52 I. Riedel, a.a.O., 1983, S. 89.
53 Vgl. die Zusammenfassungen von Ingrid Riedel, Bilder in Therapie, Kunst und Religion, Symbole, Stuttgart 1988, S. 30f.
54 Walter Lutz, Die Grundfragen des Lebens in der Schau des Offenbarungswerkes Jakob Lorbers, Bietigheim 1979, S. 183.
55 Zitiert in: Zsolt Aradi, Wunder, Visionen und Magie, Salzburg, S. 224.
56 Vgl. im allgemeinen zur Symbolik des Rades auch: Miranda Jane Green, The Wheel as a Cult-Symbol in the Romana-Celtic World, Brüssel 1984.
57 Vgl. W. Mannhardt, a.a.O., S. 385.
58 Vgl. M. Lurker, a.a.O., S. 110.
59 Jakob Grimm, ausgeführt in: A. Drews, a.a.O., S. 104.
60 Vgl. A. Drews, a.a.O., S. 104.
61 Vgl. W. Hay, a.a.O., S. 409.
62 Theodor Schnitzler, Die Heiligen im Jahr des Herrn, Ihre Festtage und Gedenktage 1979, S. 414.
63 Anna Katharina Emmerich, Visionen, Augsburg 1988, S. 18ff.
64 A. Emmerich, Visionen, a.a.O., S. 21.
65 Vgl. M. Lurker, a.a.O., S. 122f.
66 Zitiert in: M. Lurker, a.a.O., S. 122.
67 Vgl. M. Riemschneider, a.a.O., S. 46–63.
68 Dutuit, Jakatan I 425; vgl. Mode, Das frühe Indien, Stuttgart 1959, S. 82.
69 Rink Maitrîpâda-Saraha-Dumon-G, Ausführungen zur buddhistischen Lehre, unveröffentl. Manuskript, Wiesbaden 1989.
70 Vgl. M. Riemschneider, a.a.O., S. 53.
71 Vgl. M. Riemschneider, a.a.O., S. 50; vgl. M. Lurker, a.a.O., S. 123.
72 J. de Voragine, a.a.O., S. 421.
73 Vgl. M. Riemschneider, a.a.O., S. 56f.
74 Zitiert bei P. Assion, a.a.O., S. 456.

Blick aus den Fenstern der Dreifaltigkeit / Barbara

1 Georg Ott, Legende von den Heiligen Gottes, Regensburg 1861, S. 2407.
2 Vgl. Emil Brzoska, Barbaraverehrung und Bergbau mit Berücksichtigung des oberschlesischen Industriegebiets, Heiligenkult und Wirtschaft, Dühnen 1982.
3 G. Ott, a.a.O., S. 2412.
4 Vgl. Emanuel Swedenborg, Himmel und Hölle, Zürich 1977, S. 462.

5 Vgl. Kunstführer Speinshardt, Schnell & Steiner, München 1975, S. 14f.
6 Vgl. Wilhelm Mannhardt, Germanische Mythen, Berlin 1858, S. 341.
7 Lama A. Govinda, Grundlagen tibetischer Mystik, Die geheime Lehre des Großen Mantra, Weilheim 1982, S. 237.
8 Vgl. auch M. Eliade, Ewige Bilder und Sinnbilder, Freiburg 1958, S. 106.
9 Vgl. M. Eliade, Geschichte der religiösen Ideen, Bd. II, Freiburg, S. 148f.
10 Zitiert bei W. Mannhardt, a.a.O., S. 448.
11 Vgl. E. Brzoska, a.a.O., S. 57ff.
12 Vgl. Friedrich Weinreb, Innenwelt des Wortes im Neuen Testament, Eine Deutung aus den Quellen des Judentums, Weiler/Allg. 1988, S. 45ff.
13 Vgl. H. Sachs, E. Badstübner, H. Neumann, Erklärendes Wörterbuch zur christlichen Kunst, Hanau 1983, S. 347.
14 Lama A. Govinda, a.a.O., S. 131.
15 Vgl. Manfred Lurker, Der Kreis als Symbol, Tübingen 1981, S. 36f.
16 Vgl. Erich Neumann, Die große Mutter, Eine Phänomenologie der weiblichen Gestalten des Unbewußten, Zürich 1974, S. 203ff.
17 Vgl. Jean Markale, Die keltische Frau, Mythos, Geschichte, soziale Stellung, 1984, S. 81ff.
18 Günther Neuhardt, Das Fenster als Symbol, in: Ernst Thomas Reimbold (Hrsg.), Symbolon, Jahrbuch für Symbolforschung, Bd. 4, Köln 1978, S. 82.
19 Hildegard von Bingen, Scivias, Salzburg 1981, S. 173.
20 Jakob Lorber, Johannes, Das große Evangelium, empfangen durch den Herrn, Bd. 7, Bietigheim 1982, S. 378,
21 Jan van Ruusbroec, Die Zierde der geistlichen Hochzeit, Johannes Verlag, 1987, S. 155.
22 Arthur Edward Waite, Der Bilderschlüssel zum Tarot, Waakirchen 1978, S. 81.
23 Vgl. Emanuel Swedenborg, Himmel und Hölle, Nach Gehörtem und Gesehenem, Zürich 1977, S. 467.
24 Vgl. Waite, a.a.O., S. 81.
25 Vgl. Brzoska, a.a.O., S. 61f.
26 Vgl. E. Neumann, a.a.O., S. 123ff.
27 Vgl. J. Markale, a.a.O., 1984, S. 292ff.
28 Wolfram von Eschenbach, Parzival, übertr. von Wilhelm Stapel, München 1986, S. 121f.
29 Vgl. Caitlin Matthews, Sophia, Gefährtin bei der Suche, in: John Matthews (Hrsg.), Der Gralsweg, München 1989, S. 152.
30 Lois Lang-Sims, Die Herzenssehnsucht, Eine Meditation, in: J. Matthews, a.a.O., S. 212.
31 Zitiert bei Thomas Schipflinger, Sophia-Maria, Eine ganzheitliche Vision der Schöpfung, München, Zürich 1988, S. 175.
32 Vgl. Ingrid Riedel, Farben, Reihe Symbole, Stuttgart 1983, S. 111.
33 Vgl. I. Riedel, a.a.O., S. 111–116.
34 Vgl. Ignaz Goldziher, Der Mythos bei den Hebräern und seine geschichtlichen Entwicklungen, Leipzig 1876, S. 173.
35 Altes Gebet, zitiert bei G. Ott, a.a.O., S. 2413.

Drachenbezwingerin Margaretha

1 Hildegard von Bingen, zitiert in: Gottfried Hertzka, Wighard Strehlow, Die Edelsteinmedizin der heiligen Hildegard, Freiburg 1987, S. 150.
2 Jacobus de Voragine, Legenda aurea, Zürich 1982, S. 217.
3 Legendenfassung zitiert bei Georg Ott, Legende von den Heiligen Gottes, Regensburg 1861, S. 1223.
4 Vgl. Wilhelm Mannhardt, Germanische Mythen, Berlin 1858, S. 379f.
5 Zitiert ohne Jahresangabe bei Wilhelm Hay, Volkstümliche Heiligentage, Trier 1960, S. 209.
6 Zitiert in Plattdeutsch bei W. Mannhardt, a.a.O., S. 381.
7 Vgl. Stephan Beissel, Die Verehrung der Heiligen und ihrer Reliquien in Deutschland während der zweiten Hälfte des Mittelalters, in: Ergänzungshefte zu den Stimmen aus Maria-Laach, Nr. 54, Freiburg 1892, Bd. 2, S. 63.
8 Vgl. W. Hay, a.a.O., S. 210.
9 Adolph Franz, Die kirchlichen Benediktionen im Mittelalter, Bd. 2, Graz 1960, S. 193.
10 W. Mannhardt, a.a.O., S. 382.
11 Erich Neumann, Die große Mutter, Eine Phänomenologie der weiblichen Gestalten des Unbewußten, Zürich 1974, S. 130.
12 Vgl. im allgemeinen: Weinhold, Die Verehrung der Quellen in Deutschland, 1898.
13 Friedrich Weinreb, Buchstaben des Lebens, Freiburg 1979, S. 49f.
14 Emil Brzoska, Barbaraverehrung und Bergbau mit Berücksichtigung des oberschlesischen Industriegebiets, Heiligenkult und Wirtschaft, Dühnen 1982, S. 55
15 Vgl. Uwe Steffen, Drachenkampf, Der Mythos vom Bösen, Symbole, Stuttgart 1984, S. 229ff.
16 Vgl. ausführlich Christa Mulack, Maria – Die geheime Göttin im Christentum, Symbole, Stuttgart 1985, S. 171.
17 Vgl. ausführlich dazu Ina Osterloh, Die Madonna auf dem Drachen, in: Ernst Thomas Reimbold, Symbolon, Jahrbuch für Symbolforschung, Neue Folge, Band 3, Köln 1977, S. 119–140.
18 Vgl. H. Rudolf Engler, Die Sonne als Symbol, Der Schlüssel zu den Mysterien, Zürich, S. 157.
19 Goswin Frenken, Wunder und Taten der Heiligen, München 1924, S. 42.
20 Vgl. im allgemeinen U. Steffen, a.a.O., S. 73ff.
21 Vgl. im allgemeinen dazu Arthur Avalon (Sir John Woodroffe), Die Schlangenkraft, Weilheim/Obb. 1961.
22 C. W. Leadbeater, Die Chakras, Freiburg 1984, S. 21.
23 G. Ott, a.a.O., S. 1222.
24 Zitiert in: G. Frenken, a.a.O., S. 44.

Die heiligen drei Jungfrauen

1 Volkstümlicher Spruch aus Süddeutschland, zitiert bei Horst Appuhn, Einführung in die Ikonographie der mittelalterlichen Kunst in Deutschland, Darmstadt 1979, S. 35.

2 Vgl. Emil Brzoska, Barbaraverehrung und Bergbau mit Berücksichtigung des oberschlesischen Industriegebiets, Heiligenkult und Wirtschaft, Dühnen 1982, S. 52.
3 Vgl. Ortrud Reber, Die Gestaltung des Kultes weiblicher Heiliger im Spätmittelalter, Die Verehrung der Heiligen Elisabeth, Klara, Hedwig und Brigitta, Diss., Würzburg 1963, S. 155.
4 Vgl. Jan de Vries, Altgermanische Religionsgeschichte, Band 2, Berlin 1957, S. 288ff.
5 Vgl. ausführlich mit regionalen Hinweisen und Übersetzung: de Vries, a.a.O., Band 2, S. 293f.
6 Vgl. Jan de Vries, Keltische Religion, Stuttgart 1961, S. 123.
7 Jan de Vries, a.a.O., 1961, S. 123.
8 Rudolf Kriß, Die Volkskunde der Altbayerischen Gnadenstätten, Band 1, Oberbayern, München 1953, S. 109.
9 Der Verfasser von Gylfaginning, zitiert bei Wilhelm Mannhardt, Germanische Mythen, Berlin 1858, S. 542.
10 Vgl. W. Mannhardt, a.a.O., S. 569.
11 Talvj, Volkslieder der Serben II, S. 93, zitiert bei W. Mannhardt, a.a.O., S. 570.
12 Vgl. Wolfgang Menzel, Odin, Stuttgart 1855, S. 279.
13 Erich Neumann, Die große Mutter, Eine Phänomenologie der weiblichen Gestalten des Unbewußten, Zürich 1974, S. 220.
14 Zitiert bei W. Mannhardt, a.a.O., S. 528 (Anmerkung 2)
15 Vgl. W. Mannhardt, a.a.O., S. 537.
16 Vgl. W. Mannhardt, a.a.O., S. 588f.
17 E. Neumann, a.a.O., S. 216.
18 Ausschnitt aus dem Lied von Helgi, zitiert in: Arthur Drews, Der Sternenhimmel in der Dichtung und Religion der alten Völker und des Christentums, Jena 1923, S. 106.
19 Friedrich Weinreb, Buchstaben des Lebens, Freiburg 1979, S. 106.
20 Vgl. Adolph Franz, Die kirchlichen Benediktionen im Mittelalter, Bd. 2, Graz 1960, S. 512.
21 Dorothea Forstner OSB, Die Welt der Symbole, Innsbruck 1967, S. 51.
22 Vgl. ausführlich zum dreifaltigen Leben Gottes: Hildegard von Bingen, a.a.O., 1985, S. 44ff.
23 Vgl. W. Mannhardt, a.a.O., S. 604ff.
24 F. Weinreb, a.a.O., 1979, S. 106.
25 F. Weinreb, a.a.O., 1979, S. 106.
26 Vgl. exemplarisch 1. Mose 18,1–2; vgl. Apostelgeschichte 8,26–40; vgl. auch Emanuel Swedenborg, Himmel und Hölle, Nach Gehörtem und Gesehenem, Zürich 1977, S. 107ff.
27 Georg Ott, Legende von den Heiligen Gottes, Regensburg 1861, S. 119.
28 Vgl. Constanze Rendtel, Hochmittelalterliche Mirakelberichte als Quelle zur Sozial- und Mentalitätsgeschichte und zur Geschichte der Heiligenverehrung, untersucht an Texten insbesondere aus Frankreich, Dissertation Berlin, Düsseldorf 1985, S. 130ff.
29 Vgl. dazu ausführlich Peter Brown, The Body and Society, Men, Women and Sexual Renunciation in Early Christianity, Columbia University Press 1989, London und Boston 1989.

Mutter des Silbers – Anna

1 J. Bueleon, E. Le Garrec, Yves Nicolazic, Sainte Anne D'Auray, ebendort 1987, S. 18.
2 Jakob Lorber, zitiert in: Walter Lutz, Grundfragen des Lebens in der Schau des Offenbarungswerkes von Jakob Lorber, Bietigheim 1979, S. 296.
3 Vgl. Lexikon für Theologie und Kirche, Bd. 1, Freiburg 1957, S. 570.
4 Vgl. ausführlich P. Beda Kleinschmidt, Die heilige Anna, Ihre Verehrung in Geschichte, Kunst und Volkstum, Düsseldorf 1930, Kapitel 1, S. 4ff.
5 Zitiert bei Kleinschmidt, a.a.O., S. 7.
6 Zitiert bei Kleinschmidt, a.a.O., S. 7.
7 Zitiert bei Kleinschmidt, a.a.O., S. 8.
8 Vgl. Emanuel Swedenborg, Himmel und Hölle, Nach Gehörtem und Gesehenem, Zürich 1977, S. 490 (Anmerkung 238).
9 Vgl. ausführlich mit Abbildung: B. Kleinschmidt, a.a.O., S. 28f.
10 Vgl. Friedrich Weinreb, Leiblichkeit als Ausdruck des ewigen Menschen, Weiler im Allgäu 1987, S. 100ff.
11 Vgl. ausführlich dazu Arthur Drews, Der Sternenhimmel in der Dichtung und Religion der alten Völker und des Christentums, Jena 1923, S. 85f.
12 Zitiert bei A. Drews, a.a.O., S. 86.
13 Vgl. F. Weinreb, Zahl, Zeichen, Wort, Das symbolische Universum der Bibelsprache, Weiler im Allgäu 1986, S. 40.
14 Vgl. Kleinschmidt, a.a.O., S. 429f.
15 Vgl. Adolph Franz, Die kirchlichen Benediktionen im Mittelalter, Graz 1960, Bd. I, S. 106, S. 212f.
16 Vgl. Kleinschmidt, a.a.O., S. 165.
17 Vgl. Texte bei B. Kleinschmidt, a.a.O., S. 80f., S. 152f., S. 312ff.
18 Zitiert in: Kleinschmidt, a.a.O., S. 80f.
19 Zitiert in: Kleinschmidt, a.a.O., S. 24f.
20 Vgl. F. Weinreb, a.a.O., 1986, S. 40.
21 Vgl. Kleinschmidt, a.a.O., S. 419.
22 Vgl. auch Wilhelm Hay, Volkstümliche Heiligentage, Trier 1960, S. 238.
23 Zitiert in: Kleinschmidt, a.a.O., S. 419.
24 Vgl. Kleinschmidt, a.a.O., S. 337.
25 Vgl. A. Franz, a.a.O., Bd. 2, S. 412f.
26 Vgl. A. Weigl, Mutter Anna, wir rufen zu dir, Altötting 1970, S. 47f.
27 Zitiert nach Kleinschmidt, a.a.O., S. 426.
28 Anna Katharina Emmerich, Visionen, Augsburg 1988, S. 27.
29 Vgl. dazu mit ausgezeichnetem Bildmaterial und umfangreicher kunsthistorischer Betrachtung: B. Kleinschmidt, a.a.O., S. 217–251.
30 Zitiert in: Kleinschmidt, a.a.O., S. 138.
31 Heinrich Schauerte, Die volkstümliche Heiligenverehrung, Münster 1948, S. 24.
32 Vgl. Kleinschmidt, a.a.O., S. 8,.
33 Vgl. mit umfangreichem Bildmaterial: Kleinschmidt, a.a.O., S. 263ff.
34 Zitiert bei Kleinschmidt, a.a.O., , S. 152f.
35 Vgl. mit noch anderen Beispielen: B. Kleinschmidt, a.a.O., S. 282.
36 Zitiert bei E. Schaumkell, Der Kultus der heiligen Anna am Ausgange des Mittelalters, Diss., Gießen 1893, S. 12.

37 Vgl. Hans Peter Dürr, Traumzeit, Über die Grenze zwischen Wildnis und Zivilisation, Frankfurt 1978, S. 74.
38 Vgl. Ein Priester, Leben und Thaten der Heiligen Gottes, Eine Legendensammlung, Bd. 3, Gülpen 1848, S. 186.
39 Vgl. im kunsthistorischen Kontext mit ausführlichem Bildmaterial: B. Kleinschmidt, a.a.O., S. 189ff., 302ff., 334ff.
40 Anna Katharina Emmerich, Leben der hl. Jungfrau Maria, aufgeschrieben von Clemens Brentano, Augsburg 1989, S. 50f.
41 Reshad Feild, Leben um zu heilen, Hamburg 1989, S. 114.
42 Friedrich Weinreb, Innenwelt des Wortes im Neuen Testament, Eine Deutung aus den Quellen des Judentums, Weiler/Allg. 1988, S. 186f.
43 F. Weinreb, Leiblichkeit, a.a.O., S. 101.
44 Elmar von Bonsen, Cornelia Glees, Die Visionen der Hl. Brigitta von Schweden, Augsburg 1989, S. 165.
45 Vgl. auch Maria Giovanni Muzj, Ganz Auge, Ganz Licht, Ganz Geist, Einführung in die Betrachtung der Ikonen, Würzburg 1987, S. 78ff.
46 Vgl. Alfons Rosenberg, Engel und Dämonen, München 1986, S. 53.
47 Vgl. E. Swedenborg, a.a.O., S. 254f.
48 E. Swedenborg, a.a.O., S. 264.
49 Vgl. Thomas Schipflinger, Sophia-Maria, Eine ganzheitliche Vision der Schöpfung, München, Zürich 1988, S. 83f.
50 Vgl. Peter Assion, Die Mirakel der Hl. Katharina von Alexandrien, Heidelberg 1969, S. 412f.
51 Vgl. E. Schaumkell, a.a.O., S. 13.
52 Vgl. ausführlich B. Kleinschmidt, a.a.O., S. 375–392.
53 Vgl. für Deutschland E. Gatz (Hrsg.), Anna in Düren, Mönchengladbach 1972.
54 Vgl. A. Weigl, a.a.O., S. 75f.

Ein Mann wie ein Engel – Josef

1 Vgl. Otto Wimmer, Hartmann Melzer, Lexikon der Namen und Heiligen, Innsbruck, Wien 1988, S. 457ff.
2 Vgl. Mgr. Medard Barth, Die Verehrung des heiligen Josef im Elsaß vom Mittelalter bis zur Gegenwart, Hagenau 1970, S. 5ff.
3 Vgl. M. Barth, a.a.O., S. 22.
4 Vgl. M. Barth, a.a.O., S. 13f.
5 Vgl. Maria Cäcilia Baij, Das Leben des heiligen Josef, Stein am Rhein 1987.
6 M. Baij, a.a.O., S. 16.
7 Gottfried Korff, Heiligenverehrung in der Gegenwart, Empirische Untersuchungen in der Diözese Rottenburg, Tübinger Vereinigung für Volkskunde e.V., Tübingen Schloß 1970, S. 30.
8 Vgl. Korff, a.a.O., S. 76ff.
9 Zitiert bei Arthur Drews, Der Sternenhimmel in der Dichtung und Religion der alten Völker und des Christentums, Jena 1923, S. 85.
10 Vgl. A. Drews, a.a.O., S. 84.
11 Zitiert in: M. Barth, a.a.O., S. 59f.

12 Georg Ott, Legende von den Heiligen Gottes, Regensburg 1861, S. 423.
13 Zitiert bei G. Ott, a.a.O., S. 424.
14 Vgl. M. Baij, a.a.O., S. 302f.
15 Vgl. Philippe Aries, Studien zur Geschichte des Todes im Abendland, Wien 1976, S. 130f.
16 Gebet (ohne Verfasserangabe), zitiert in: A. M. Weigl, Und wieder half der heilige Josef, Altötting 1985, S. 1.
17 M. Baij, a.a.O., S. 60.
18 Anna Katharina Emmerich, Visionen, Augsburg 1988, S. 375.
19 M. Baij, a.a.O., S. 246.
20 M. Baij, a.a.O., S. 247.

Die wunderbaren Zwillinge Kosmas und Damian

1 Vgl. Anneliese Wittmann, Kosmas und Damian, Kultausbreitung und Devotion, Berlin 1967, S. 20f.
2 Aus der syrischen Legende, zitiert bei A. Wittmann, a.a.O., S. 21.
3 Vgl. auch Erich Weidinger (Hrsg.), Legenda aurea, Das Leben der Heiligen, Aschaffenburg 1986, S. 404.
4 E. Weidinger (Hrsg.), a.a.O., S. 404.
5 Vgl. A. Wittmann, a.a.O., S. 161.
6 Vgl. A. Wittmann, a.a.O., S. 26.
7 Vgl. A. Wittmann, a.a.O., S. 63f.
8 Vgl. Friedrich Weinreb, Zahl, Zeichen Wort, Das symbolische Universum der Bildsprache, Weiler im Allgäu 1986, S. 46.
9 Vgl. Arthur Drews, Der Sternenhimmel in der Dichtung und Religion der alten Völker und des Christentums, Jena 1923, S. 39.
10 Vgl. Julius Schwabe, Die kosmogonischen Zwillinge und das Säulenpaar im Tempel, in: J. Schwabe (Hrsg.), Symbolon, Jahrbuch für Symbolforschung, Band 6, Basel, Stuttgart 1968, S. 25ff.
11 Vgl. J. Schwabe, a.a.O., S. 25f.
12 Vgl. J. Schwabe, a.a.O., S. 41ff.
13 Vgl. Arthur Edward Waite, Der Bilderschlüssel zum Tarot, Waakirchen 1978, S. 53.
14 Vgl. E. Weidinger, a.a.O., S. 404.
15 Vgl. A. Wittmann, a.a.O., S. 165ff.
16 Hildegard von Bingen, Scivias, Salzburg 1981, S. 118.
17 Vgl. A. Wittmann, a.a.O., S. 184ff.
18 Zitiert bei A. Wittmann, a.a.O., S. 185.
19 Vgl. Harry Edwards, Geistheilung, Freiburg 1983.

Die himmlischen Wohnungen der Heiligen

1 Zitiert in: Celine Martin, Die kleine Therese von Lisieux, München 1985, S. 149.
2 Vgl. Hildegard von Bingen, Gott sehen, München 1985, S. 207.
3 H. von Bingen, Gott sehen, a.a.O., S. 206.

4 Anna Katharina Emmerich, Visionen, Augsburg 1988, S. 39.
5 Jakob Lorber, Die geistige Sonne, Bietigheim 1975, S. 41.
6 J. Lorber, a.a.O., S. 43f.
7 Vgl. J. Lorber, a.a.O., 1975, S. 45.
8 J. Lorber, a.a.O., 1975, S. 34.
9 Privatoffenbarungen von A. S., Frankfurt 1987.
10 Zitiert in: Herbert Weichselbraun (Hrsg.), Pater Pio hat geholfen, Wunderbare Krankenheilungen, Auffallende Bekehrungen, St. Andrä-Wördern 1983, S. 124.

Bildnachweis

Farbtafeln:

Seite 112, Tafel I: Hans Memling »Le Mariage Mystique de Sainte Cathérine«, 1479 (Panneau central du retable des deux Saints Jean), Musée Memling, Brugge, Foto: J. J. Rousseau.
Seite 128, Tafel II: Lucas Cranach d. Ä., 1472–1553, »Verlobung der Heiligen Katharina« (die Madonna mit dem Kinde und den Heiligen Margaretha, Katharina, Dorothea und Barbara vor einem von Engeln gehaltenen Vorhang, um 1516–18), Budapest, Szepmüveszeti Muzeum, Foto: Archiv für Kunst und Geschichte, Berlin.
Seite 160, Tafel III: Meister des älteren Sippenaltars »Marientriptychon«. Gemäldegaleria Staatl. Museen Preußischer Kulturbesitz Berlin, Foto: Jörg P. Anders.
Seite 176, Tafel IV: »Empfängnis der heiligen Anna«, Ikone, russisch (Novgorod), 15. Jahrh., 32 × 27 cm, Ikonen-Museum Recklinghausen.

Schwarzweißabbildungen:

Seite 23: Januar-Menainon, Nordrußland, 1. H. 16. Jh.
Seite 32: »Maria in der Kirche«, aus dem Stundenbuch der Maria von Burgund (um 1477).
Seite 38: »Die heiligen sieben Schläfer von Ephesus«, Ausschnitt aus einer russischen Ikone, 2. H. 19. Jh., Zagorsk, Kunstsammlung bei der Geistlichen Akademie von Moskau.
Seite 41: Nicolas Froment, 1476, »Maria im brennenden Dornbusch«.
Seite 57: Meister des Ortenberger Altars (um 1420), Ausschnitt aus »Die heilige Sippe«.
Seite 64: »Die drei Jünglinge im Feuerofen«. Bibel von Cîteaux, Dijon, Bibl. Publ.
Seite 68: »La prière sur l'eau«, Anonyme, um 1920.
Seite 71: Der Säulenheilige Simeon d. Ä., Titelminiatur eines Menologions, Handschrift um 1059, Athos, Dionysiu-Kloster.

Seite 88: Ein Verstorbener wird von Anubis zu Osiris geführt. Szene auf einem bemalten Mumientuch, röm. Zeit, 3. Jh. n. Chr., Louvre Paris.
Seite 89: Griechische Ikone, 17. Jh. »Der Hundsköpfige mit den Heiligen Charalambos und Onuphrios in prächtiger Rüstung mit grünendem Stab«.
Seite 91: Christopherus schreitet mit dem Jesuskind durch den Fluß. Lat. Psalter, Hildesheim, nach 1235.
Seite 96: Ikone der hl. Katharina, a. d. 17. Jh., Sinai-Kloster.
Seite 98: »Die heilige Katharina wird von Engeln zu Grabe gebracht«. Detail eines Triptychons, geschaffen 1612 durch einen Künstler des Sinai.
Seite 107: Ambrogio Lorenzetti »Madonna mit Engeln und Heiligen«, um 1335.
Seite 109: Stefano da Verona »La vierge dans la roseraie«, um 1410.
Seite 122: Meister der heiligen Barbara in Matera »Die heilige Barbara mit dem Turm«, um 1430.
Seite 126: Hans Memling »Die mystische Vermählung der hl. Katharina«, um 1475.
Seite 129: »Die hl. Großmärtyrerin Barbara«, russ. Ikone, 1910 aus Uglic übertragen. Moskau, Tretjakov-Galerie.
Seite 130: »Der Turm«, Tarot-Karte.
Seite 134: Die Gottesmutter als lebensspendende Quelle.
Seite 138: »Margaretha im Kerker«, aus einem lat. Stundenbuch, Südliche Niederlande, Meister des Guilleberts de Mets, um 1420–1430.
Seite 146: Meister des Bartholomäusaltares »Johannes Ev. und hl. Margaretha. Linker Flügel des Bartholomäusaltares, um 1503.
Seite 150: Weihestein der keltisch-germ. Muttergottheiten in Nettersheim.
Seite 163: Giotto di Bondone »Opferung Mariens«, Fresko, Padua, um 1304/1305.
Seite 168: Lukas Cranach d. Ä., »Die heilige Anna selbdritt«, um 1515/16.
Seite 171: Meister der Hl. Sippe, Köln, um 1500 »Die Heilige Sippe«.
Seite 183: »Die Heilige Familie«. Vom linken Innenflügel des Klarenaltares, jüngerer Meister um 1400.
Seite 189: »Der heilige Joseph mit dem Jesuskind«, Cornalisz (1470–1533).
Seite 192: »Kosmas als akad. Arzt mit dem Harnglas, Damian als Wundarzt mit Salbgefäß und Salbspatel«. Holzschnitt aus H. v. Gersdorff, Feldtbuch d. Wundarztney, Strasszburg, 1526.
Seite 194: »Verpflanzung eines Mohrenbeines durch die hl. Ärzte«, Ausschnitt aus einem spätgotischen Tafelbild aus Ditzingen.
Seite 198: »Die Hohepriesterin«, Tarot-Karte.
Seite 199: Palermitanisches Andachtsbild des 19. Jh. mit dem Zwillingspaar Kosmas und Damian.
Seite 201: »Kosmas und Damian am Krankenbett eines Bischofs«, Holzschnitt aus »Der heyligen leben«, Augspurg 1489.
Seite 203: Fra Angelico »Christus in seiner Herrlichkeit, umgeben von Engeln und Heiligen«, Altarbild, Fiesole (1428–1430).